MARC HELD
Skopelos

Michèle Champenois

Déja parus, aux Éditions Norma,
Éric Germain
Marc Held. Du design à l'architecture

Michèle Champenois
Marc Held. 50 ans de design

Première et quatrième de couverture/
Front and back cover
Maistros, 1995-1997.

Coordination éditoriale
Editorial coordination
Matthieu Flory

Révision française
French copyediting
Lorraine Ouvrieu

Révision anglaise
English copyediting
Ben Young

Traduction
English translation
Eileen Powis

Photogravure
Lithographs
Graphium, Saint-Ouen

Conception graphique
Graphic design
Marc Touitou
Marc Held

ISBN 978-2-9155-4291-2

149 rue de Rennes, 75006 Paris France
www.editions-norma.com

MARC HELD
Skopelos

Michèle Champenois

Photographies contemporaines/Contemporary photographs

Marc Held, Deidi von Schaewen

NORMA
ÉDITIONS

Pour Claire, Martin,
Christine et Antoine.
À la mémoire de mon oncle Vasken,
ébéniste et bâtisseur.

Le beau à l'épreuve du vrai

Michèle Champenois

Les maisons de Marc Held à Skopelos ne se découvrent pas au premier regard. Mise en ordre d'un paysage pour le bien-être de ceux qui l'habitent, l'architecture de la demeure se glisse au flanc d'une pente escarpée. Elle n'abandonne pourtant aucun des privilèges du bâtisseur et n'ignore pas les devoirs du maître d'œuvre : construire solide, s'arrimer aux rochers, équilibrer ses forces. Ces maisons voient la mer ; pourtant, depuis la mer, on les devine à peine.

Avant d'arpenter, pour la première fois au printemps 2015, les reliefs de cette île assez sauvage et de ces côtes parfois abruptes, en compagnie de la photographe amie Deidi von Schaewen, nous ne savions pas à quel point nous allions éprouver des sensations d'explorateurs. Deidi von Schaewen a l'âme d'un reporter et les exigences d'une artiste. Ces deux qualités se conjuguent dans un domaine, la photographie d'architecture, qu'elle pratique avec ferveur depuis son arrivée à Paris, dans les années 1970. Grande voyageuse, elle connaît particulièrement bien l'Inde et l'Afrique et a su y dévoiler des manières de bâtir et d'habiter poétiquement le monde. L'œil en mouvement affronte l'art le plus statique. Bon photographe lui-même, Marc Held en a fait l'expérience, y compris avec son travail d'architecte. La fine équipe était prête à découvrir Skopelos et ses beautés cachées dans le paysage.

Vues de la terre, les maisons se révèlent au dernier moment. Ainsi, la villa Lemonia. On y accède par une voie pavée, encaissée, presque abrupte, qui se faufile dans une faille du jardin.

Bref moment de vertige que, très vite, on oublie. Le visiteur est accueilli par une belle terrasse ronde, qui précède l'entrée de la maison, entourée d'un muret et ombragée par les oliviers. Dessiné comme un vestibule d'extérieur, un espace déjà domestiqué, assoupli aux usages de l'hospitalité.

L'art du dedans-dehors trouve à s'exercer en liberté sous les ciels de la Méditerranée, avec leur offrande de saisons sans heurts, même si les tempêtes n'y sont pas moins violentes qu'ailleurs, plus rares seulement. Dedans-dehors, à la villa Lemonia, c'est d'emblée la belle surprise d'un patio central, pièce à l'air libre qui distribue les chambres et le séjour, mais qui offre aussi un tableau à la japonaise : un arbre s'y déploie, propose le graphisme de son ombre sur les murs bleus, sur le sol sec, cadran solaire naturel, orientation des journées paisibles au sein de cet enclos familier.

Les dimensions du patio, le carré originel, commandent la composition des espaces de vie. Tout est vaste et rien n'est trop grand. À la juste mesure d'une famille et de ses hôtes, en toute commodité. L'intime et le sociable, le privé et le semi-public, les terrasses adaptées à toutes les heures du jour... Les espaces se suivent, s'enchaînent, s'encastrent et se déploient. La grande cuisine, manifeste de convivialité, communique avec une salle à manger en plein air, sous la pergola, à l'ombre d'une végétation protectrice.

À l'évocation de ces propositions de vie, tout semble simple, limpide. C'est sans doute le but secret de cette architecture : elle va de soi ; elle coule de source ; elle est là depuis toujours. En inventant un vernaculaire pour notre temps, Marc Held trouve, dans la fréquentation de son île et de ses habitants, dans l'observation des usages et des rituels de la construction et dans son expérience accomplie d'architecte moderne, le moyen d'allier les deux traditions.

Si le visiteur, oubliant un instant l'effet produit par la déambulation, active sa mémoire de la géométrie, sa conscience de la topographie, il constate combien cette fluidité d'approche s'appuie sur une rigueur du plan.

Kalderimi (chemin muletier) de la villa Lemonia, Skopelos, 2007-2009.
Kalderimi *(mule track) of the Lemonia villa, Skopelos, 2007–2009.*

Beauty facing the test of truth

Michèle Champenois

Maison Bocognano, Zilia, Haute-Corse, 1974-1975.
Bocognano house, Zilia, Haute-Corse, 1974–1975.

To the casual visitor on Skopelos, the houses built by Marc Held remain invisible. Out of consideration for the landscape, and for the well-being of those who inhabit it, the architect has slipped his dwellings into the sides of steep slopes. He has not, however, abandoned any of the builder's privileges, nor is he blithe to the architect's responsibilities: to build solidly, to secure the structure to the rocks, to balance its forces. These houses look out over the sea, but from the sea they are scarcely to be guessed.

Prior to the spring of 2015, when I first roamed Skopelos's wild reliefs and sometimes abrupt coastline, accompanied by my friend the photographer Deidi von Schaewen, I had no idea how much we would feel like explorers. Having the soul of a reporter and the attitude of an artist, Deidi combines these two qualities into a single discipline, the photography of architecture, which she has been practicing fervently since her arrival in Paris in the 1970s. A veteran traveler, she knows India and Africa particularly well, and has shown how to reveal the poetry of buildings and habitations throughout the world. The eye in motion thus confronts the most static of the arts. A good photographer himself, Marc Held has also experienced this, including in his architectural work. This most astute team, then, was ready to discover Skopelos and the beauties concealed within its landscape.

Seen from land, the houses reveal themselves only at the very last moment: thus, the Lemonia villa, reached via a path that is paved, hemmed in by steep and almost abrupt slopes, and threads its way through a rift in the garden.

There is a brief moment of vertigo, quickly forgotten. The visitor is greeted by a beautiful round terrace just in front of the entrance to the house, surrounded by a low wall and shaded by the olive trees. Designed like an exterior vestibule, the space is already domestic, broken in to the needs of hospitality.

The art of inside-outside is freely exercised under the Mediterranean skies, with their smooth transitions from one season to the other, even though storms are just as violent here as elsewhere, if simply less frequent. At the Lemonia villa, the inside-outside is a wonderful surprise. The central patio, an open-air room that gives on to the bedrooms and living room, also presents a Japanese-style tableau: a tree inscribes its shadow on the blue walls, on the dry earth, a natural sundial, an orientation within the peaceful days lived in this familiar enclosure.

The patio's size, the original square, orders the composition of the living spaces. Everything is vast yet nothing is too large. The right dimensions for a family and guests, offering complete comfort. The intimate and the sociable, the private and the semi-public, the terraces adapted to any time of day: the spaces succeed each other, they are mutually embedded and also rolled out. The large kitchen, a manifesto of conviviality, communicates with an outdoor dining room under the pergola, in the shade of protective vegetation.

In the evocation of these forms of life, everything seems simple and limpid. Thus, no doubt, the secret aim of this architecture: it is obvious; it has always been there. In inventing a vernacular for our time, in becoming familiar with his island and its inhabitants, in his observation of construction and its rituals, and in his long experience as a modern architect, Marc Held has found the means to combine two traditions.

If, forgetting for a moment the effect produced by their stroll, the visitors activate their memories of geometry, their awareness of

Ce qui se déploie bien s'énonce clairement. Le plan antique de la villa romaine, développée autour d'un patio traduit en termes actuels, apparaît alors.

Le plan est d'autant plus libre, selon les usages recherchés, qu'il est dessiné à partir du centre, du nœud de vie installé dans le carré premier – ou le rectangle, à la villa Capsari ; ou la rotonde, à la villa Myrtia. Les proportions des adjonctions, maîtrisées par la vision générale, s'installent à leur place. La maison n'est pas tracée du dehors, mais du dedans, à partir d'un noyau vivant.

C'est le secret de cette architecture mariant l'ancien et le moderne, sans renoncer à aucune qualité de l'un ou de l'autre. Comme l'affirme volontiers Marc Held : « On peut distinguer le discours qui se cache derrière les formes [...] L'architecture peut contribuer à conforter la société du mensonge ou bien au contraire être une école de vérité. Et dans ce sens, l'architecte porte une lourde responsabilité [...] La clarté des structures d'un bâtiment, ajoute-t-il, est une composante essentielle de la bonne architecture. »

Créer la base solide d'une grande maison et d'un plan rationnel tout en se glissant dans un relief inhospitalier, c'est le défi lancé à l'architecte. La nature reprend ses droits. Généreuse, elle accompagne, adoucit les formes, le soleil s'arrête sur les vérandas, la mer est bleue, forcément bleue.

Ulysse bâtisseur

« Il faut imaginer Sisyphe heureux », écrivait Albert Camus à la fin de son essai *Le Mythe de Sisyphe*. On serait tenté d'écrire : « Il faut imaginer Ulysse bâtisseur. » Le marin a navigué, affronté des monstres, surmonté des épreuves. Un jour, il revient. Il opte alors pour un nouveau destin : s'installer, demeurer, bâtir.

C'est arrivé à Marc Held, poursuivi par le succès. Ayant accompli une belle carrière de designer et d'architecte au cours des vibrantes années 1960, 1970 et 1980 à Paris, il a jeté l'ancre sur cette île des Sporades, au nord de la mer Égée. Un lieu pour réfléchir et se poser. En 1989, Marc Held laissait à Paris une équipe nombreuse, des carnets de commandes, une vie professionnelle bien remplie. Avec Vilma, sa femme et sa compagne de travail, il s'engageait dans une nouvelle vie à Skopelos, île verte, escarpée, montagneuse et arborée, où les vignes d'autrefois avaient reculé, mais où les oliviers tiennent bon.

Ici, abordant cet éperon rocheux, la mer est partout. N'ayant pas d'aéroport, Skopelos reste épargnée par les flots de touristes pressés et l'étalage de marchandise futile. Le paysage n'est pas non plus celui, tout bleu, tout blanc, des cartes postales des Cyclades. Il faut l'aimer pour l'atteindre. Ici, on va à l'essentiel : les sites sont magnifiques, mais certains sont difficiles d'accès. Tant mieux pour ceux qui choisissent d'être protégés par ces contraintes naturelles.

Ayant légué à son équipe parisienne les projets en cours, ayant renoncé à faire toujours plus, dans un monde trépidant, Marc Held prend le large. Il quitte Paris. Avec Vilma, il pose ses malles, des disques, des livres et pas mal d'archives dans une petite maison ancienne qu'ils restaurent, réparent, aménagent à leur idée. Tandis qu'ils arpentent Skopelos, par monts et par vaux, ils observent, relèvent des détails d'architecture. Ils explorent d'un œil averti et amoureux ce monde tissé, au fil des siècles, entre les paysans, la montagne et l'horizon marin.

Mais on ne reste pas longtemps les bras croisés quand on s'appelle Marc Held. Un livre est en route, véritable encyclopédie des arts modestes, guide du regard attaché à l'art de bâtir, de se glisser dans le

Hassan Fathy, au centre, Marc Held, à droite, Haute-Corse, vers 1976.
Hassan Fathy, in the center, Marc Held, on the right, Haute-Corse, ca. 1976.

Secrétaire à abattant, épicéa et érable, 1983.
Mobilier créé pour l'appartement présidentiel du palais de l'Élysée.
Drop-leaf desk, spruce and maple, 1983. Furniture created for the presidential apartment at the Élysée Palace.

topography, they will see how this fluid approach in fact rests on a rigorous plan.

What is well deployed is clearly stated. The ancient plan then appears of the Roman villa arranged around a patio, yet translated into today's terms.

The plan is all the freer, according to the uses sought, in that it is drawn outwards from the center, the hub of life installed in the first square – or the first rectangle, as at the Capsari villa, or rotunda as with the Myrtia villa. The proposals for additions, controlled by the overall vision, all find their place. The house is not designed from the outside, but from the inside, from a living core.

This is the secret of this architecture, which blends the ancient and the modern without renouncing any quality of either. As Marc Held readily affirms: "You can distinguish the discourse that is hidden behind the forms [...] Architecture can help strengthen the society of lies or can on the contrary clearly be a school of truth. And in this sense, the architect has a heavy responsibility [...]." "The clarity of a building's structure," he adds, "is an indispensable component of good architecture."

Creating the solid base of a large house and a rational layout while also slipping it into an inhospitable terrain is the challenge broached by the architect. Nature recovers her rights. Ever generous, she accompanies and softens the forms, the sun halts on the veranda, and the sea, of course, is blue.

Ulysses the builder

"One must imagine Sisyphus happy," Albert Camus wrote at the end of his essay *Le Mythe de Sisyphe*. Or, we might be tempted to write: "One must imagine Ulysses as a builder." The sailor crossed the seas, confronted monsters, overcame trials; and one day he comes back. He then decides on a new destiny: settling down, staying, building.

This is what happened to Marc Held, hounded by success. After a wonderful career in Paris as a designer and architect during the vibrant 1960s, 1970s and 1980s, he dropped anchor on this island in the Sporades, in the northern Aegean Sea. This is a place for reflection and settling down. In 1989, Marc Held left behind a large team, a well-filled order book and a busy professional life in Paris. With his wife and colleague Vilma, he set out on a new life in Skopelos, a green, mountainous and forested island where the vineyards of the past had diminished in number but olive trees still held their own.

Here, approaching this rocky spur, the sea is everywhere. As Skopelos does not have an airport, it has been spared the waves of fleeting tourists and the accumulation of futile merchandise. The landscape does not resemble the sparkling blue and white images on postcards of the Cyclades. You have to love it to reach it. Here, you go straight to the essential: the sites are splendid, but some of them are hard to get to. So much the better for those who decide to use these natural constraints for their own protection.

Having bequeathed the projects underway to his Paris team, and given up on always having to do more in a hectic world, Marc Held took to the sea. He left Paris. With Vilma, he set down his trunks, record albums, books and a fair number of archives in a small house which they restored, repaired and laid out the way they wanted. In inspecting Skopelos, from one end to the other, they observed, they picked out architectural details, and explored with an experienced and loving eye this world that has been woven, down through the centuries, by the peasants, the mountains and the horizon of the sea.

paysage. Adressé aux visiteurs, aux arrivants, à ceux qui veulent restaurer, c'est aussi un manuel qui détaille les attraits de la construction traditionnelle, les balcons, les pergolas, la véranda, l'escalier. Paysages purs, formes simples, trapues, ancrées dans la roche, insérées dans la pente, maisons-paysages, maisons-visages.

De Melissia à Maistros

Vient aussi, très vite, le désir de bâtir. Une maison nouvelle, sur un terrain en surplomb au-dessus d'un rivage escarpé. « Le plaisir de restaurer Melissia me donna le goût de revenir au métier », explique l'architecte-bâtisseur. C'est un défi dans ce secteur très peu habité, sur la côte est, plus difficile d'accès.

Quelques années ont passé, et déjà le grand frisson de la création s'est emparé de l'architecte. Il dessine une nouvelle maison carrée, la villa Maistros, dominée par le grand salon-studio, sous une belle charpente, une pièce entourée de murs-bibliothèques pour les livres et la musique. Autour, une varangue prolonge l'espace, et la terrasse ronde s'installe juste au-dessus de la citerne qui recueille l'eau de pluie. En contrebas, les chambres ouvrent discrètement sur le jardin, sur les oliviers. Confort, contact avec la nature : le paysage impose sa loi, et on aurait tort de le regretter.

En ce début des années 1990, le designer qui faisait la une des magazines, le maître des formes qui avait conquis l'Élysée au moment des années Lang-Mitterrand, l'architecte qui avait réalisé, pour IBM à Montpellier, un bâtiment où le béton dialogue avec la pierre et les oliviers, réussit son « retour à l'essentiel » : vivre et bâtir au plus près des choses vraies.

Profondément humaniste dans ses quêtes littéraires et intellectuelles, Marc Held voulait faire partager son expérience, ses découvertes. Il rédigea donc le livre *Les Maisons de Skopelos* où des maçons côtoient des professeurs d'université en marge de sa propre réflexion.

Dans cet ouvrage, d'une plume légère, Marc Held instille des principes intangibles, dépassant le partage du neuf et de l'ancien, avec une fine intelligence de l'équilibre et des moyens d'y parvenir. La pierre et le bois, les lauzes du toit, les charpentes, tout est là, prêt à servir. De cet exercice d'admiration, de cette agrégation ès-vernaculaire, le lecteur, ou l'architecte, peut tirer les principes de son projet. Et l'architecte, sans tarder, ce sera lui, à nouveau pressé par une première lectrice, en Grèce, qui lui fait sa demande à la fin d'une conférence à Athènes. Sur un terrain en bord de mer, ce sera la maison de Nina.

En attendant Nina

Deux carrés emboîtés... La maison de Nina est une variation maîtrisée, un fragment villageois qui offre sans façon son hospitalité à une famille et à ses visiteurs. Utilisant la forte pente du terrain, le maître d'œuvre-magicien a inscrit les volumes dont il avait besoin. Une fois posés, distribués de manière compacte, ils s'insèrent dans le paysage sans le brutaliser.

Vue de la mer, c'est une grande maison dans la tradition de l'île, sans ostentation. Vu de la terrasse ou du balcon de bois, c'est un paysage maritime familier, avec un coup d'œil oblique sur une grève bordée d'eau turquoise, en contrebas. Échange raisonnable, civilité et respect du lieu.

Une création exemplaire, en quelque sorte, la mise en application des principes. Détails vus ici ou là, repris dans cette construction et installés avec naturel.

Mais le « moderne » chez Marc Held n'est jamais loin : on retrouve son sens des usages dans les volumes intérieurs. En choisissant

Usine B5, centre de tests des grands ordinateurs IBM, La Lande, Montpellier, 1985. Pont central abritant les climatiseurs et l'ensemble des câblages électriques.
B5 factory, IBM test center for large computers, La Lande, Montpellier, 1985. Central bridge housing the air-conditioners and all the cables.

But you don't for long remain idle when your name is Marc Held. A book was begun, a genuine encyclopedia of modest arts, a guide to those who love the art of building, of slipping into the landscape. Written for visitors, for newcomers, for those who wanted to engage in restoration, it was also a manual that details the attractions of traditional construction, the balconies, pergolas, verandas and staircases. It lauds pure landscapes, simple, stocky forms anchored in the rock, inserted into the slope: landscape-houses, houses with faces.

From Melissia to Maistros

The desire to build arose very quickly. There would be a new house, on land overlooking a steep shore. "The pleasure of restoring Melissia gave me a taste for going back to the trade," the architect-builder explains. In this lightly populated and hard-to-access area on the east coast, this was a challenge.

A few years went by, and the thrill of creation once more took hold. The architect designed a new square house, the Maistros villa, dominated by a large living room–studio under a beautiful framed ceiling, a room lined with bookcases holding written works and music. Around the house, a veranda extended the space, and the round terrace was installed just above the tank that holds rainwater. Below, the bedrooms discreetly open onto the garden, looking out on the olive trees. Comfort, contact with nature: the landscape imposes its law and it would be wrong to lament this.

In the early 1990s, this designer who was the staple of magazine covers, this master of forms who had conquered the Élysée during the Lang-Mitterrand era, this architect who for IBM in Montpellier had designed a building in which concrete dialogued with stone and olive trees – this man, Marc Held, made a successful "return to the essential," living and building as close as possible to the truth of things.

Deeply humanist in his literary and intellectual quests, Marc Held wanted to share his experiences and discoveries. He therefore wrote the book *The Houses of Skopelos*, in which masons jostled professors on the borders of his own newly developing insights.

In this work, written with a light touch and going beyond the sharing of the new and the old, Marc Held instills his intangible principles with a fine grasp of balance and the means to achieve it. Stone and wood, slate for roofs, carpentry: everything was there, ready to be used. From this exercise in admiration, this thesis on the vernacular, the reader or the architect could draw the principles of their project. And almost immediately, at the end of a lecture in Athens, the architect would be collared by a reader who asked him to build her a house. A plot of land bordering the sea thus became Nina's home.

Waiting for Nina

Two boxes that fit together... Nina's house is a controlled variation, a fragment of a village that offers its hospitality to its family and their visitors in a simple fashion. Using the land's sharp slope, the magician-architect inserted the volumes that he needed. Once set down, distributed in a compact way, they were inserted into the landscape without ill treatment.

Seen from the sea, it is a large house in the tradition of the island, devoid of ostentation. Seen from the terrace or the wooden balcony, there is a familiar seascape, with an oblique glance at a shore bordered by turquoise water below. The atmosphere is calm, marked by civility and respect for the site.

This is an exemplary application of principles, with details picked up from here on the island, and installed in an entirely natural way.

d'imbriquer deux plans carrés et en installant un meuble-cloison en diagonale à la jonction des deux carrés, il optimise l'espace. Il suscite un effet de profondeur et de fluidité entre le séjour et la cuisine.

Cette originalité du dispositif assure une commodité domestique. L'oblique de la composition efface les angles morts, ignore la place perdue ; tout paraît plus grand, plus souple et habitable.

À l'étage, les chambres jouent le jeu autour d'une salle de bains-pivot. Des meubles d'appui, des coffres et des tiroirs courent sans encombre le long des murs. Un balcon en coursive offre la tentation de la mer turquoise. Des plantes apprivoisées, le jeu des ombres et des lumières contribuent à sculpter l'espace extérieur, à offrir des tableaux purs, d'où le pittoresque est exclu.

Sous la coupole, Myrtia

La villa Myrtia est un hameau, un havre de paix dans un site apprivoisé. Solidement arrimée à la pente boisée et rocheuse qui dévale vers la mer, Myrtia accueille ses habitants et leurs amis par une porte étroite dans le mur d'enceinte. Entrez, vous êtes chez vous : la question du dedans-dehors ne peut être éludée, il faut marquer les limites.

Conquête ordonnée d'un territoire un peu sauvage, l'aménagement du jardin en cascade mêle les plantes acclimatées à celles qui viendraient seules : il court de la maison aux terrasses, des terrasses à la piscine posée à fleur d'horizon, et de la piscine au rivage.

Mais revenons à la villa, où maison de maître, dépendances et chambres d'invités cohabitent et se juxtaposent selon un ordre caché. D'abord l'accueil : généreux, circulaire, lumineux. Sous la coupole, que l'on aperçoit à travers une mezzanine, un grand salon se déploie. La tour octogonale qui identifie cette villa joue deux fois son rôle.

À l'extérieur, elle structure et oriente la distribution des volumes ; elle lui donne l'allure d'un monastère, accentuée par le premier jardin clos, aux dimensions d'un jardin de cloître. À l'intérieur, la tour joue un rôle de pivot entre les deux ailes.

Des murets de pierre brute soigneusement agencée délimitent des jardins dans le jardin, jouant avec le relief et les débordements végétaux. La cour de cloître ouverte au cœur du dispositif prend des airs d'auberge de campagne sous une pergola, et on y verrait bien deux chaises de paille peintes en bleu pour la conversation du soir.

Aucune des allusions à la tradition n'est déplacée : ces gestes de reconnaissance envers le patrimoine bâti s'inscrivent avec grâce dans une création contemporaine où le traitement des intérieurs parle pour son époque, avec une grande franchise. Peu de meubles, peu d'objets, l'espace respire et apporte l'apaisement. Certains ont été dessinés par Marc Held, comme la console murale à abattant et le coffre de rangement en chêne.

Par son inscription intelligente dans la dénivellation du terrain, par la présence décalée de l'espace piscine à un autre niveau, cette villa qui vit comme un village réussit à habiter son paysage en bonne harmonie.

Villa Mourtia, accord parfait

Discrétion, intégration... La villa Mourtia marie l'élégance avec la retenue. La maison pourrait s'appeler Sophia, « la sagesse ». C'est une victoire de la raison, accordée au plaisir pur, à l'essentiel d'un paysage. La mer, l'horizon sans obstacle, une pente assez forte pour rapprocher visuellement le rivage rocheux – bien qu'il faille un certain temps pour l'atteindre par un chemin ombragé.

Ci-dessus et page de gauche
Centre social IBM, La Lande, Montpellier, 1983-1984. Façades associant le béton brut de décoffrage à un appareillage de pierre souligné de lignes horizontales.
Above and left-hand page
IBM social center, La Lande, Montpellier, 1983–1984. Façades combining untreated concrete and a stone pattern heightened by horizontal lines.

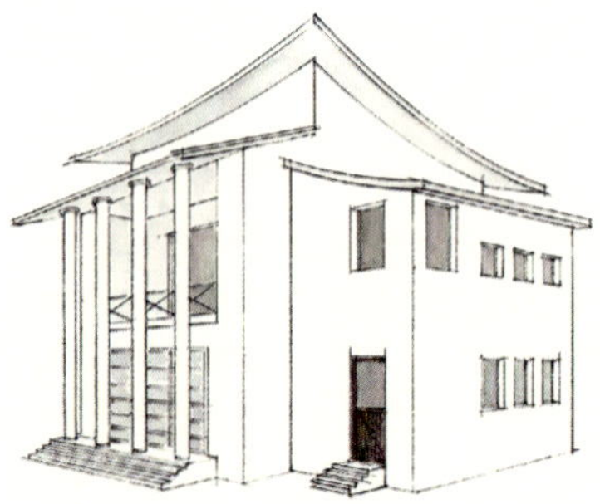

Projet Aleka, 2002-2004. Façades où l'on retrouve les encorbellements traditionnels des maisons méditerranéennes. Toiture en plan voilé inspirée de la chapelle de Ronchamp de Le Corbusier.
Aleka project, 2002–2004. Façades with the traditional corbels of Mediterranean houses. Roof in a sail form inspired by the Ronchamp chapel by Le Corbusier.

But the "modern" in Marc Held is never far away: you see this in his sense of the interior volumes. Choosing to intertwine two square plans and installing a piece of furniture that acts as a partition on the diagonal at the juncture of two squares, he optimized the space, creating an effect of depth and fluidity between the living room and the kitchen.

The originality of this layout provides domestic convenience. The oblique in the composition eliminates dead corners, banishes lost space; everything seems larger, suppler and yet cozier.

Upstairs, the bedrooms are strewn around a pivot-bathroom. Side cabinets, chests and drawers run along the walls without taking up any excess volume. A balcony acting as a corridor offers the temptation of the turquoise sea. The interplay of light and shade help sculpt the exterior space to offer pure tableaus, devoid of the picturesque.

Under the cupola, Myrtia

The Myrtia villa is a hamlet, a harbor of peace on a tamed site. Solidly moored to the wooded and rocky slope that tumbles down to the sea, Myrtia welcomes its inhabitants and their friends with a narrow door in the enclosure. Enter and feel right at home: the indoor-outdoor question cannot be avoided, the limits must be marked out.

An ordered conquest of a somewhat wild territory, the layout of the cascading garden blends acclimatized plants with those that may have arrived on their own: it runs from the house to the terraces, from the terraces to the swimming pool installed just above the horizon, and from the swimming pool to the shore.

But let's return to the villa, in which manor, outbuildings and guest rooms coinhabit and are juxtaposed according to a hidden order. First there is the welcome: generous, circular, luminous. Under the cupola, you glimpse through a mezzanine a large living room that rolls out. The octagonal tower that identifies this villa plays a dual role.

Outside, it structures and orients the distribution of the volumes: it gives the villa the appearance of a monastery, underlined by the first closed garden, with the dimensions of a cloister's garden. Inside, the tower acts as a pivot between the two wings.

Low, rough stone walls, carefully arranged, delimit the regions of the garden, playing with the reliefs and the profusion of vegetation. The cloister's courtyard opens on to the heart of the villa and looks like a country inn under the pergola: you can clearly see two straw chairs painted blue, installed for the evening's conversation.

No allusions to tradition are out of place: these gestures of acknowledgement of the built heritage are gracefully inserted into a contemporary creation in which the treatment of the interiors speak for its period with great frankness. There is little furniture, few objects: the space breathes and provides a sense of peace. Some of the furnishings were designed by Marc Held, like the fold-down wall console table and the oak storage chest.

Through its intelligent insertion into the uneven terrain, and the presence of the swimming pool offset on another level, this villa is like a village inhabiting its landscape.

The Mourtia villa, perfect harmony

Discretion, integration... the Mourtia villa blends elegance and restraint. The house could be called Sophia, "wisdom." It is a victory of reason tuned to pure pleasure, to the quintessence of a landscape. There is the sea, the unobstructed horizon, a rather steep slope which brings the rocky shore visually closer – although it takes a certain amount of time to reach it via a shaded path.

Accroché à sa montagne, ou plutôt posé simplement, comme un trait de vie et d'agrément, c'est un belvédère sans ostentation : une longère glissée dans un emmarchement creusé sur mesure pour elle par un constructeur si habile qu'il fait oublier son geste.

Tout ici semble naturel, le jardin-terrasse qui fait suite à la terrasse-jardin, les plans décalés, plus ou moins protégés des regards, qui permettent à tous de se retrouver ou de s'isoler, et les ombrages successifs qui se laissent gagner par des plantes grimpantes, en lien délicat avec la nature alentour.

La maison de maître, bordée d'une longue véranda, frappe par sa simplicité. Seules l'ampleur et les proportions, qui assurent à une grande famille et à de nombreux amis le confort d'être ensemble, sont le signe de son ambition de « grande maison ».

Par le détail des entourages de fenêtres, des boiseries, des colonnes de bois, elle évoque l'architecture rurale qui a les faveurs du maître d'œuvre. D'avoir beaucoup arpenté l'île de Skopelos, il a tiré quelques leçons de choses qui, ici, adoucissent la rigueur de l'ensemble. Mais rien ne vient troubler le caractère pacifique, apaisant, du dessin.

Sans doute est-il voulu pour que la vie s'exprime, que la chaleur des échanges, la liberté de chacun soient privilégiées. Que toute la place soit faite à la beauté du site. Un mariage du silence des formes et de la force du paysage, ouvert à tous les possibles.

Temple et colonnade

À la même époque, Marc Held dessine la maison Capsari. Un beau terrain, qui s'approche de l'eau, en pente douce. L'occasion d'assagir les formes, de les solenniser même. La façade maritime est une belle terrasse de réception bordée d'une puissante colonnade. Le temple grec n'est pas loin, le geste est sans timidité. Car, une fois encore, la modernité des espaces est assurée. Les volumes habitables s'emboîtent, déterminent une belle cour ombragée dès l'entrée, sans nuire à la noblesse du grand salon ; les chambres d'hôtes, en contrebas, sont posées au bord d'une confortable piscine ; enfin, le pavillon, à l'entrée du domaine, s'inspire des maisons de bergers courantes dans l'île...

Tous ces éléments conjugués, traités avec la sobriété habituelle, concourent à la réussite de la maison Capsari, et à l'accomplissement d'un mariage moderne/ancien où le confort ne cède rien au modèle néoclassique adopté sans peur et sans reproche.

Déjà, Marc Held avait eu à traiter en direct avec les archétypes de l'architecture grecque ancienne. Le cas était singulier : vers 1990, au sommet d'une colline, un architecte grec avait édifié pour des Français amateurs d'histoire une « villa » faite de quatre temples placés autour d'une cour.

En 2001, quand l'idée de les réunir et de rendre le lieu habitable toute l'année lui avait été soumise, l'audace et le défi de couvrir d'une voûte cet espace central ne l'avaient pas découragé : le Temple, cette fois, devenait une vaste demeure, la nef laissant apparaître les quatre petits temples de la première phase. Un collage monumental que seule une parfaite maîtrise de la construction pouvait autoriser.

Du design à l'architecture

À ce moment du voyage autour d'une île, un regard vers l'œuvre déjà accomplie s'impose. Qui était Marc Held avant de s'établir en Grèce ?

Du design à l'architecture, le parcours de Marc Held s'attache à un approfondissement continu des conditions d'une vie meilleure, dans un environnement équilibré, qui défie les modes. Avec les meubles et les objets qu'il a conçus ou dessinés, dès les années 1960, Marc Held

Centre social IBM, La Lande, Montpellier, 1983-1984. Cour intérieure rythmée par le jeu des colonnes.
IBM social center, La Lande, Montpellier, 1983–1984. Interior courtyard cadenced by the interplay of columns.

Escalier hélicoïdal de L'Échoppe, rue de Seine, Paris, 1963. Fabrication Établissements Pelletier ; distribution L'Échoppe.
Spiral staircase of L'Échoppe, rue de Seine, Paris, 1963. Execution Établissements Pelletier; distribution L'Échoppe.

Clinging to its mountain, or rather simply set down upon it like a feature of life and pleasure, it is an unostentatious belvedere: a long low building inserted into an excavation dug out by a builder so skillfully that his gesture is forgotten.

Everything seems natural here, the garden-terrace that follows the terrace-garden, the staggered plans more or less protected from the views, which make it possible to be with others or to isolate yourself, and the successive shaded areas that allow themselves to be invaded by vines, all in a delicate link with nature.

The manor, bordered by a long veranda, is striking in its simplicity. Only the scope and proportions, which provide a large family and their many friends with the comfort of conviviality, are a sign of the ambition of a "large house."

Via the details of the window frames, woodwork, and wood columns, it evokes the rural architecture to which the architect is partial. Having crisscrossed the island of Skopelos many times, he learned a few lessons in things that here are used to soften the rigor of the whole. But nothing disturbs the peaceful, reassuring nature of the design.

Undoubtedly he desired that life should be expressed, that the warmth of exchanges, the freedom of the individual and the site's beauty should prevail. It is a marriage of the silence of forms and the force of the landscape, open to every possibility.

Temple and colonnade

In the same period Marc Held designed the Capsari house, on a beautiful plot of land approaching the water, set on a gentle slope. It was an occasion to subdue the forms, even to solemnize them. The façade facing the sea is a lovely reception terrace bordered by a powerful colonnade. The idea of a Greek temple is present, and the gesture is forthright, because, once again, the modernity of the spaces is ensured. The inhabitable volumes fit into each other and define a beautiful shaded courtyard right from the entrance, without affecting the nobility of the large living room. The guest rooms, below, border a comfortable swimming pool. Lastly, the pavilion, at the entrance to the grounds, was inspired by the shepherds' houses common on the island.

All these elements combined, treated with the architect's usual restraint, contribute to the success of the Capsari house, and the achievement of a modern/old marriage in which comfort concedes nothing to the neoclassical model, without fear or reproach.

Marc Held had already dealt directly with the archetypes of ancient Greek architecture. The case was a singular one: in 1990, at the top of a hill, a Greek architect had built for French history-lovers a "villa" comprised of four temples ranged around a courtyard.

In 2001, when the idea of bringing them together and making the place livable all year round was submitted to him, the audacity and challenge of covering this central space with a vault did not discourage him: the Temple now became an enormous dwelling, the nave letting the four small temples of the first phase appear. It was a monumental collage that only a perfect mastery of construction could bring off.

From design to architecture

At this point in our trip around the island, we must turn to look at the work already undertaken. Who was Marc Held before he moved to Greece?

From design to architecture, Marc Held's itinerary has been focused on a continuous deepening of the conditions of a better life, in a balanced environment that defies trends. With the furniture and

recherche la pureté des lignes, la commodité des usages, la légèreté des structures.

L'exemple des étagères fixées en apesanteur sur des câbles tendus par des ridoirs, conçues pour l'un de ses premiers appartements – où le gain de place et l'espace visuel étaient importants –, est significatif : faire mieux avec trois fois rien. Le fameux lit en polyester moulé, imaginé pour la grande série, sera aussi une recherche de synthèse esthétique et technique. Tandis que le fauteuil *Culbuto*, édité par Knoll et repris en tirage limité dans les années 2010, accomplit avec raffinement le mariage de l'efficacité et de la pureté des lignes.

Si l'on se retourne sur les premières maisons signées par Marc Held, pour lui-même et ses proches dans un premier temps, et si l'on regarde celle de Gif-sur-Yvette (Essonne), bâtie sur pilotis et dont les façades en acier Corten assument un manifeste protechno, on ne discerne pas immédiatement les points communs. En Corse, à Zilia, la bastide construite avec Jacques Santelli, maire du village et maçon, tout en pierre nue, a une allure de fortin qui cherche à se fondre dans la nature. En Normandie, la longère garde son aspect ancien tout en s'ouvrant à l'intérieur sur un espace habitable unifié. Tandis que la composition de Gif-sur-Yvette, elle, se détache de l'environnement naturel avec l'affirmation de ses coques de métal et ses pilotis qui la tiennent à distance du sol fragile.

Pourtant, ces projets si différents ont en commun d'être conçus selon une structure modulaire. Tout part du plan, des relations entre les espaces imbriqués, de l'exploitation des vues diagonales qui ont l'immense avantage de dilater les surfaces disponibles. Les volumes de cubes joints par les angles de Zilia ne sont pas si éloignés des pavillons octogonaux de Gif-sur-Yvette...

Cela illustre une constante du travail conceptuel de l'architecte-designer. Il pense et analyse les fonctions, en tout premier lieu, oriente les ouvertures en tenant compte des éléments naturels, relie les espaces entre eux, sans perte de sens et sans gaspillage de surfaces. Les diagrammes qu'il se plaît à composer pour chacune de ses commandes en Grèce, et qui lui servent aussi d'outil de dialogue avec ses clients, sont une étape essentielle de son approche constructive.

Ensuite, viennent les matériaux. Et là aussi, une constante de ce travail est de ne rien exclure : la pierre appareillée, le béton, le bois, le métal, rien n'est interdit, tout est à sa place. Sans préjugé, l'architecte respecte le travail des artisans, et quand il le faut, il sait influencer les maçons d'aujourd'hui pour les inciter à s'inspirer des manières des anciens.

Deux petites constructions parachèvent ce travail au long cours. À la villa Capsari, c'est un pavillon d'hôtes inspiré d'un *kalivi*, joli exercice de style. Un hommage aux traditions qui n'a rien de décoratif ni de postmoderne, au sens où les détails sont tous justes et justifiés.

Marc Held ne fera pas forcément école. Il aura pourtant montré avec persistance comment un architecte responsable et autonome peut conduire son œuvre en accord avec ses convictions. Selon une « courbe tendue », comme il aime le dire pour le dessin du mobilier. Sans mollesse.

Au XXe siècle, l'architecture « moderne » a imposé sa loi avec des principes louables et des applications plus ou moins acceptables, hélas ! On a qualifié de régionalisme, puis de régionalisme critique, formule plus dynamique et plus riche, certaines approches qui se distinguaient en intégrant des notions locales ou des esthétiques plus complexes.

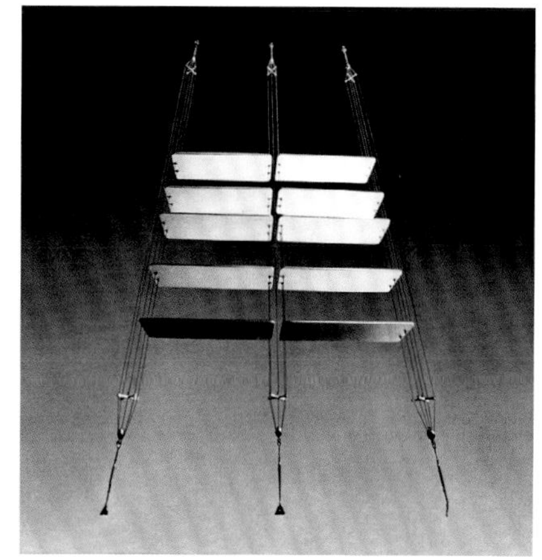

Étagères à ancrages sur câbles tendus avec poulies, 1961. Fabrication Marcel Sternfeld ; distribution L'Échoppe.
Shelves with anchoring points, on cables tightened by pulleys, 1961. Execution Marcel Sternfeld; distribution L'Échoppe.

Maison de la rue Oberkampf, Paris, 1979-1980. Jardin intérieur, bassin et coursive d'entrée.
House on the rue Oberkampf, Paris, 1979–1980. Interior garden, basin and entrance path.

objects that he imagined or designed, from the 1960s Marc Held has always looked for the purity of line, the convenience of use and the lightness of structure.

The example of shelves hung in the air by turnbuckles on taut cables, designed for one of his first apartments – in which saving room and visual space were crucial – is significant: doing more with very little. The famous molded polyester bed, imagined for mass production, also expressed a search for an aesthetic and technical synthesis, whereas the *Culbuto* armchair issued by Knoll and reissued in a limited number in the 2010s accomplished the blending of efficacy and pure lines with refinement.

If we return to Marc Held's first houses, designed initially for himself and his family and friends, and if we look in particular at the one in Gif-sur-Yvette (Essonne), built on piles and whose Corten steel façades play the role of a pro-technical manifesto, we might not immediately see any points in common. In Zilia, Corsica, the house built with Jacques Santelli, a mason and the village's mayor, entirely in bare stone, looks like a small fort that is seeking to blend into nature. In Normandy, the long farmhouse retains its old appearance while opening inside on a unified inhabitable space. On the other hand, the Gif-sur-Yvette composition is detached from its natural environment with the assertion of its metal shells and its piles that keep it at a distance from the fragile soil.

However, what these very different projects have in common is their modular structure. Everything starts from the plan, the relationship between the intertwined spaces, the use of diagonal views that have the enormous advantage of dilating the available areas. The cubic volumes connected at the corners in the Zilia house are not all that different from the octagonal pavilions in Gif-sur-Yvette...

This illustrates one of the conceptual constants in the architect-designer's work. Right at the beginning he analyzes functions, orients the openings while taking natural elements into account, and links spaces to each other without losing meaning and without wasting area. The diagrams that he likes to create for each of his commissions in Greece, and which he also uses as a tool for dialogue with his clients, are an indispensable step in his approach to construction.

The materials come next. And here too, one constant in his work is not to exclude anything: dressed stone, concrete, wood, metal, nothing is prohibited, everything is in its place. Without any bias, the architect respects the craftsmen's work, and when necessary he knows how to influence today's masons to encourage them to draw inspiration from how their forefathers worked.

Two small constructions complete this long-term work. At the Capsari villa there is a guest pavilion inspired by a *kalivi*, a nice exercise in style. It is a tribute to traditions that have nothing decorative or postmodern about them, in that the details are just right and entirely justified.

Marc Held will not necessarily create a school. He will, however, have shown with persistence how a responsible and autonomous architect can carry out his work in line with his convictions, according to a "taut curve," as he likes to say about furniture design, without any flabbiness.

In the 20th century, "modern" architecture imposed its law with laudable principles and applications that were more or less acceptable – alas! Certain approaches that stood out by incorporating local ideas or more complex aesthetics were described first as regionalism, and then as critical regionalism, a richer and more dynamic term.

Le refus d'un art uniformisé, d'un style international, aujourd'hui on dirait mondialisé, les a conduits à mener leurs propres recherches, sans renier les acquis du moment. Le *modus operandi* de Marc Held, s'appuyant sur les contraintes du site, les pratiques des artisans sans renoncer à l'idéal moderne – fluidité, commodité, liberté de circulation –, le rapproche de cette famille d'architectes repérée en son temps par le critique Kenneth Frampton.

Dernièrement, Marc Held en apportait une nouvelle preuve, ou épreuve. En construisant dans l'une des propriétés déjà bâties (Mourtia) un édifice à part, soit maison d'hôtes, soit maison-refuge des maîtres pour laisser à leurs hôtes toute la place – il la nomme Petra (« la pierre ») –, cet exercice a pris valeur d'exemple.

Une seule pièce ouverte par une grande baie, cadrée par une puissante poutre. Des murs de grosse pierre soigneusement appareillée et une arête légèrement oblique pour alléger la silhouette de ce bâtiment-manifeste. Tout y est : un coup d'éclat, une sorte de signature, pour conclure cette « période grecque » qui commença par surprise et ne fut jamais interrompue.

Leçons des anciens et des modernes

Dans le texte publié en postface du livre d'Éric Germain, *Marc Held, du design à l'architecture* (Norma, 2009), le professeur et historien de l'architecture Petros Martinidis rappelle les sources du modernisme au XXe siècle et la contestation critique qui s'est développée dans les années 1980. Il analyse la démarche de l'architecte qui crée son propre chemin.

« Marc Held était postmoderne avant le postmodernisme, moderne après le déconstructivisme et toujours original [...] Il cherche à transcender aussi bien la continuité organique qui caractérise la tradition que la fragmentation structurée du modernisme [...] Le développement des volumes de ses bâtiments et leurs rapports à la lumière organisent l'espace dans la géométrie des mouvements réels de l'utilisateur mais aussi des causes qui en mobilisent l'imagination. »

Petros Martinidis souligne chez Marc Held « la logique de constructeur, jusque dans la conception des objets » et une excellente connaissance des matériaux et de leur interaction visuelle, tactile et esthétique. Toutes ces qualités s'exercent sans *a priori*, sans le souci de paraître de telle ou telle école, de telle ou telle filiation. L'historien cite Aldo Rossi ou Peter Zumthor, affirmant que : « L'architecture de valeur est toujours une architecture personnelle, unique et qui transcende les dilemmes tels que modernisme-postmodernisme. »

On aimerait ajouter à ces noms prestigieux ceux de Frank Lloyd Wright et d'Alvar Aalto. Chez les grands architectes, la doctrine moderniste est tempérée par le goût très sûr qu'ils ont de leur propre vision. Dans ses maisons de Chicago, Wright réussit l'alliance subtile de l'art décoratif épuré et des espaces libérés par l'absence de cloisons inutiles et l'imbrication des volumes. Chez Aalto, en Finlande, l'espace intérieur est organique et fluide avant même d'être dessiné. Et bien sûr, du côté des meubles et des agencements de l'habitat, nul n'ignore les leçons de choses de Charlotte Perriand, qui a influencé ses contemporains et ouvert des voies que l'on explore encore.

Si l'on observe l'œuvre de Marc Held depuis ses débuts, les choix qu'il affirme dans la création de meubles, d'objets et d'une architecture intérieure raffinée, mariant les époques et les matières avec audace, mais sans provocation, on note qu'il relie souvent par des gestes sculpturaux (ses escaliers en métal) les espaces qu'il délivre de toute pesanteur. On ne peut s'étonner qu'il fasse de même quand il a l'occasion de maîtriser l'architecture pleine et entière.

Maison en acier Corten, Gif-sur-Yvette, Essonne, 1973-1977. Jardin aquatique de Martin Guiton.
House in Corten steel, Gif-sur-Yvette, Essonne, 1973–1977. Aquatic garden by Martin Guiton.

Lancement à L'Échoppe du siège pivotant et basculant à l'occasion du Festival Saint-Germain, juin 1967.
Launch at the L'Échoppe of the pivoting and tilting seat at the Festival Saint-Germain, June 1967.

The rejection of a standardized art, of an international style – which today we would call globalized – led these architects to carry out their own research, without disowning recent achievements. Marc Held's modus operandi, based on the site's constraints and the craftsmen's practices, yet without renouncing the modern ideal – fluidity, convenience, freedom of circulation – brings him closer to this family of architects identified in its time by the critic Kenneth Frampton.

Recently, Marc Held contributed new proof of this. Working on a property that had already been built upon (Mourtia), he constructed a new building he called Petra (the stone), which was either a guest house or a refuge-house for the owners so that their guests would have all the room they needed – this exercise served as an example.

There is a single room whose opening is a large bay window, framed by a powerful beam. There are walls built of large carefully dressed stones, and a slightly oblique edge to lighten the silhouette of what is in essence a builder's manifesto. Everything is there: a remarkable feat, a kind of signature to conclude this "Greek period" that began by surprise and endured uninterrupted.

Lessons of the ancients and the moderns

In a text published as a postface to Éric Germain's *Marc Held, du design à l'architecture* (Norma, 2009), the art historian and architecture professor Petros Martinidis recalled the sources of 20th-century modernism and the critical dispute that developed in the 1980s. He analyzed the approach of the architect who created his own path.

"Marc Held was postmodern before postmodernism, modern after deconstructivism and always original [...] His focus is to transcend the organic continuity that characterizes tradition as well as the structured fragmentation of modernism [...] The development of his buildings' volumes and their relationship to light organize the space in the geometry of the user's real movements but also the causes that mobilize his imagination."

Petros Martinidis emphasized the presence in Marc Held's work of "the builder's logic, going as far as the design of objects" and an excellent knowledge of materials and their visual, tactile and aesthetic interaction. All these qualities are exercised without any bias, without any concern for belonging to a given school, any given affiliation. The historian cites Aldo Rossi or Peter Zumthor, asserting that: "Architecture of value is always a personal, unique architecture that transcends dilemmas such as modernism–postmodernism."

We would add to these prestigious names those of Frank Lloyd Wright and Alvar Aalto. In great architects, the modernist doctrine is tempered by a very definitive taste that they have for their own vision. In his Chicago houses, Wright successfully and subtly combined stripped-down decorative art and spaces freed by the absence of needless partitions and the intertwining of volumes. In Aalto's work, in Finland, the interior space was organic and fluid even before it was designed. And of course, as regards furniture and interior design, no one is unaware of the lessons expressed in the objects designed by Charlotte Perriand, who influenced her contemporaries and opened paths that are still being explored.

If we observe Marc Held's work from his beginnings, noting the choices he makes in the creation of furniture, objects and refined interior architecture, how he daringly combines periods and materials without the least provocation, we see that he often appeals to sculptural gestures (his metal staircases) to link spaces and free them from any heaviness. It is not surprising that he does the same thing when he has the opportunity to fully and completely master architecture.

Le moment charnière de cet épanouissement est la construction, en 1983, pour IBM, à La Lande, près de Montpellier, d'un centre social avec restaurant d'entreprise et différents équipements.

Marc Held s'empare de ce programme austère avec l'ambition d'en faire un cœur vivant pour une collectivité de travail. Son humanisme et son respect du paysage méditerranéen font merveille : la simplicité des meubles originaux qu'il dessine, la disposition des lieux en une sorte de cloître moderne et la liaison avec la nature par la plantation de dizaines d'oliviers lui permettent de magnifier la commande. Il satisfait à la fois une volonté esthétique où la pierre et le bois répondent au béton et un désir ardent de servir la communauté des employés à qui ce lieu est offert.

Dans sa « période grecque », qui s'étend sur un quart de siècle, ce Parisien qui n'avait jamais oublié la ferme de Corrèze où il fut abrité, enfant, pendant l'Occupation, a pu donner libre cours à son tropisme de paysan-bâtisseur. Hommage réitéré aux manières des anciens, le dialogue fertile qu'il a noué avec Skopelos, ses paysages et ses habitants est un accomplissement remarquable de cette synthèse.

La période grecque se prolonge… en Afrique. Ayant bâti de solides affinités avec un coin du Sénégal, le Sine Saloum, où il se rend chaque année, l'architecte « aux pieds nus » va maintenant partager son expérience avec les villageois et offrir une école aux enfants.

Pour que le cercle humaniste soit complet, pour que la Terre tourne rond, ce projet se réalise avec un « atelier » international où se retrouvent de jeunes architectes venus du Liban, de France et de Suisse… L'histoire continue.

Culture littéraire, fidélité aux idées de sa jeunesse, générosité et amour du travail bien fait, amour tout court des humains et de la beauté des sites…, la personnalité de cet architecte est unique. Il continue sans se renier à travailler dans le sens des modernes, et il en a suffisamment élagué les manies et les modes pour atteindre un hors mode qui le protège.

La construction du centre social La Lande, commandé par IBM, en était l'illustration. À une échelle qui n'était plus celle de la maison, il avait su créer, avec des pierres nues et du béton, avec des colonnes et des oliviers, avec un grand patio à la fois protecteur et ouvert, un espace qui renouait avec l'architecture monastique dans son esprit – rassemblement et apaisement – sans céder à aucune facilité formaliste.

Une maîtrise remarquable qui arrivait en point d'orgue d'une vie professionnelle. C'était sans compter sur les dieux de la Grèce hospitalière qui allaient non seulement accueillir un bâtisseur exemplaire à la recherche de la paix, mais l'inciter à reprendre ses crayons et ses calques là où la technicité du métier ne voulait plus les laisser s'exprimer.

À main d'homme, à hauteur de regard, dans un dialogue permanent avec l'horizon marin. ■

Les membres et amis du Centre de la Terre, Skopelos, en 2017.
De gauche à droite, de haut en bas :
Members and friends of the Centre de la Terre in Skopelos, 2017.
From left to right, top to bottom:
Noemie Aéllenbach, Arthur Perbet, Eleni Kosma, Rana Antonios, Michèle Champenois, Marc Held, Angele Keserwany, Elena Tomane, Constanza Temboury, Fadlo Dagher, Camille Schneider, Hoda Kassatly, Naila Bitar.

The key moment in this development was the 1983 construction of a social center with a company restaurant and various facilities, for IBM, in La Lande, near Montpellier.

Marc Held approached this austere program with the goal of making it the living heart of a workplace. His humanism, his respect for the Mediterranean landscape, did wonders: the simplicity of the original furniture that he designed, the layout of the center in a kind of modern cloister and the link with nature through the planting of dozens of olive trees, permitted him to magnify the commission. He fulfilled both an aesthetic quest in which stone and wood responded to the concrete, and an ardent desire to serve all the employees to whom this center was offered.

In his "Greek period," which lasted a quarter of a century, this Parisian, who had never forgotten the farm in Corrèze where he found childhood refuge during the Occupation, was able to give free rein to his tropism as a peasant-builder. The remarkable achievement of this synthesis is reiterated in the ways of the elders, and in the fertile dialogue that he instituted with Skopelos, its landscapes and its inhabitants.

The Greek period is now being extended... to Africa. Having created solid affinities with a corner of Senegal, the Sine Saloum, where he goes each year, the "barefoot" architect is now going to share his experience with the villagers and offer their children a school.

So that the humanist circle is complete, so that the world turns, this project is being executed with an international "studio" in which young architects from Lebanon, France and Switzerland will participate... The story continues.

With his literary culture, faithfulness to the ideas of his youth, his generosity and love of work well done, his love for humanity and the beauty of sites... this architect's personality is unique. He keeps working according to the moderns, true; yet he has sufficiently warded away the manias to reach a place that is free from passing fashion, and which now protects him.

The construction of the La Lande social center, commissioned by IBM, was an example of this approach. On a scale that was no longer that of the house, with bare stones and concrete, columns and olive trees, with a large patio that was both protective and open, he was able to create a space that revives the spirit of monastic architecture – in its gathering together and peacefulness – yet without giving in to any formalistic tendencies.

His remarkable mastery expresses the culmination of a remarkable professional life. He never counted that the gods of a hospitable Greece would not only open their arms to this exemplary builder looking for peace, but even encourage him to take up his pencils and tracing paper, once the technology of his profession was no longer sufficient for him to express himself.

He did so with a man's hand, at eye level, in an ongoing dialogue with the sea's horizon. ■

Ndangane, région du Sine Saloum, Sénégal. Construction expérimentale en brique de terre et en structure de béton armé avec toiture en tôle nervurée.
Ndangane, Sine-Saloum region, Senegal. Experimental construction in clay bricks and a reinforced concrete structure with roof in ribbed sheet metal.

À Vilma

Les maisons de Skopelos/ Houses in Skopelos

Marc Held

Melissia 1988

We'd fallen in love...

My wife Vilma and I had fallen in love with a Greek island that was quite different from the conventional images seen in ads. A green island, peopled by fishermen and peasants, with a rugged topography like a sort of miniature Corsica. Moreover, the island had no airport, so hurried tourists were few.

A small ruined peasant house had captivated us by its very challenging position. Far from everything, it was nestled in a forest of venerable olive trees, perched on the edge of a cliff. Its elderly owner, Manolis, had installed his beehives there, hence its name "Melissia" in Greek. After years of patient waiting, of sharing vast meals and exchanging gifts, a close friendship was established, and Manolis agreed to sell.

I decided to restore the ruin, communicating with the craftsmen of the village with the aid of sketches and my few words of Greek. I was absolutely determined that they should use the techniques of years gone by, those that they had abandoned in favor of breeze blocks, concrete, and plastic. They had trouble believing that I preferred stone, wood, and lime coatings.

The cultural models imported by rich expatriates have overturned traditional knowledge and replaced it with suburban cultural forms acquired in the cities of the industrial world. Everything that recalled the time of traditional frugal life has been rejected, foremost its architecture. The result is buildings that are neither modern nor old, and not very well built: a compromise, most often awful, in which appearance and fakery prevailed.

The bottom line is that my mason friends are now proud of their work and even boast about it to their foreign clients. After a few years, it becomes impossible to tell how old a building is: it seems to have been there always, and this is a good thing. So much was destroyed during the last century that our attitude when faced with something new can no longer be the same as that of our predecessors, the militant modernists. In those places where the spirit of the past still miraculously endures, let's keep a low profile. Let us engage in restoration in such a way as to reproduce the original, with traditional means, because there is an intimate relationship between the gesture, the execution and the final form. All imitation produces pastiche. Let us gently caress old buildings, affording them the respect owed to a kindly grandmother. And if necessary, and if it won't insult the landscape, let us plunge decisively into the avant-garde (provided that narrow-minded, petty and blind regulations don't forbid it, alas!).

When the reconstruction work was just about completed, the time had come for us to emigrate... leaving no forwarding address.

A truck brought us the little that we had decided to keep: books, record albums, our friends' paintings, a few rare prototypes of my furniture, and my archives – plans, photographs, etc.

Real life could now begin: cultivating our garden, and, for me, finally having the time to reflect and to seek reconciliation with myself.

First of all, we worked with our hands. I passed two or three years engaged in carpentry and a little masonry, until "the appetite" returned to me in force.

But we were soon saddened and distressed to observe the construction of a gaggle of truly ugly small houses. Instead of moaning, we decided to act: we would produce a book, a sort of manual to which people could refer who had a yearning to build. Crisscrossing the island on our little motorbike, we photographed beautiful old buildings wherever we found them. I wrote texts on vernacular architecture in general, and the traditional architecture of the Sporades islands in particular.

Nous étions tombés amoureux…

Nous étions tombés amoureux, ma femme Vilma et moi, d'une île grecque bien différente des images convenues que montrent les publicités. Une île verte, peuplée de pêcheurs et de paysans, au relief tourmenté, comme une sorte de Corse en miniature. De plus, pas d'aéroport sur cette île, donc peu de touristes pressés.

Une petite maison paysanne en ruine nous avait séduits par sa situation très difficile. Loin de tout, elle se lovait dans une forêt d'oliviers vénérables, perchée au bord d'une falaise. Son vieux propriétaire, Manolis, y entreposait ses ruches, d'où le nom « Melissia » en grec. Après des années de patiente attente, de repas pantagruéliques partagés, de cadeaux réciproques, Manolis accepta de nous la vendre parce qu'il nous aimait bien.

J'entrepris la restauration de la ruine. Avec les artisans du village, je communiquais à l'aide de croquis et de quelques mots de grec. Je tenais absolument à ce qu'ils emploient les techniques d'autrefois, celles qu'ils avaient abandonnées au profit du parpaing, du béton et du plastique. Ils eurent du mal à croire qu'à cela je préférais la pierre, le bois, les enduits à la chaux.

Les modèles culturels que rapportent les expatriés enrichis bouleversent les savoirs traditionnels et les remplacent par les formes de culture suburbaine acquise dans les cités du monde industriel. Tout ce qui évoque le temps de la vie frugale traditionnelle est rejeté, l'architecture tout en premier. Le résultat n'est ni moderne ni ancien, pas très bien construit : un compromis, le plus souvent lamentable, où l'emportent le paraître et le faux.

Au bout du compte, mes amis maçons sont maintenant fiers de leur travail et s'en prévalent auprès de leurs clients étrangers. Après quelques années, on ne sait plus distinguer l'âge du bâtiment : il semble avoir toujours été là, et c'est bien ainsi. On a tant détruit durant le dernier siècle que notre attitude devant la nouveauté ne peut plus être la même que celle de nos prédécesseurs, modernistes militants. Pour les lieux où subsiste encore miraculeusement l'esprit du temps passé, faisons profil bas. Restaurons à l'identique et avec les moyens traditionnels, car il y a un rapport intime entre le geste, le faire et la forme finale. Toute imitation produit du pastiche. Caressons les vieilles bâtisses avec douceur et respect comme on le ferait avec une bonne grand-mère. S'il le faut, et si cela n'est pas une insulte au paysage, lançons-nous carrément dans l'avant-garde (à la condition que des règlements étroits, mesquins et aveugles ne l'interdisent pas, hélas !).

Les travaux de reconstruction quasi terminés, le temps fut venu pour nous d'émigrer… sans laisser d'adresse.

Un camion nous apporta le peu que nous avions décidé de conserver. Des livres, des disques, les tableaux de nos amis, quelques rares prototypes de mes meubles et mes archives : plans, photographies, etc.

La vraie vie pouvait commencer : cultiver notre jardin et, pour moi, avoir enfin du temps pour réfléchir et tenter de me remettre d'accord avec moi-même.

Tout d'abord, travailler de nos mains. De la menuiserie, un peu de maçonnerie et deux ou trois années passèrent ainsi jusqu'à ce que « l'appétit » me revint en force.

Mais nous commençâmes à nous plaindre et à nous désoler de voir naître force petites maisons bien laides. Plutôt que de rouspéter, nous décidâmes de passer à l'action : produire un livre, une sorte de manuel auquel pourraient se référer les gens en mal de bâtir. Parcourant l'île en tous sens sur notre petite moto, nous avons photographié à tout va les belles bâtisses d'autrefois. J'écrivis des textes consacrés à l'architecture vernaculaire en général, et à l'architecture traditionnelle des Sporades en particulier.

Joseph Held, père de Marc Held, Vilma et sa chienne Tina.
Joseph Held, Marc Held's father, Vilma and her dog Tina.

Marc Held entouré de Panagiotis Triandafilou, de Kostas et Gianis Polichroniou durant les travaux de restructuration de Melissia, 1988.
Marc Held with Panagiotis Triandafilou, Kostas and Gianis Polichroniou, during the restructuring work on Melissia, 1988.

Dallage en damier utilisé aussi pour le restaurant d'IBM à La Lande près de Montpellier et à nouveau pour Maistros.
Checkerboard slabs previsously used for the IBM restaurant in La Lande near Montpellier, and once again for Maistros.

Guest Cottage 1992

Architects as site managers...

Architects, in their role as site managers, can in a certain manner be compared to orchestral conductors (although they are also the composers). They supervise the experts in all the specific disciplines: not violinists, flutists, etc., but masons, carpenters, metal workers, roofers. The architect is sometimes capable of exercising the manual skill possessed by a craftsman, but rarely as well. In music, Barenboim is the exception that proves the rule: a great pianist, and a great conductor.

Good architects must be familiar with the different building trades because their constant intervention on the site is essential, especially if the structure is being built with natural materials and partially by hand.

The dialogue that is sometimes established between the craftsman, the professional and the project manager can be extremely fruitful if it is conducted with mutual esteem and respect. One needs to have had many experiences, as I have had, to be convinced of this. Let me tell you about one: it is 4:30 in the morning on the construction site of a hotel in Djibouti. The workers and I get there before sunrise because the heat is intolerable later in the day. This is a meeting with the painters. I went to the foreman asking him to create a perfect shiny lacquer on the columns. The man, not far off 60, and a little overweight, was obviously an old hand at his trade. Regarding me with an innocent eye, he probed to see if I knew anything about what I was asking. His naive expression transformed into a look of cunning. The rascal was trying to trap me! Fortunately, my experience served me well: I talked to him about paint applied in several coats, wet sanding and verifications of evenness using back lighting. My painter got what he wanted: I had made the grade, shown that I understood the trade, even if I wasn't capable of as good a job as he. We became good friends, and all the more so as it is unusual for an architect to be present on site with the crew when the work begins before dawn.

This long preamble is intended to convey that in the program of our new life, I wanted to prove to myself that I wasn't simply a theoretician and that I could also put my shoulder to the wheel. We decided to build a kind of mini-cabin in wood, to house a large gasoline can, because at the time this sort of structure was almost nonexistent on the island. Moreover, fuel stored this way could be decanted and purified, reducing the risks of frequent breakdowns for our car. I borrowed woodworking machines and organized a genuine workshop equipped with all kinds of tools, and I acquired a taste for manual work. I liked it so much, indeed, that our gas station was itself transformed into a garage, and the garage converted into a wooden building lost in the olive groves. I have very tender feelings for this building, because I not only designed it, but built it with my own hands.

L'architecte, dans son rôle de conducteur des travaux…

L'architecte, dans son rôle de conducteur des travaux, peut être comparé d'une certaine façon au chef d'orchestre (mais il est en plus compositeur). Il dirige des exécutants de toutes disciplines. Ce ne sont pas des violonistes, des flûtistes et autres interprètes, mais des maçons, des menuisiers, des serruriers, des couvreurs, etc. L'architecte est parfois capable de pratiquer le métier manuel d'un artisan, mais rarement aussi bien que lui, c'est vrai. Pour la musique, Barenboim est l'exception qui confirme la règle, grand pianiste et grand chef.

Un bon architecte se doit de bien connaître les différents métiers du bâtiment, car son intervention continue sur le chantier est essentielle, surtout si l'on construit à l'aide de matériaux naturels et en partie à la main.

Le dialogue qui parfois s'établit entre l'artisan, homme de l'art, et le maître d'œuvre peut devenir extrêmement fructueux s'il se déroule dans l'estime et le respect réciproques. Il faut avoir vécu comme moi de nombreuses expériences pour en être convaincu. Je vous en relaterai une : il est quatre heures et demie du matin sur le chantier de construction d'un hôtel à Djibouti, les ouvriers et moi-même sommes là avant le lever du soleil car la chaleur deviendra alors insupportable. Réunion avec les peintres. Je m'adresse au chef d'équipe en lui demandant de réaliser une laque brillante parfaite sur les colonnes. L'homme, pas loin de la soixantaine, un peu corpulent, de toute évidence un vieux routier du métier. Il me regarde d'un air innocent et me sonde pour savoir si j'y connais quelque chose. Son air naïf se transforme en air matois. Le coquin, il essaie de me coincer ! Heureusement, ma déjà longue pratique va me servir : je lui parle d'enduits repassés, de ponçages à l'eau et de contrôles de la planéité à l'aide d'une lampe à contre-jour. Mon bon peintre a obtenu ce qu'il voulait : je méritais mon grade, je connaissais le métier même si je n'aurais pas été capable de faire aussi bien que lui. Nous devînmes bons amis, d'autant plus qu'il arrive rarement qu'un architecte soit présent avec les ouvriers sur le chantier lorsqu'il démarre aux aurores.

Tout ce préambule pour dire que, dans le programme de notre nouvelle vie, j'avais envie de me prouver que je n'étais pas seulement un théoricien et que je pouvais moi aussi mettre la main à la pâte. Nous décidâmes de construire une sorte de minicabine en bois, pour y abriter un grand bidon d'essence, car celle-ci était rare à l'époque dans l'île. De plus, le carburant ainsi stocké pouvait décanter et se purifier, et réduire les risques de panne fréquents de notre voiture. J'empruntai des machines à bois et organisai un véritable atelier équipé de toutes sortes d'outils, et je pris goût à ces travaux manuels. Cela me plut tellement que le poste à essence se transforma en garage, et que le garage se convertit en une bâtisse en bois perdue dans les champs d'oliviers. J'ai pour ce bâtiment une tendresse particulière, car non seulement je le conçus mais je le construisis de mes mains.

Structure légère de bois inspirée par les hangars de l'île de Skopelos.
Le bâtiment abrite un salon au rez-de-chaussée et des chambres à l'étage.

Light wooden structure inspired by the hangars on the island of Skopelos.
The building houses a living room on the ground floor and bedrooms upstairs.

Maistros 1995–1997

A taste for going back to the trade...

The pleasure of restoring Melissia gave me, as I said, a taste for going back to the trade. So I did a few detail studies for friends, helped the commune rehabilitate its old fountains, and offered advice here and there...

But above all, we decided to leave our old house and build a new one on the island's wild eastern coast. This barely inhabited region is covered with pine, olive and almond trees. A very few old constructions remained: *kalivia* – very simple small farms built in stone. The peasants had used them as shelters when they worked in the vineyards that covered the island until the 1950s.

On a steep terrain, overlooking the sea, we conceived a project with a square plan including, among others, a large multi-purpose commonroom. The building's reinforced concrete structure is visible, and the infill walls were built with limed byzantine brick. A long wide veranda runs around three sides of the house. Turned-wood columns support the eaves, recalling the traditional balconies of the island's houses. Slate roofs help to integrate the construction into its environment and harmonize with the gray hues of the nearby rocks. The building is built into the hill, so well in fact that the upper part has only one level above the ground, the rear lower level being devoted to the library and utility areas. The lower part itself appears on two levels.

For the frames, which cover large spans, I had to build a gigantic version of the model used on the island, and for this I needed the glulam manufactured so marvelously by a company in Patras.

Lying far from any village, the land could not be connected to the various utility networks, and this was yet another reason to use renewable energies, the sun and the wind. Rainwater is stored in a large cylindrical tank which forms a terrace, and a borehole makes available a large quantity of water, a blessing for the organic kitchen garden.

I rediscovered the true joys of my profession and once again felt the happiness of building. This time, however, there were no more collaborators, no more assistants... and naturally no more large projects! I could therefore verify that "small is beautiful." I designed everything, while also adapting my work methods to the local know-how. Whether for structural or finishing work, or for the furniture, I drew detailed plans on the largest scale possible, especially in fact for my own guidance so that I wouldn't have to improvise in front of the craftsmen. I made sketches for them that looked like comic books, which they understood much better. I also had to calculate the bill for quantities of materials, the sections of wood, etc. This work method combines the functions of the architect, the workshop foreman and the site supervisor. The computer that I see used in most offices today, and to which I do occasionally turn, may be irreplaceable for certain tasks, but is certainly not suitable for the kind of work I mentioned above. Nothing can convince me that the mouse or the keyboard can give the same pleasure as the pencil or the rapidograph.

Returning to the island's builders, it's true that they don't always know how to read plans: they learned their trade onsite, far from the temples of the fine craft industry. But though they are of course not on the same level as the Compagnons de Devoir, on their two-year tours of France, they have nevertheless produced small marvels of execution and sensitivity. And above all, while working with them, I felt like I was collaborating with human beings and not human machines or stressed-out small contractors, always on the verge of a nervous breakdown or bankruptcy. Their good will, their patience and the human warmth of our relationships, are unmatched. On the worksites, for example, there are many coffee breaks. We chat, we laugh, we fraternize and tell each other stories about the village or the distant worlds that they, former sailors, had visited years ago. Schedules and timelines are not part of their mindset and I try to adapt to this... at least most of the time.

Le goût de revenir au métier…

Le plaisir de restaurer Melissia me donna, je l'ai dit, le goût de revenir au métier. Ainsi, je fis quelques études de détails pour des amis, j'aidai la commune à réhabiliter ses vieilles fontaines, je conseillai les uns et les autres…

Mais surtout, nous décidâmes de quitter notre vieille maison et d'en construire une nouvelle sur la côte sauvage, à l'est de l'île. Cette région, à peu près inhabitée, est recouverte de forêts de pins, d'oliviers et d'amandiers. De très rares constructions anciennes subsistent : des *kalivia* ou fermettes de pierre très simples. Les paysans les utilisaient comme abri lors des travaux dans les vignes qui couvraient l'île jusque dans les années 1950.

Sur un terrain escarpé, dominant la mer, nous conçûmes un projet sur plan carré comportant entre autres une grande pièce commune polyvalente. La structure en béton armé du bâtiment est apparente, et les murs de remplissage sont réalisés en brique byzantine chaulée. Une longue et large varangue ceinture trois côtés de la maison. Des colonnes en bois tourné supportent les débords des toits, rappelant les balcons traditionnels des maisons de l'île. Des lauzes sur les toits contribuent à intégrer la construction dans son environnement en s'accordant aux teintes grises des rochers alentour. Le bâtiment est incrusté dans la colline, si bien que dans la partie amont il n'y a qu'un niveau hors sol, le niveau inférieur arrière étant dévolu à la bibliothèque et aux locaux techniques. La partie aval, elle, apparaît sur ses deux niveaux. Pour les charpentes, eu égard aux portées importantes, je dus gigantiser le modèle insulaire en faisant appel au bois lamellé-collé qu'une société de Patras exécute à merveille.

Éloigné du village, le terrain ne pouvait être raccordé aux différents réseaux, et ce fut une raison supplémentaire de s'en remettre aux énergies renouvelables, soleil et vent. L'eau de pluie est stockée dans une très grande citerne cylindrique formant terrasse, et un forage contribue à disposer d'eau en quantité, une bénédiction pour le potager biologique.

Je redécouvris les vraies joies du métier et retrouvai le bonheur de construire. Mais, cette fois, plus de collaborateurs, plus d'assistants… et bien sûr plus de grands projets ! Je vérifiai ainsi que « *small is beautiful* ». Je dessinai tout et dus aussi adapter mes méthodes de travail au savoir-faire local. Que ce soit pour le gros œuvre ou le second œuvre, ou bien pour le mobilier, je traçai les plans de détails à la plus grande échelle possible, mais en fait surtout pour ma propre gouverne afin de ne pas être contraint d'improviser face à mes artisans. Pour eux, je produisis plutôt des croquis façon bande dessinée, ce qu'ils comprenaient bien mieux. Je dus aussi me mettre à calculer les débits de matériaux, les sections de bois, etc. Cette façon de travailler combine les fonctions de l'architecte, du chef d'atelier et du chef de chantier. L'ordinateur que je vois fonctionner aujourd'hui dans la plupart des bureaux et que j'utilise à l'occasion, s'il est irremplaçable pour certaines tâches, ne s'adapte sûrement pas à celles que j'évoquais plus haut. On ne me convaincra pas que la souris ou le clavier peuvent donner les mêmes plaisirs que le crayon ou le Rapido.

Pour revenir aux bâtisseurs de l'île, c'est vrai qu'ils ne savent pas toujours lire les plans : ils ont appris leur métier sur le tas, bien loin des hauts lieux de l'artisanat d'art. S'ils ne sont certes pas au niveau des Compagnons du tour de France, ils m'ont néanmoins construit de petites merveilles d'exécution et de sensibilité. Et puis surtout, avec eux j'ai l'impression de collaborer avec des êtres humains et non avec des hommes-machines ou des petits entrepreneurs stressés, toujours au bord de la crise de nerfs ou de la faillite. Leur bonne volonté, leur patience et la chaleur humaine de nos relations sont incomparables. Sur les chantiers, par exemple, les pauses-café sont nombreuses, on y discute, on rigole, on fraternise en se racontant des histoires du village ou des mondes lointains que ces anciens marins ont autrefois visités. Plannings, délais sont des notions inconnues et je tâche de m'en accommoder… au moins la plupart du temps.

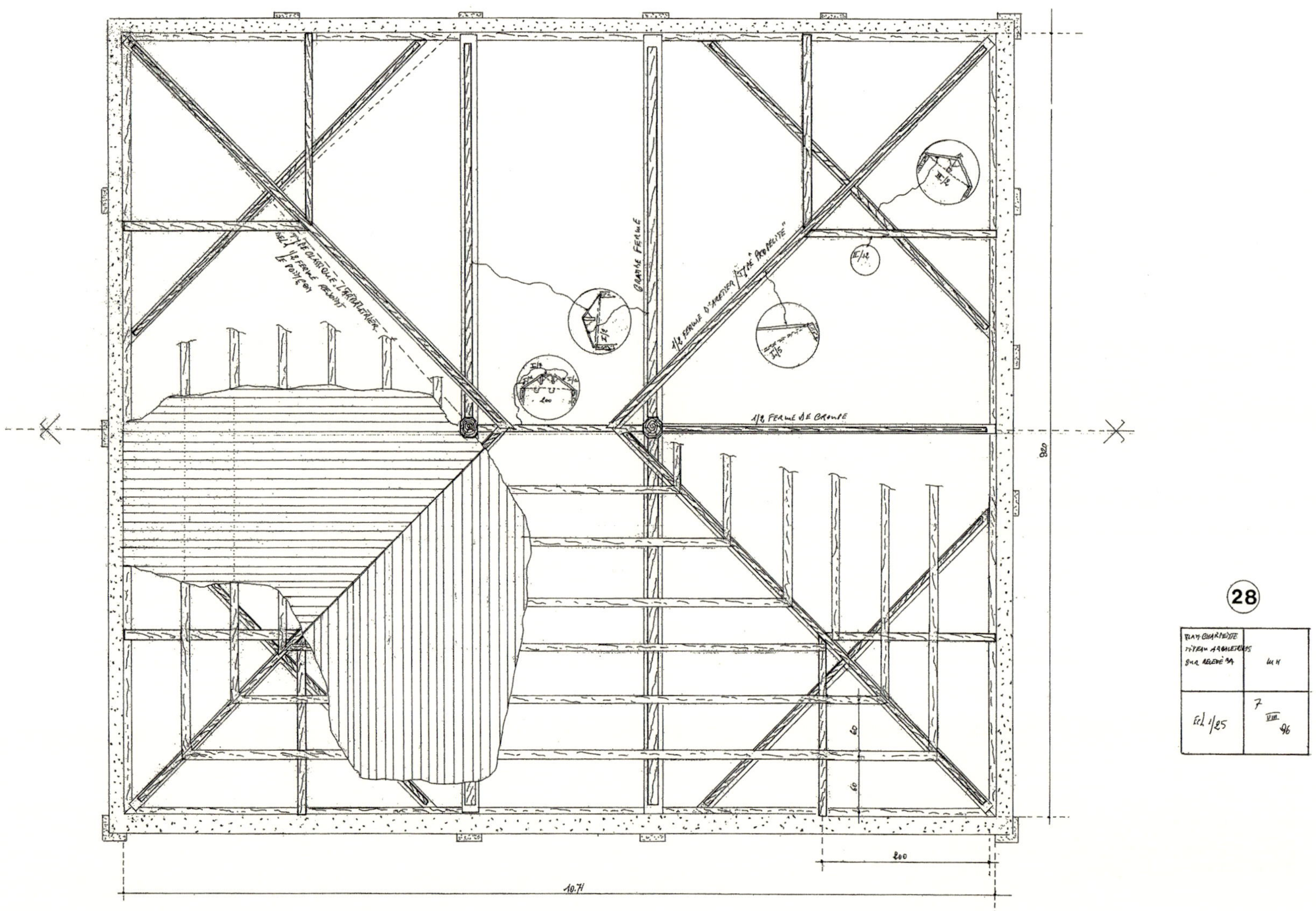

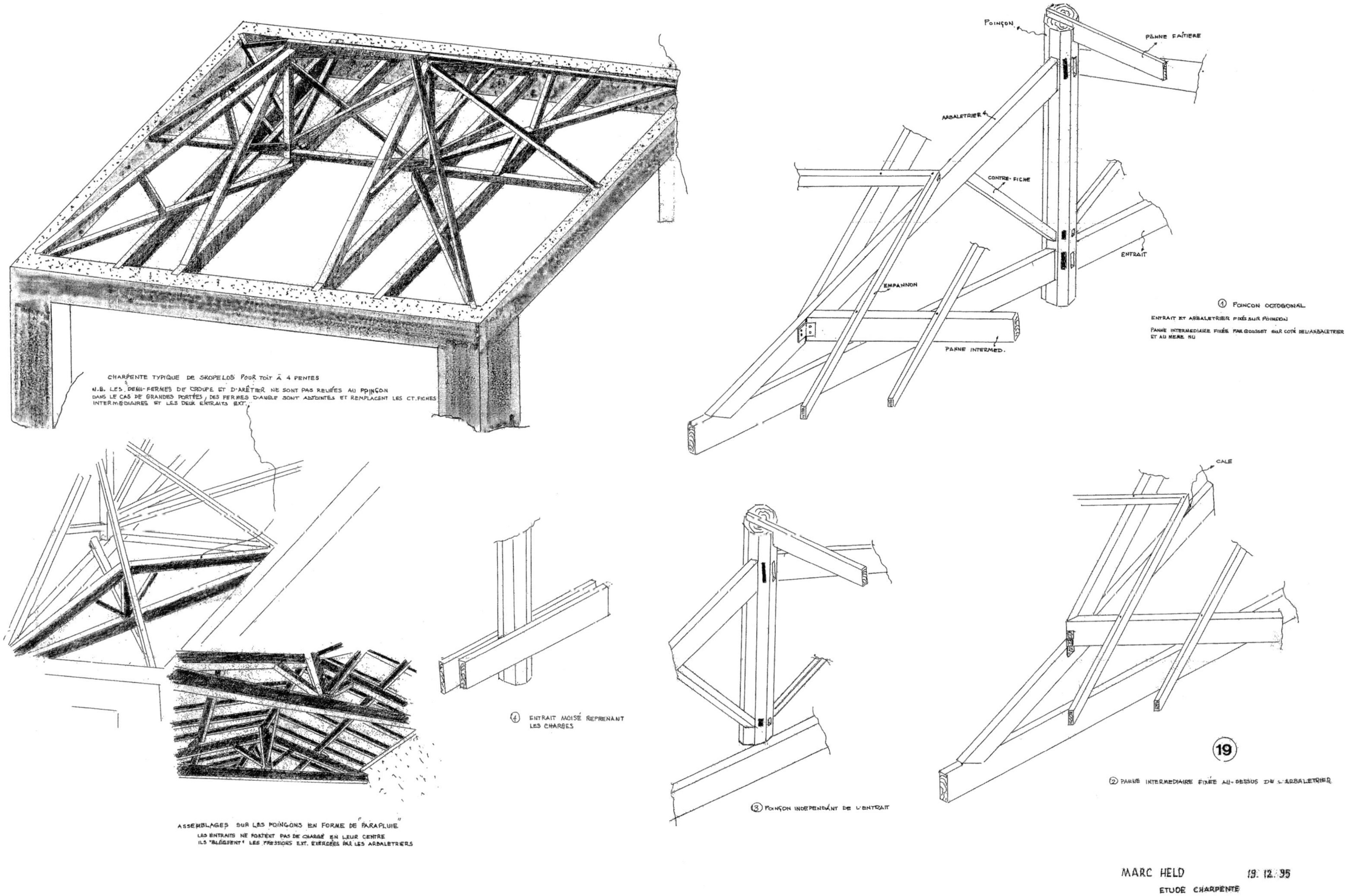

CHARPENTE TYPIQUE DE SKOPELOS POUR TOIT À 4 PENTES
N.B. LES DEMI-FERMES DE CROUPE ET D'ARÊTIER NE SONT PAS RELIÉES AU POINÇON
DANS LE CAS DE GRANDES PORTÉES, DES FERMES D'ANGLE SONT ADJOINTES ET REMPLACENT LES CT.FICHES INTERMÉDIAIRES ET LES DEUX ENTRAITS EXT.
POINÇON
PANNE FAÎTIÈRE
ARBALETRIER
CONTRE-FICHE
ENTRAIT
EMPANNON
PANNE INTERMED.
① POINCON OCTOGONAL
ENTRAIT ET ARBALETRIER FIXÉS SUR POINCON
PANNE INTERMEDIAIRE FIXÉE PAR GOUSSET SUR COTÉ DE L'ARBALETRIER ET AU MEME NU
④ ENTRAIT MOISÉ REPRENANT LES CHARGES
ASSEMBLAGES SUR LES POINÇONS EN FORME DE "PARAPLUIE"
LES ENTRAITS NE PORTENT PAS DE CHARGE EN LEUR CENTRE
ILS "BLOQUENT" LES PRESSIONS EXT. EXERCÉES PAR LES ARBALETRIERS
③ POINÇON INDÉPENDANT DE L'ENTRAIT
CALE
19
② PANNE INTERMEDIAIRE FIXÉE AU-DESSUS DE L'ARBALETRIER
MARC HELD 19. 12. 95
ETUDE CHARPENTE

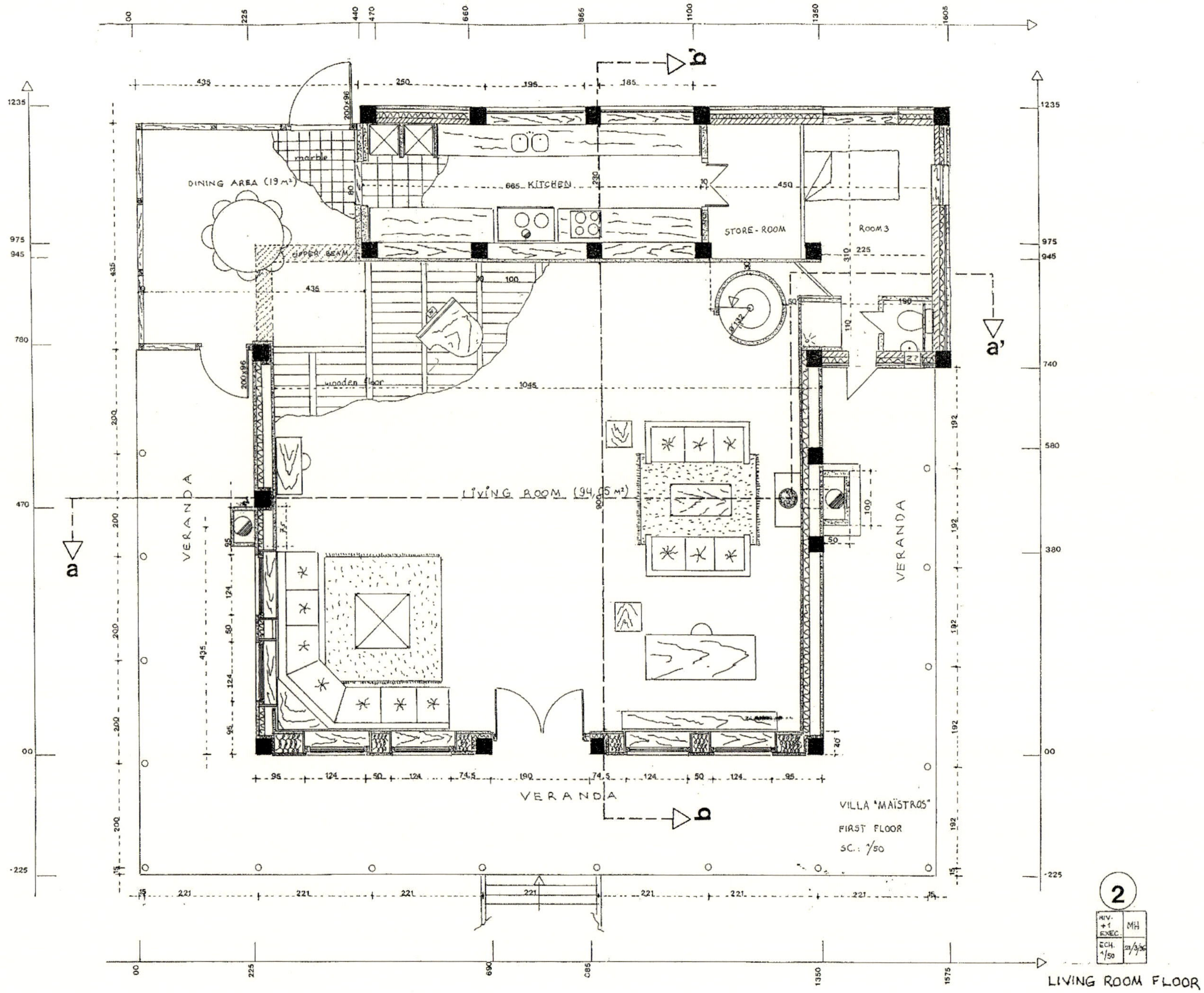
DINING AREA (19 m²)
marble
KITCHEN
STORE-ROOM
ROOM 3
UPPER BEAM
wooden floor
LIVING ROOM (94,05 m²)
VERANDA
VERANDA
VERANDA
VILLA "MAÏSTROS"
FIRST FLOOR
SC.: 1/50
2
LIVING ROOM FLOOR

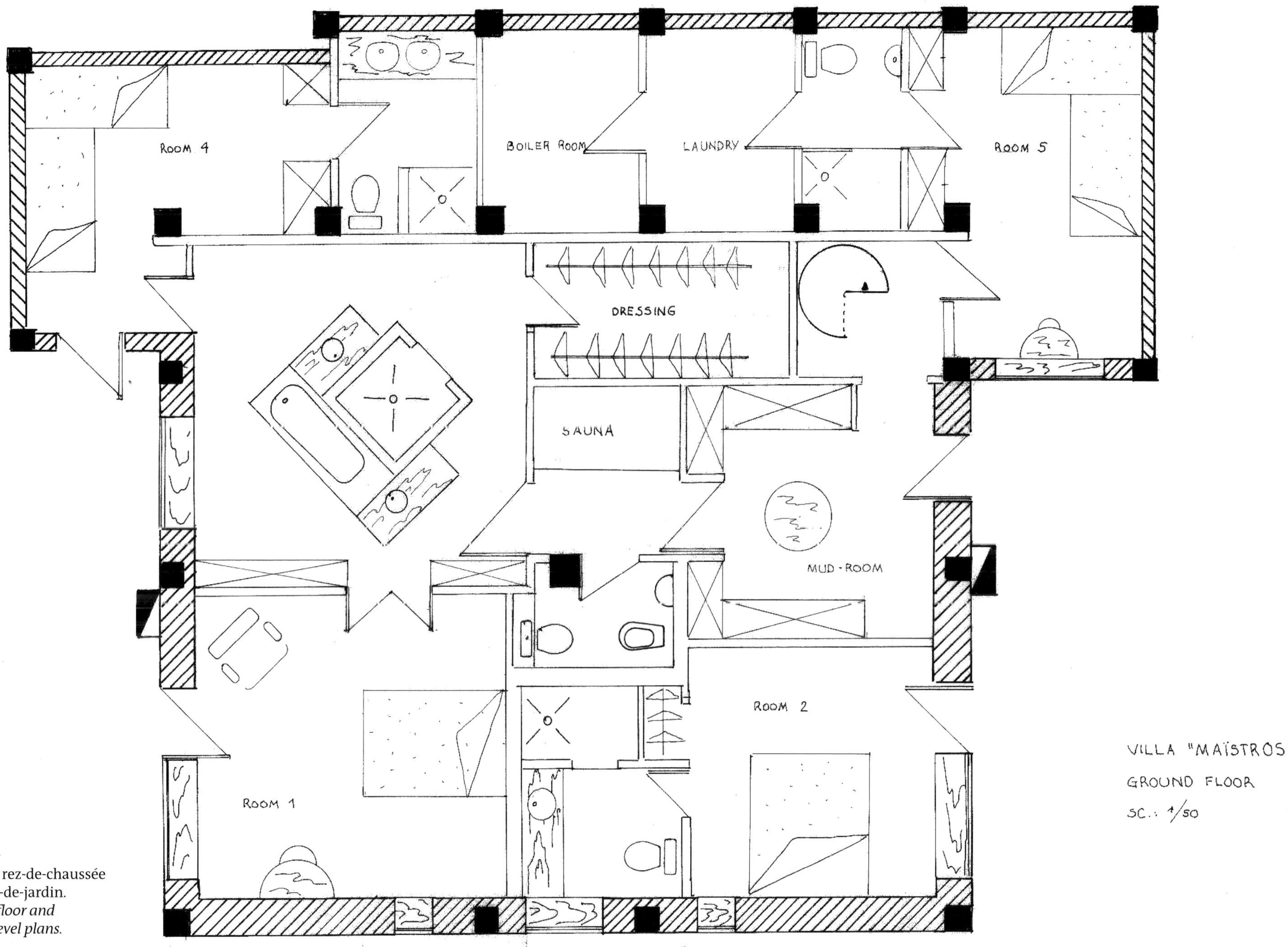

Plans du rez-de-chaussée
et du rez-de-jardin.
*Ground floor and
garden level plans.*

La pièce de bois blanche est une cheville assemblant la colonne et les poutres.
The piece of white wood part is a dowel joining the column and the beams.

Grand cylindre de pierre, citerne de récupération des eaux pluviales.
Large stone cylinder, cistern for gathering rainwater.

La mer Égée et le mont Delphi, point dominant de l'île. Sur la table, porcelaine Coquet de Marc Held.
The Aegean Sea and Mount Delphi, the highest point on the island. On the table, Coquet porcelain by Marc Held.

La presqu'île de Saint-Jean et son petit monastère, où fut tourné le film *Mamma Mia !*
The Saint-Jean peninsula and its small monastery, where the film Mamma Mia! *was shot.*

La salle de bains de la grande chambre, au rez-de-chaussée.
The bathroom of the large bedroom, on the ground floor.

Page de gauche
Dans le grand studio, les étagères sur câbles tendus créées en 1961.
Left-hand page
In the large studio, bookshelves on taut cables created in 1961.

Nina 1997–1999

A gift... an unexpected one

The publication of the Greek version of my book on vernacular architecture held a major surprise for us. Although we had left the world of mass communication, here we were causing an unexpected media maelstrom. Greek newspapers and television created a huge hype. Perhaps this small population, which believes it isn't loved, was celebrating me as a kind of lover of Greece, which of course I am.

Accompanied by my translator and friend, the architecture professor and historian Petros Martinidis, I was invited to give lectures in Athens, Thessalonica and Volos. It was in Athens that I met Nina C. who, at the end of the evening, asked me to build her a house on our island. My wife and I had sworn that we would do this no more, but Nina was so persuasive, and her request so touching, that we couldn't resist. She had spent her childhood on Skopelos during the war years, with her whole family, after fleeing Thessalonica. Her attachment to the island and its inhabitants reminded me constantly of my own links with my peasant friends, my adopted family, in Corrèze.

Nina's only condition was that we respect her approach of functionality, and that, for the spirit of the house, we should draw our inspiration from traditional architecture. In any event, the regulations were very strict and, unless we cheated (which is unfortunately all too common), the project, like all the constructions on the island, would be dictated by rigorous constraints.

So I took advantage of those constraints to make this building a kind of variation on vernacular themes (a little like Béla Bartók had done for Balkan folk music). Over 15 years or so, my wife and I had accumulated a great many photographic documents on the architecture of the Sporades, and the island of Skopelos in particular. I rebuilt, for example, and reinterpreted, a wooden balcony that I had seen unfortunately destroyed a little earlier in a neighboring village. I was inspired, while also somewhat varying them, by the proportions of the windows but also the distribution of solids, voids and colors... I took into account the necessity for shade and sunlit zones in order to demarcate different spaces according to the season and time of day. I also inventoried the dominant winds.

What a joy it was to go back to the drawing board, to design everything, to draw everything down to the slightest detail, and run a worksite by being there full time, like the project managers of years ago! What a pleasure it was to chose among the craftsmen whose talents I knew, the one who would best build this piece of furniture, the other who would lay the hardwood floors, and yet another who made excellent frames. A good knowledge of the local resources in both know-how and materials makes it possible to play with techniques and use them to their best advantage. So, after much experience, I now know who works with the stones that can be gathered on our side of the island, who does façade coatings that are neither too fussy nor too mechanical, etc.

In this work for Nina, I developed a particular mode of relationship with the client. The moral contract that I now propose has become clear: I respect the program in all its respects (functions, price, general spirit), I submit sketches right at the beginning for discussions and negotiations up until the final agreement on the approach; and from that point onwards I'm the sole project manager, the sole commander of the ship. I can then create my execution documents and select the materials. The future owner doesn't burst in on my plans, nor on the worksite, and visits only at my request. The client is therefore spared the torments of management and there is no risk of transmitting any paralyzing anxieties to the architect. The surprise will be all the greater when they encounter the finished building (up to and including the flowers on the table). My experience has proved to me that I am on the true path, because every time I have delivered a house in this way, it has been received like a gift... an unexpected one.

Un cadeau… inattendu

La publication de la version grecque de mon livre consacré à l'architecture vernaculaire nous réserva une surprise de taille. Nous avions quitté le monde de la communication et voilà que nous provoquions un maelstrom médiatique inattendu. Journaux et télévisions grecs firent un battage énorme. Peut-être que ce petit peuple, qui se croit mal aimé, fêtait en moi une sorte de philhellène, ce que je suis en vérité.

Accompagné de mon traducteur et ami, le professeur d'architecture et historien Petros Martinidis, je fus invité à donner des conférences à Athènes, à Thessalonique et à Vólos. C'est à Athènes que je rencontrai Nina C. qui, à la fin de la manifestation, me demanda de lui construire une maison sur notre île. Nous avions juré, ma femme et moi, qu'on ne nous y reprendrait plus, mais Nina fut si convaincante et surtout si touchante dans sa demande que nous ne pûmes y résister. Elle avait vécu pendant la guerre ses années d'enfance à Skopelos, avec toute sa famille, après avoir fui Thessalonique. Son attachement pour l'île et ses habitants ne cessait de me rappeler mes propres liens avec mes amis paysans de la Corrèze, ma famille de cœur.

La seule condition émise par Nina était de respecter son programme de fonctionnement et que, pour l'esprit de la maison, nous nous inspirions de l'architecture traditionnelle. De toute façon les règlements étaient des plus stricts et, à moins de tricher (ce qui se fait, hélas, trop souvent), le projet, comme toutes les constructions de l'île, était enfermé dans des contraintes sévères.

J'en profitai donc pour faire de ce bâtiment une sorte de variation sur des thèmes populaires (un peu à la manière de ce qu'avait fait Béla Bartók pour la musique des Balkans). Ma femme et moi avions accumulé depuis une quinzaine d'années de très nombreux documents photographiques sur l'architecture des Sporades et de l'île de Skopelos en particulier. Je rééditai par exemple, en l'interprétant, un balcon en bois que j'avais vu malheureusement détruire peu auparavant dans un village voisin. Je m'inspirai, tout en les détournant quelque peu, des modénatures des fenêtres mais aussi de la répartition des pleins et des vides, des couleurs… Je tins compte de la nécessité de zones d'ombre et d'ensoleillement afin de réserver des espaces différents selon la saison et l'heure du jour. Je fis aussi l'inventaire des vents dominants.

Quelle joie de pouvoir me remettre à la table à dessin, de tout concevoir, de tout dessiner jusqu'au moindre détail et de mener le chantier en étant présent à temps plein comme un maître d'œuvre d'autrefois ! Quel plaisir aussi de choisir parmi les artisans dont on connaît les talents celui qui réalisera au mieux ce meuble, cet autre qui posera bien les parquets, cet autre encore qui excelle dans la charpente. Une bonne connaissance des ressources locales en savoir faire et en matériaux permet de jouer avec les techniques et d'en tirer le meilleur parti. Ainsi, après des expériences nombreuses, je sais aujourd'hui qui travaille bien les pierres récoltées de notre côté de l'île, qui fait des enduits de façade ni trop maniérés ni trop mécaniques, etc.

Avec Nina, je développai un mode de relation particulier avec mes maîtres d'ouvrage. Le contrat moral que je propose est maintenant devenu clair : je respecte le programme dans toutes ses composantes (les fonctions, le prix, l'esprit général), je soumets dès le début des esquisses pour discussions, négociations jusqu'aux accords finaux sur le parti, et à partir de là je suis le seul maître de l'œuvre, le seul maître à bord. Je peux alors tracer mes documents d'exécution et choisir les matériaux. Le futur propriétaire n'intervient pas intempestivement sur mes plans, pas plus que sur le chantier et ne vient d'ailleurs sur celui-ci que si je l'y convie. Le maître d'ouvrage s'épargne ainsi les affres de la gestation et ne risque pas de transmettre ses angoisses paralysantes au maître d'œuvre. Plus grande sera sa surprise à la découverte du bâtiment terminé (jusqu'aux fleurs sur les tables). Mon expérience me prouve que je suis ainsi dans le vrai, car à chaque fois que j'ai livré une maison de cette façon, elle a été reçue comme un cadeau… inattendu.

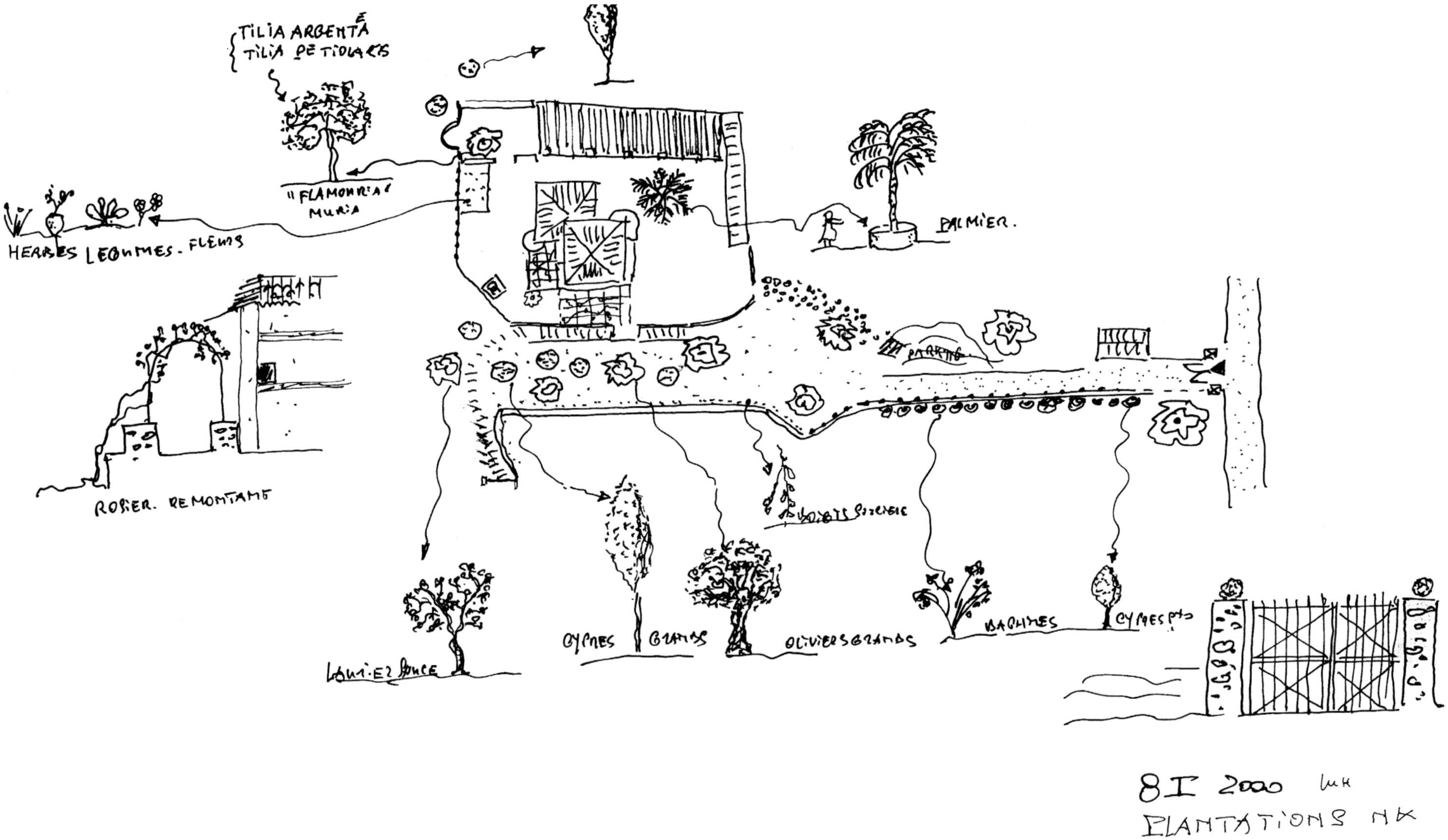
TILIA ARGENTÉ
HERBES LEGUMES - FLEURS
ROSIER. REMONTANT
PALMIER.
PARKING
CYPRES GRANDS
OLIVIERS GRANDS
8 I 2000
PLANTATIONS

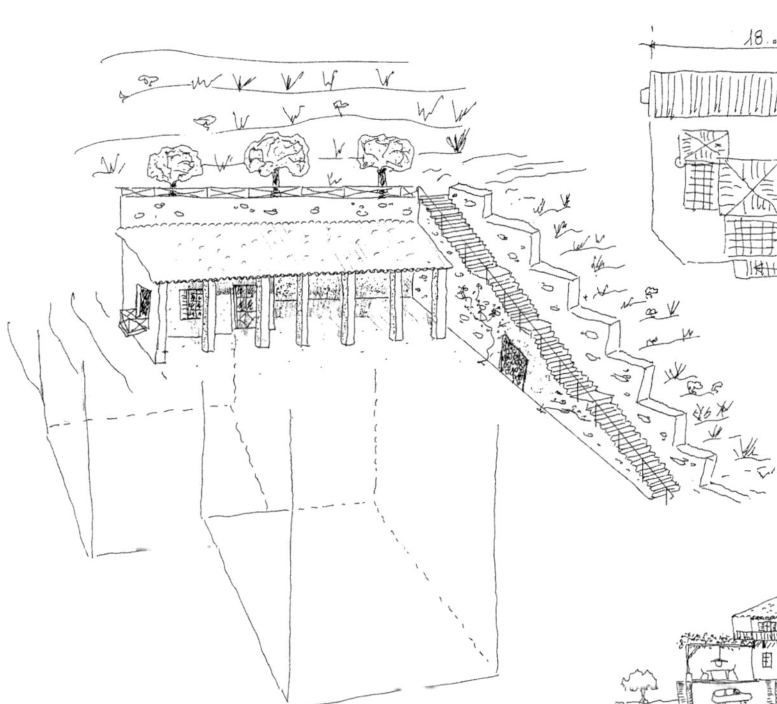

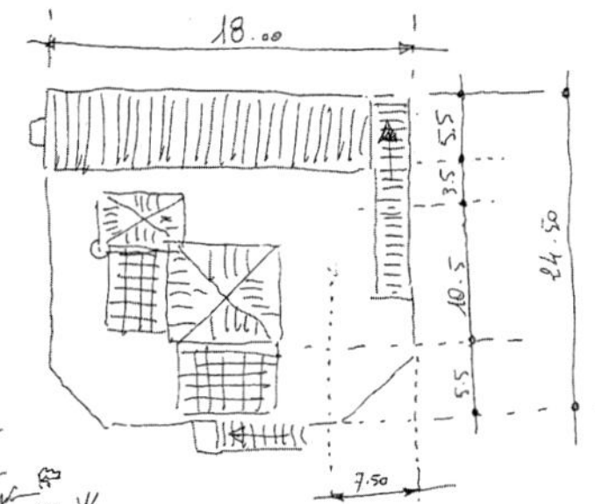
18.00
7.50

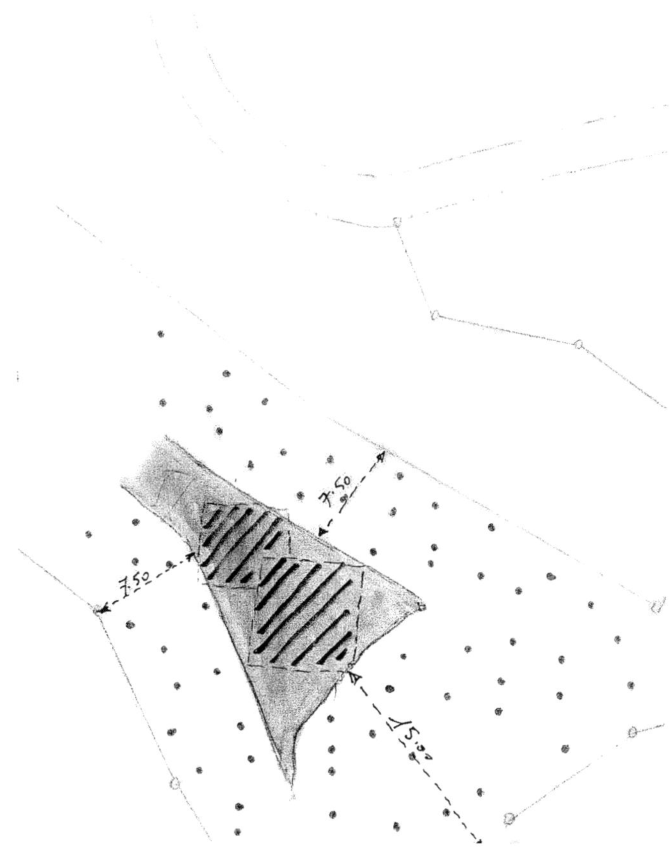
7.50
7.50

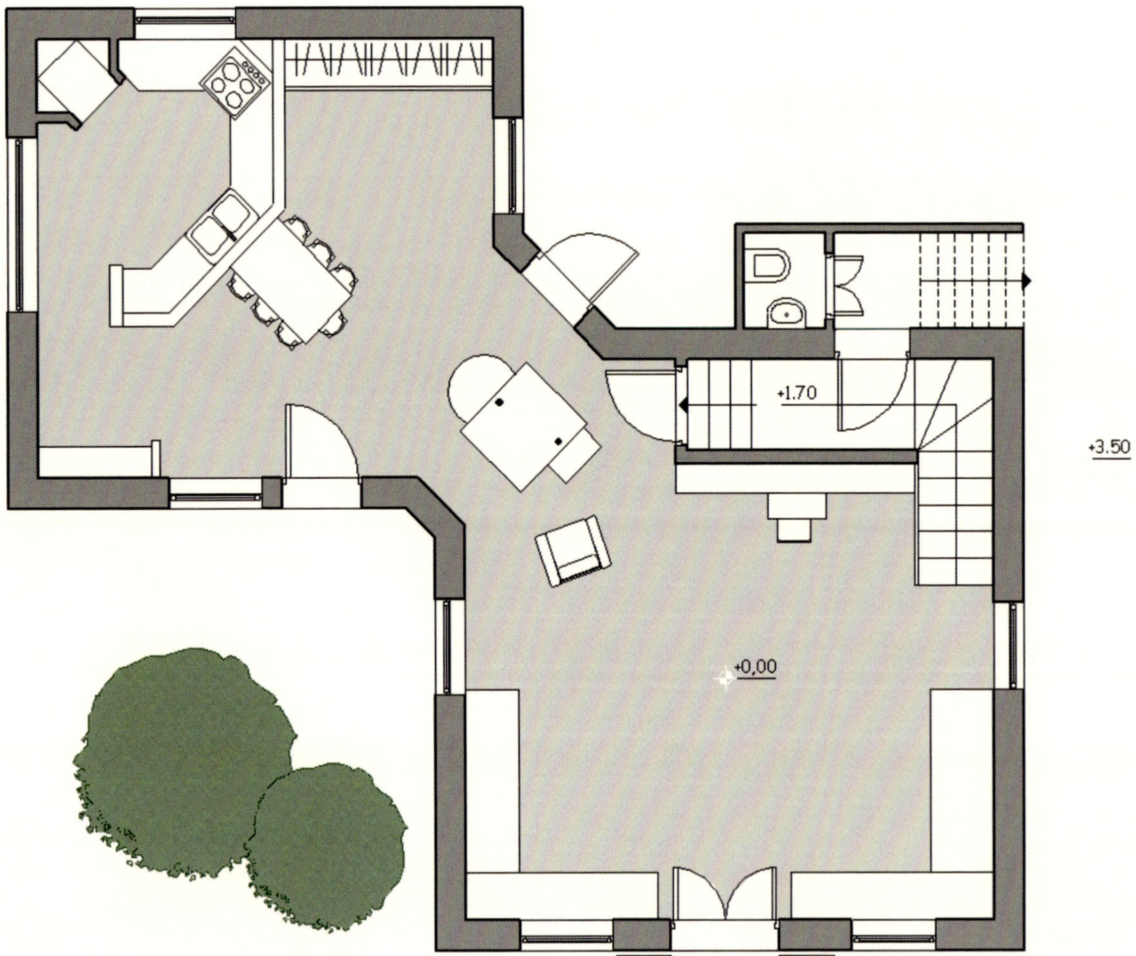
+1.70
+3.50
+0,00

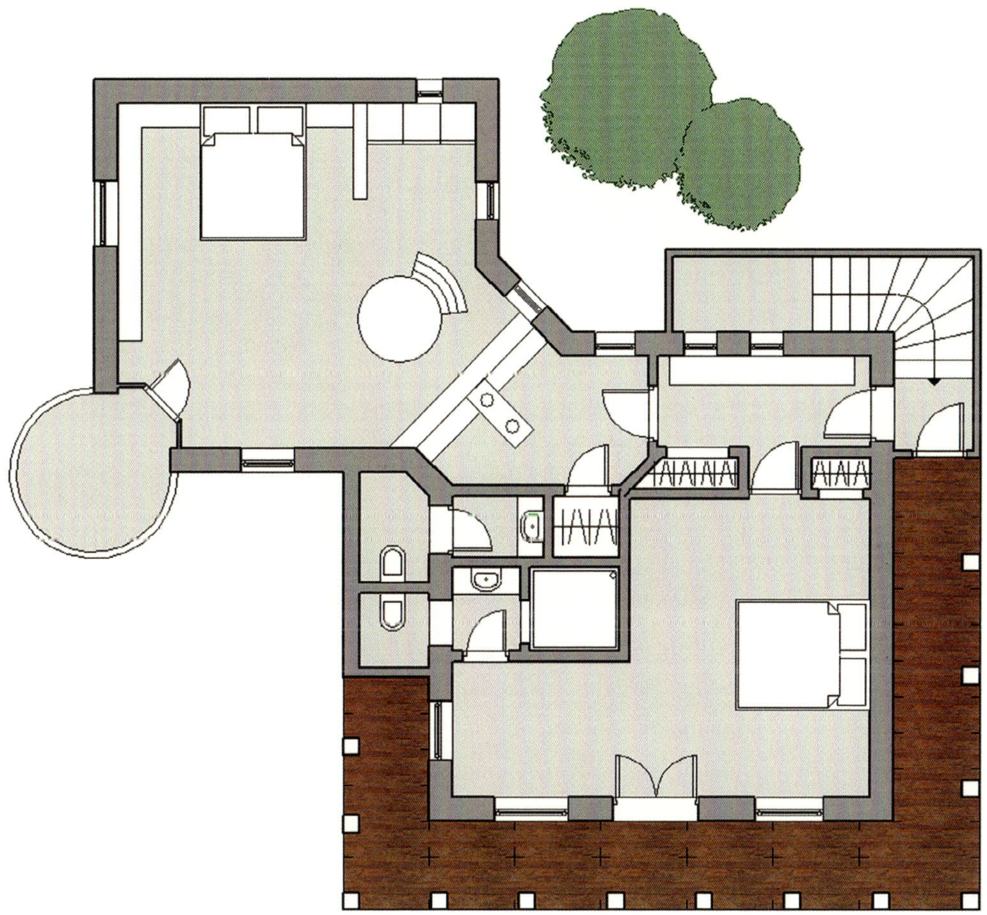

Plans du rez-de-chaussée et de l'étage.
Ground floor and upper floor plans.

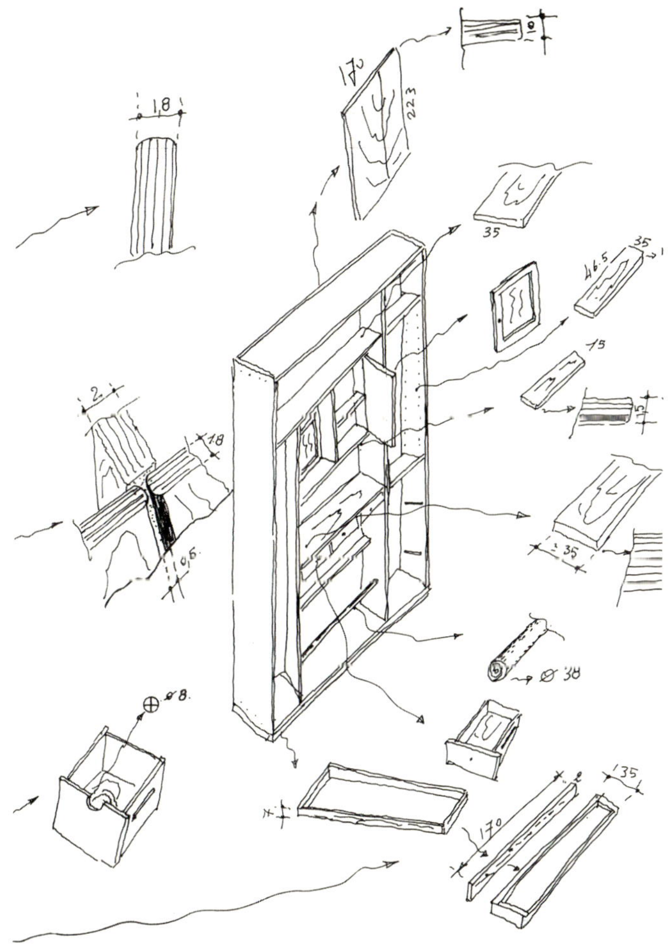

Équipement et mobilier conçu par Marc Held et réalisé par les ébénistes Dimitris Sideris et Manolis Konstantinou.
Fittings and furniture designed by Marc Held and built by the cabinet-makers Dimitris Sideris and Manolis Konstantinou.

Loukas 1998–2000

To build is to collaborate with the earth

On the ferry that plies the sea between the islands of the Sporades, we met a couple of young doctors. They were returning from a long humanitarian mission and were trying to locate a plot that their parents had acquired on our island a very long time ago. We got friendly with them right away, being similar in so many respects: the love of nature, concerns about the environment, the Third and Fourth Worlds...

In short, once the land had been identified and our friendship had deepened, Lucas and Sylvie asked us to build them a house.

Was this meeting a coincidence? The land in question was close to our own house, in the uninhabited zone where only a few ruins remained of those small farms (*kalivia*) that I mentioned earlier. What characterizes these structures is their simplicity, their discretion, their solid and rustic appearance, but also the sensuality of the materials from which they are built. I'm thinking of the stones, rounded by time, eroded by lichen and clearly showing that their slow journey back to the original earth is underway. The chestnut timber of the frames, pergolas and woodwork has that beautiful silvery gray color that Hermann Lenz so perfectly described and that only wind, rain, sun and bad weather can create. It was Marguerite Yourcenar who wrote: "To build is to collaborate with the earth."

In adding this construction to those steep olive groves, it was our duty to be utterly unobtrusive. If we had to build, we had to build humbly, remaining fiercely faithful to the spirit of the site, if not its actual features. Of course we used renewable energies, by necessity but also out of philosophical choice.

The program having been discussed and finally established between us, I then drew up the plans for the building, furniture and gardens. It turned out to be a small, long, low building surrounded by a deep veranda, supported by a brick colonnade placed on a stone base holding the water tank and a dormitory-style bedroom. Apart from one or two discreet visits, Lucas and Sylvie discovered their house only once it was finished, and it was no small surprise...

They come here often now, winter and summer, accompanied by their children. In the same manner as my other projects on the island, I follow the life of the building; my wife Vilma keeps an eye on the growth of the young trees; I add, if necessary, and if I am asked, a certain adaptation, a certain modification; and I supervise such repairs as may be needed. I feel responsible for my houses, and treat them – well – a little like my children. I see them grow, acquire their first wrinkles, and slowly transform themselves into a part of the landscape, just as I anticipated right from their conception. Imagining how a construction will age over time, over decades and even centuries, must absolutely be part of the architect's thinking: "to govern is to anticipate."

Construire, c'est collaborer avec la terre

Sur le *ferry-boat* qui cabote d'une île à l'autre des Sporades, nous rencontrâmes un couple de jeunes médecins. Ils rentraient d'une longue mission humanitaire et venaient tenter de localiser un terrain, acquis il y a très longtemps par leurs parents, sur notre île. Nous avons sympathisé d'emblée car nous étions proches en bien des domaines : l'amour de la nature, les préoccupations concernant l'environnement, le tiers et le quart monde...

Bref, leur terrain identifié et notre amitié approfondie, Lucas et Sylvie nous demandèrent de leur construire une maison.

Coïncidence, rencontre ? Le terrain en question se trouvait très proche de notre maison, dans cette zone inhabitée où ne subsistent que quelques ruines de ces fermettes (*kalivia*) dont j'ai parlé plus haut. Ce qui caractérise ces constructions, c'est leur simplicité, leur discrétion, leur côté solide et rustique, mais aussi la sensualité des matériaux qui les constituent. Je pense aux pierres, arrondies par le temps, mangées par les lichens et montrant clairement que leur lent voyage de retour vers la terre d'origine est en cours. Les bois de châtaignier des charpentes, des pergolas et des menuiseries possèdent cette belle couleur gris argent qu'a si bien décrite Hermann Lenz et que seuls peuvent provoquer vent, pluie, soleil et intempéries. C'est Marguerite Yourcenar qui a écrit : « Construire, c'est collaborer avec la terre. »

C'était un devoir de ne pas nous distinguer en ajoutant cette construction dans ces champs d'oliviers pentus. S'il fallait construire, il fallait le faire humblement en restant farouchement fidèle à l'esprit du lieu sinon à sa lettre. Bien entendu, nous fîmes appel aux énergies renouvelables, par nécessité mais aussi par choix philosophique.

Le programme discuté et finalement établi entre nous, je dressai les plans du bâtiment, des meubles et des plantations. En fait, une petite longère entourée d'une profonde varangue soutenue par une colonnade de brique, le tout posé sur un socle de pierre recevant la citerne et une chambre-dortoir. Lucas et Sylvie, à part une ou deux visites discrètes, ne découvrirent leur maison que celle-ci terminée ; et la surprise ne fut pas mince...

Ils y viennent maintenant souvent, hiver comme été, accompagnés de leurs enfants. Comme pour mes autres projets de l'île, je suis la vie du bâtiment, ma femme Vilma y a surveillé la croissance des jeunes arbres, j'apporte, s'il le faut, telle adaptation, telle modification si elle m'est demandée, je supervise les réparations lorsqu'il y en a. Je me sens responsable de mes maisons et les traite, ma foi, un peu comme mes enfants. Je les vois grandir, prendre leurs premières rides et se transformer lentement en une partie du paysage, ainsi que j'ai tenté de le prévoir dès la conception. Imaginer comment vieillit une construction au fil du temps, des décades et pourquoi pas des siècles, doit faire impérativement partie de la réflexion de l'architecte. « Gouverner c'est prévoir. »

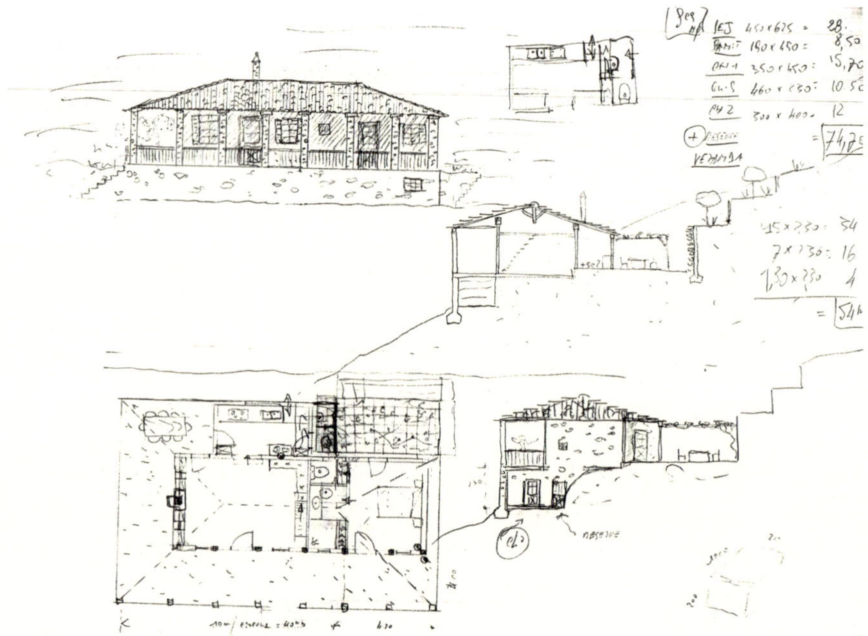

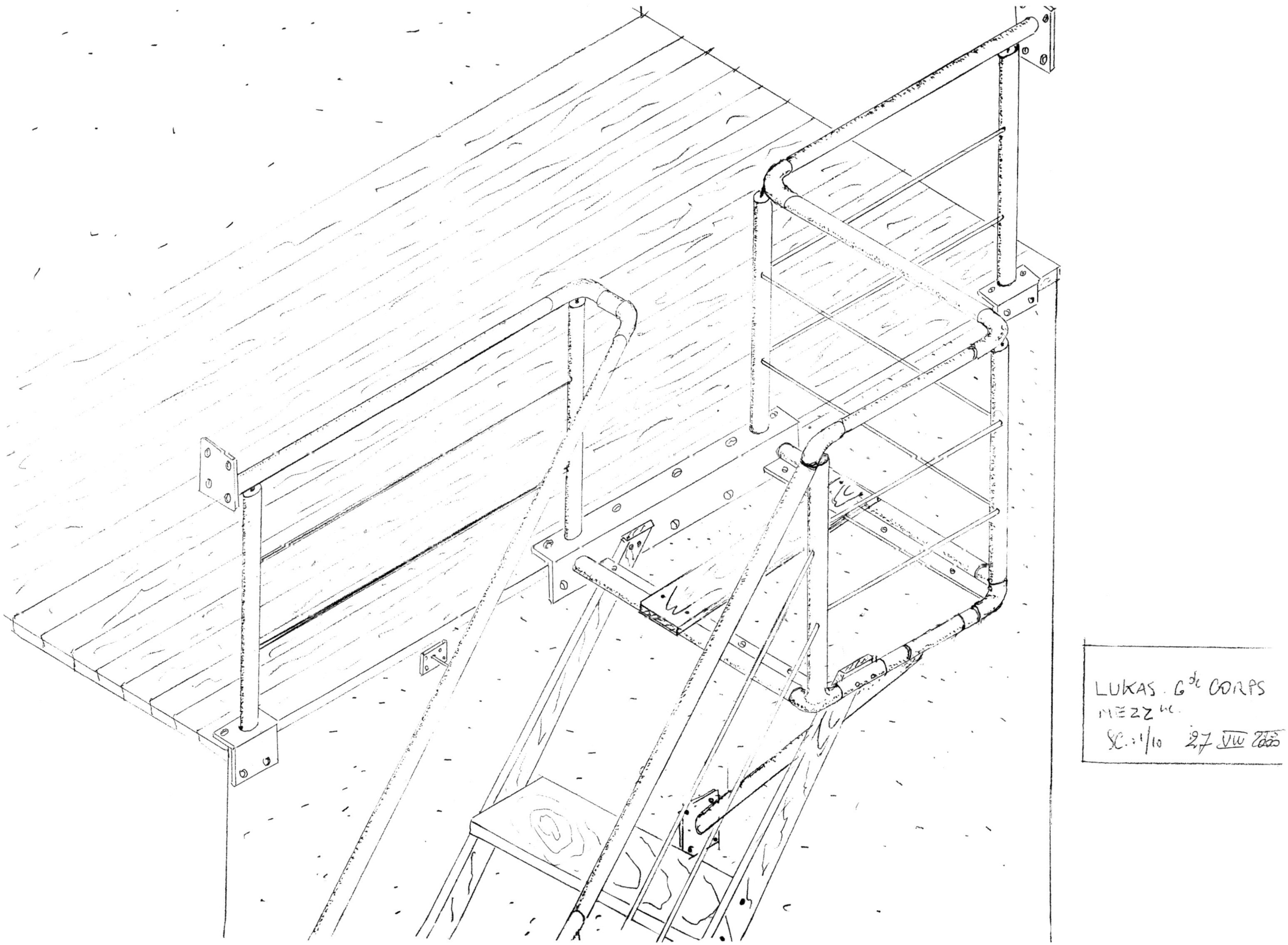
LUKAS . G^de CORPS
MEZZ^ne
SC. : 1/10 27 VIII

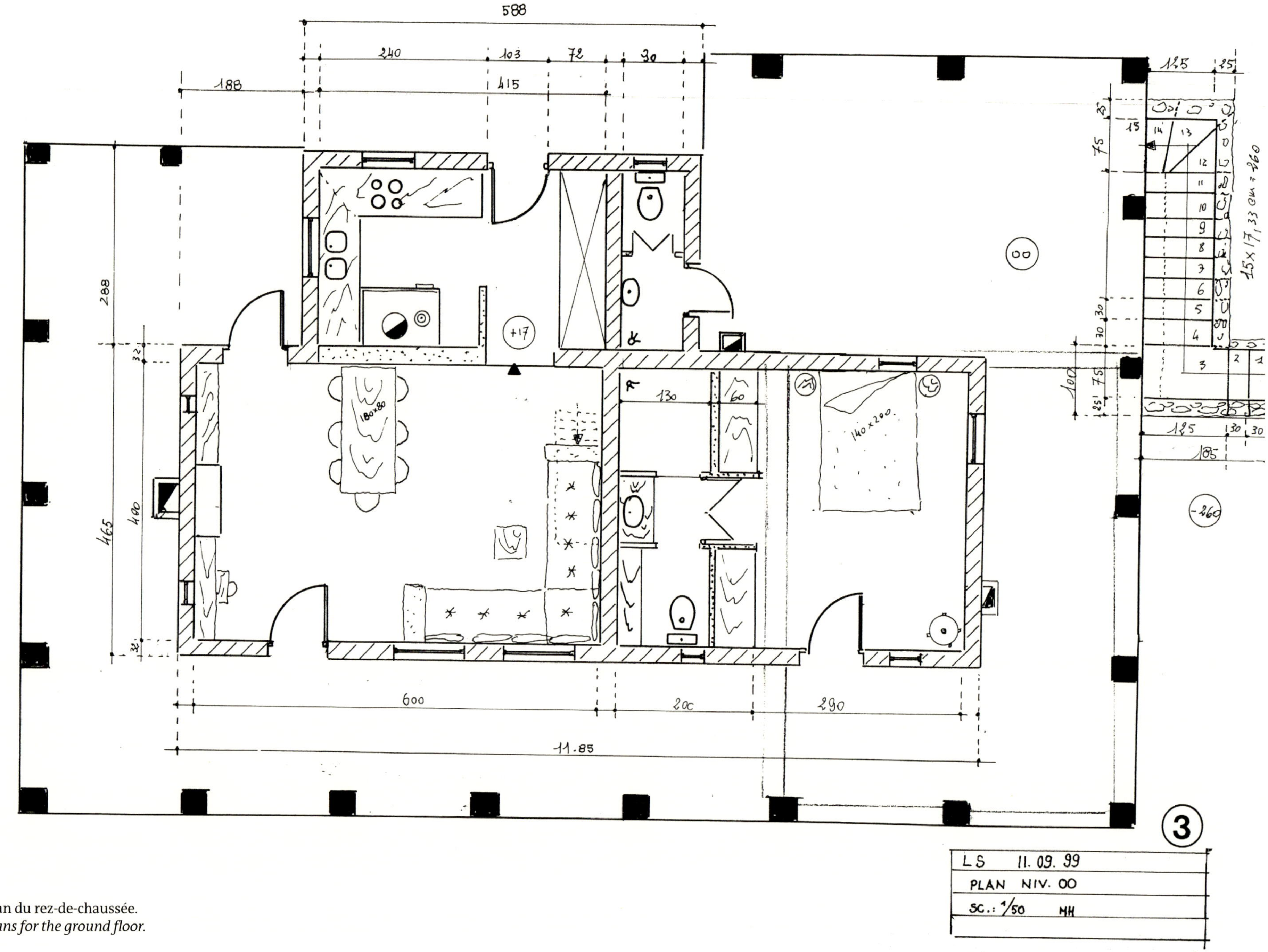

Plan du rez-de-chaussée.
Plans for the ground floor.

2- MAÇONNERIE | L/S | 11.09.1999

N°	DESCRIPTION	N° Plan		P.U.	TOTAL
8	Κατασκευή μιας σκάλας από οπλισμένο σκυρόδεμα, στη βόρεια πλευρά, που οδηγεί από το εξωτερικό στον βόρειο εξώστη, με 15 σκαλοπάτια ύψους 17 εκατοστών και βάθους 30 εκατοστών. Construction d'un escalier en béton armé menant de l'extérieur côté Nord à la terrasse même côté Nord ; 15 marches de hauteur 17,5 cm, profondeur 30 cm.	2	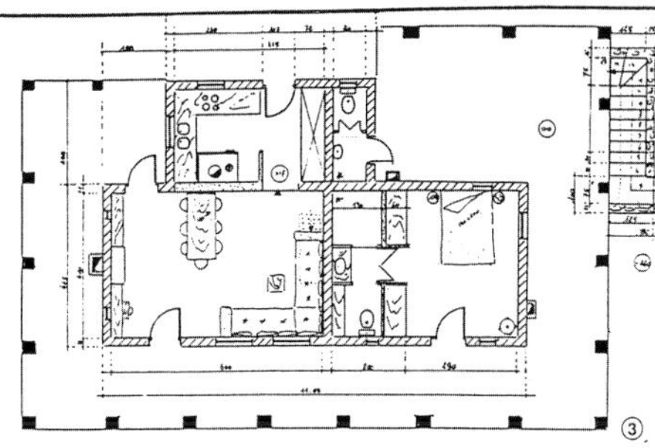		
9	Βόθρος: κατασκευή ενός βόθρου από διάτρητο τσιμεντόλιθο, εσωτερικής διατομής 3 μέτρων και ύψους 2,80 μέτρων. Η εκσκαφή και η καλυπτήρια πλάκα από οπλισμένο σκυρόδεμα πάχους 18 εκατοστών, με μαντεμένια καταπακτή διαστάσεων 50x50 περιλαμβάνονται στην πρόταση. Puits perdu : construction d'un puits perdu en parpaings ajourés de Ø intérieur 3 m, haut. 2,80 m. Les fouilles et la dalle de recouvrement en béton armé, épaisseur 18 cm, avec trappe en fonte 50 x 50 cm sont comprises dans la proposition.	4	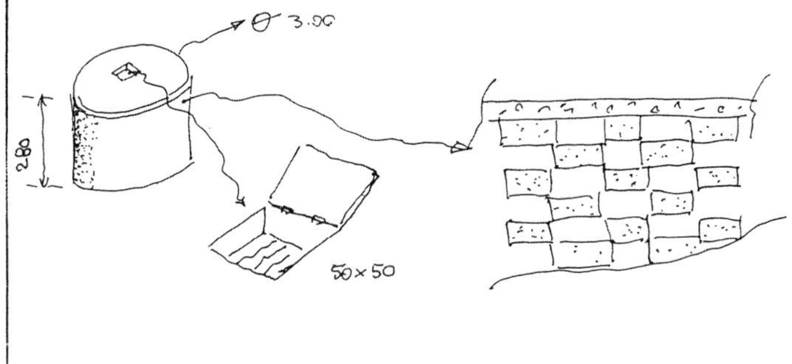		
10	Κατασκευή δύο στύλων από οπλισμένο σκυρόδεμα με τη βάση τους για μία μεταλλική πύλη (την παρέχει ο πελάτης). Η εργασία περιλαμβάνει την τοποθέτηση της μεταλλικής πύλης. Διατομή των στύλων: 30x30 εκατοστά, ύψος 2,50 μέτρα. Construction de deux colonnes en béton armé avec leur fondation pour un portail métallique (fourni par le client). La prestation comprend la fixation du portail métallique. Section colonne : 30 x 30 cm H/ 250 cm		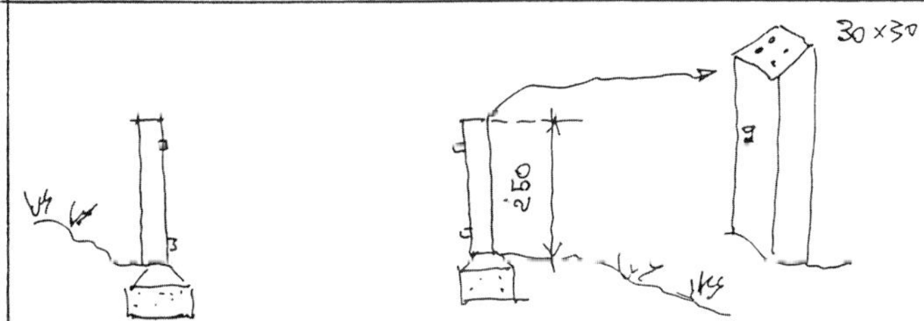		
11	Επένδυση 20 στύλων από οπλισμένο σκυρόδεμα με εμφανή τούβλα (που παρέχει ο πελάτης). Habillage de 20 colonnes en béton armé en briques apparentes (fournies par le client).	3 8	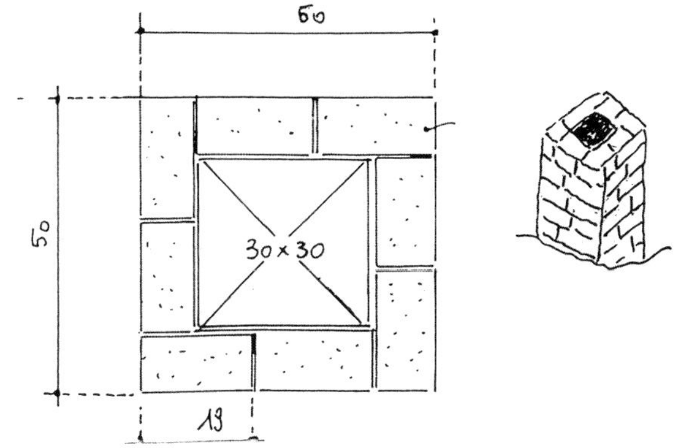		

Pages suivantes
Tonnelle en bois de châtaignier (*klimateria*) couverte de glycine blanche.
Following pages
*Chestnut bower (*klimateria*) covered with white wisteria.*

Projet David FW 2001

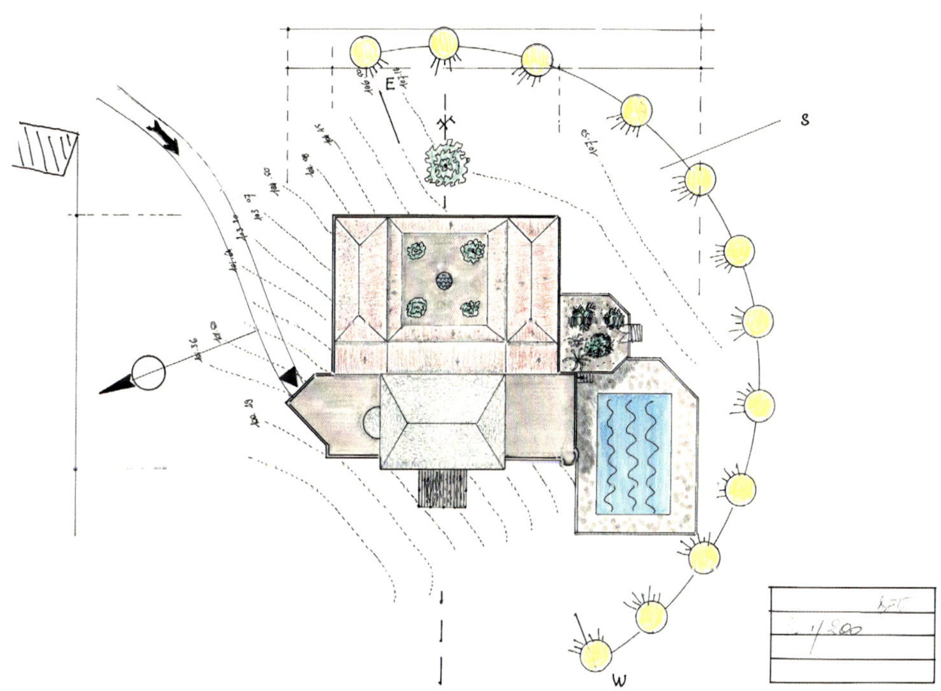

Be wary of your flights of enthusiasm!

Among our friends who stay or come often to the island, we regularly get together with David FW and his wife Hélène. They divide their time between Rome, where they work, and the small village of Paleo Klima, where they have an old restored house.

David dreamed of having me build a new house, and together we looked for land on which this project could materialize. We found a wonderful site with views on the sea to the east, but also on the setting sun, plus an old *kalivi* that had withstood the attacks of time and the sea air. We decided that the site of the new building would be separated from the old, small construction so as to not crush it through its volume.

We started to dream! During long and passionate conversations, we established the program. David and Hélène generously invited us to Rome several times and, from one trattoria to another, from museum to Palladian villa, we moved the project forward.

I went a long way into the study, drawing more and more precisely what this new construction could be. The plans drew closer to finalization with each meeting. David was enthusiastic and, like any architect, his active cooperation and his total trust heightened my own commitment. Hélène followed all of this silently; I didn't feel that she was as involved as David in our adventure.

Months went by, until the day when Hélène took me aside and said, confused and embarrassed: "Marc, but David doesn't have the means to undertake an adventure like this!"

It was the end of the dream! We remained good friends and still are, but I didn't get a penny because I was careless enough in my euphoric state to not ask for an advance on my fees.

Young colleagues, as in love, be wary of your flights of enthusiasm!

The architect's life is not only strewn with obstacles, but regularly fills cemeteries with stillborn projects. This one, I still regret.

Méfiez-vous de vos emballements !

Parmi nos amis séjournant ou venant souvent dans l'île, nous fréquentions régulièrement David FW et sa femme Hélène. Ils partageaient leur temps entre Rome, où ils travaillaient, et le petit village de Paleo Klima, où ils possédaient une maison ancienne restaurée.

David rêvait de me faire construire une nouvelle maison, et nous cherchâmes ensemble un terrain pour réaliser le projet. Nous trouvâmes un lieu superbe avec vues sur la mer à l'est, mais aussi vers le soleil couchant, avec en sus un vieux *kalivi* qui avait résisté aux attaques du temps et de l'air marin. Nous décidâmes que l'implantation du nouveau bâtiment serait séparée de la petite construction ancienne afin de ne pas l'écraser par son volume.

Nous nous mîmes à rêver ! Lors de conversations longues et passionnantes, nous établissions le programme. David et Hélène nous invitèrent généreusement plusieurs fois à Rome et, de *trattoria* en *trattoria*, de musée en villa palladienne, nous faisions avancer le projet.

J'allai loin dans l'étude, dessinant de plus en plus précisément ce que pourrait être cette nouvelle construction. Et de rencontre en rencontre, les plans se perfectionnaient. David était enthousiaste et, comme pour tout architecte, sa coopération active et la manifestation de son entière confiance exaltaient mon propre engagement. Hélène suivait tout cela en silence ; je ne la sentais pas aussi impliquée dans notre aventure que l'était David.

Les mois passèrent ainsi ; jusqu'au jour où Hélène me prit à part et me glissa, confuse et embarrassée : « Marc, mais David n'a pas les moyens de se lancer dans une telle aventure ! »

Fin du rêve ! Nous restâmes bons amis et le sommes encore, mais je ne perçus pas un sou car j'avais eu l'imprudence dans mon état euphorique de ne pas demander une avance sur honoraires.

Jeunes collègues, comme en amour, méfiez-vous de vos emballements !

La vie des architectes est non seulement parsemée d'embûches, mais elle remplit régulièrement un cimetière dédié aux projets mort-nés. Je n'en finis pas de regretter celui-ci.

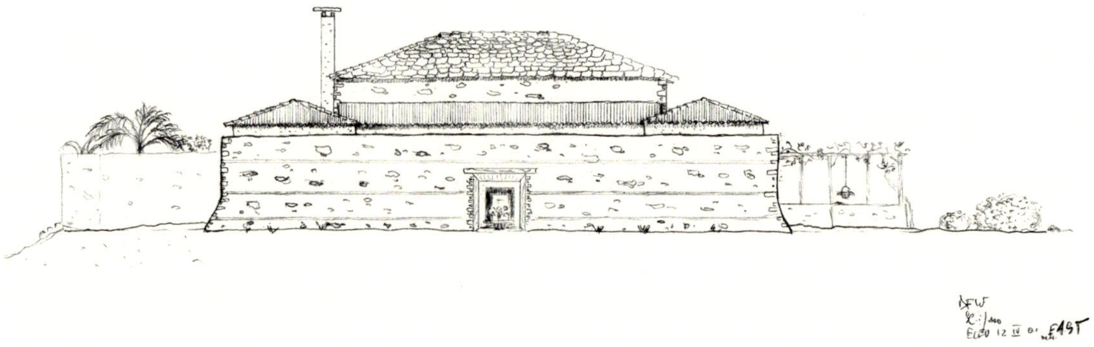

EAST

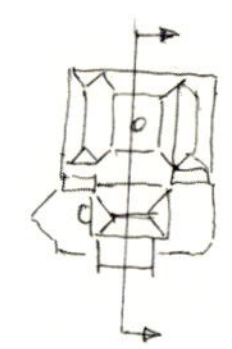

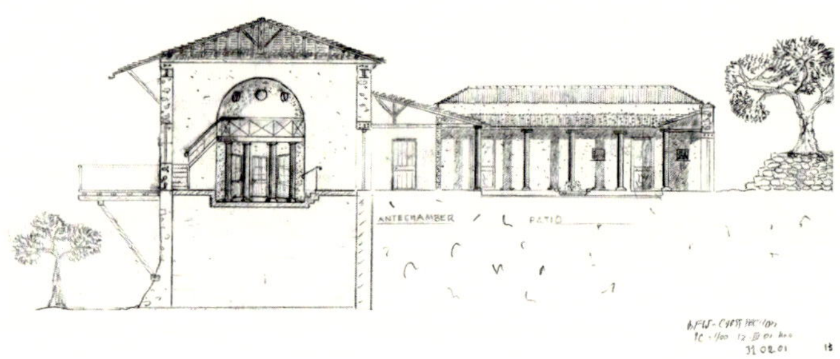

ANTECHAMBER
PATIO

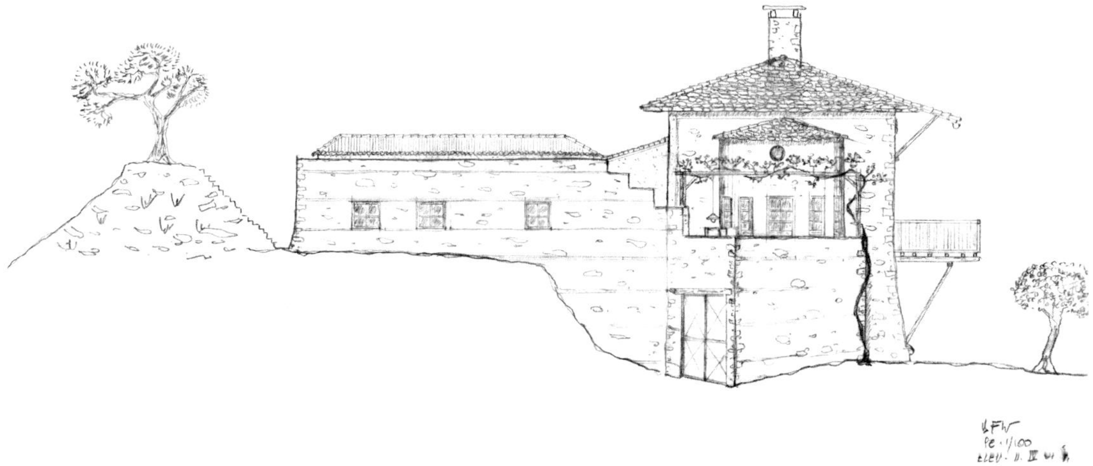

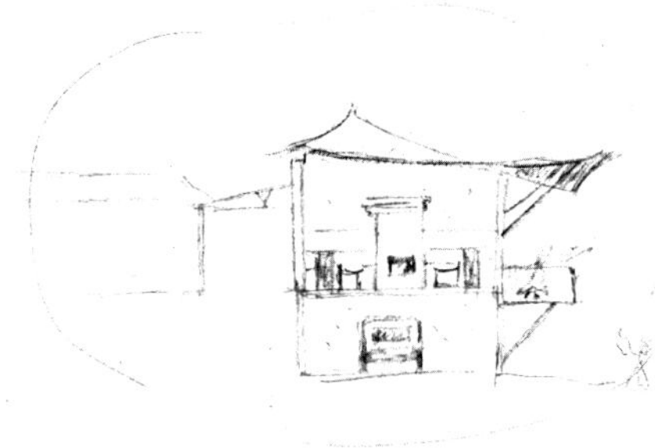

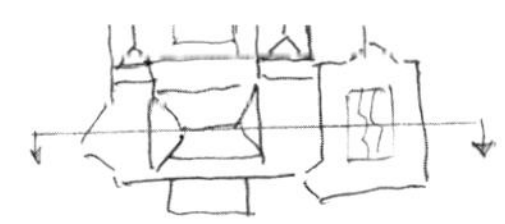

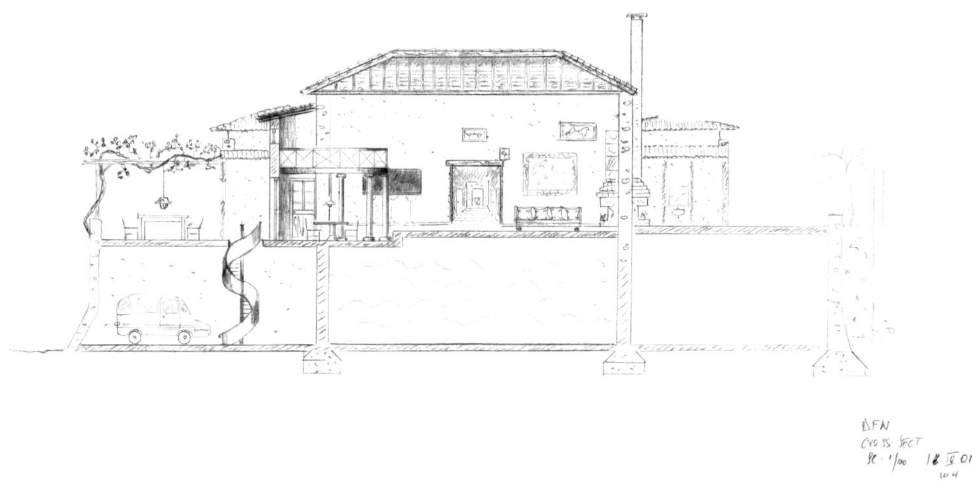

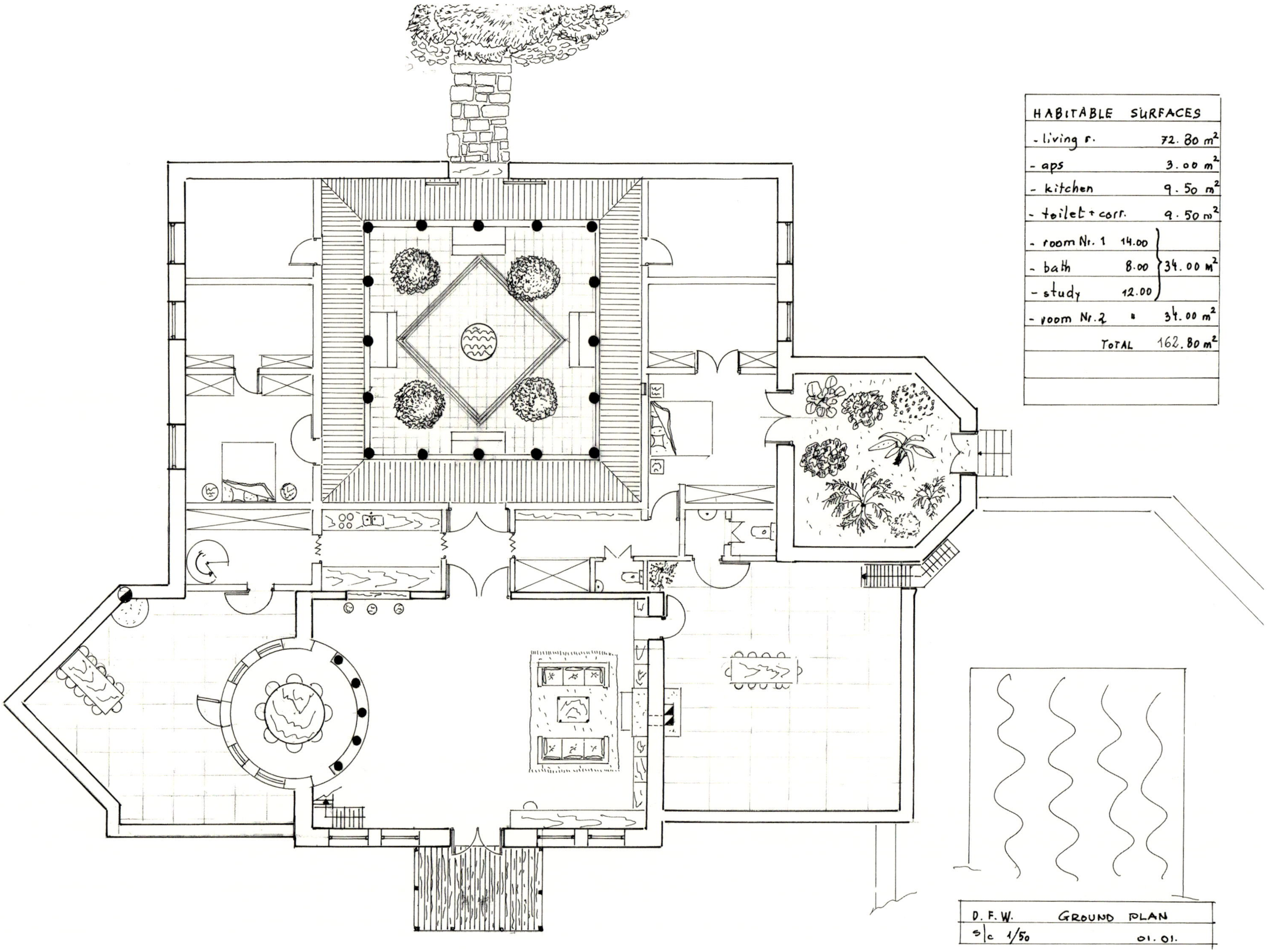
HABITABLE SURFACES
- living r. 72.80 m²
- aps 3.00 m²
- kitchen 9.50 m²
- toilet + corr. 9.50 m²
- room Nr. 1 14.00
- bath 8.00
- study 12.00
34.00 m²
- room Nr. 2 " 34.00 m²
TOTAL 162.80 m²
D.F.W. GROUND PLAN
s/c 1/50 01.01.

Plan du rez-de-chaussée : à gauche première version
avec piscine ; à droite, seconde version.
Ground floor plan: on the left, first version
with swimming pool; on the right, second version.

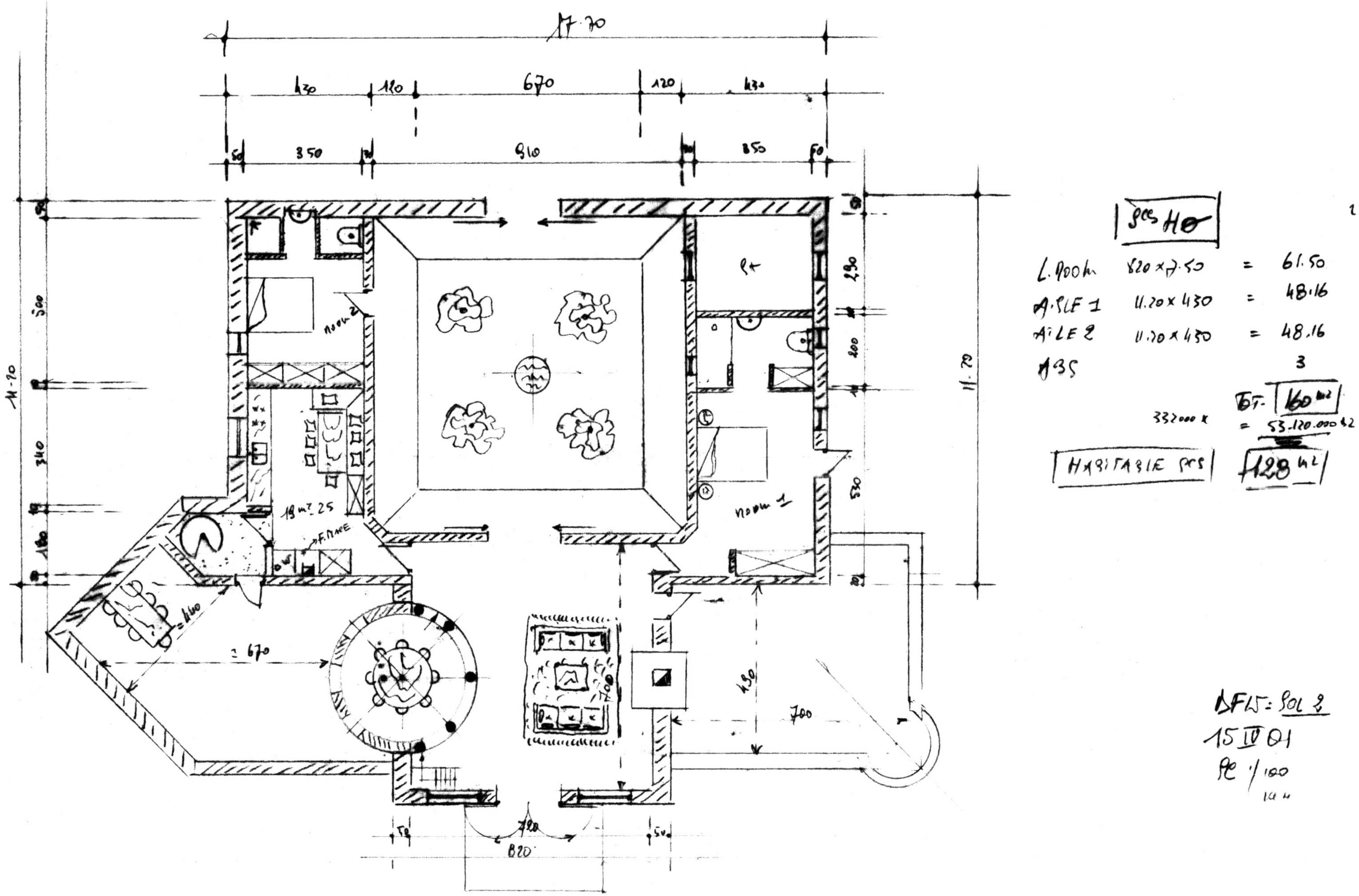

Le Temple 2001–2002

Working on vernacular architecture

Working on vernacular architecture and its possible interpretations had greatly occupied me over recent years – a book, houses – and I no longer felt the need to continue in that direction. Furthermore, the nit-picking control of finicky civil servants working feverishly to stupidly prohibit any innovation even while they systematically authorized every average mediocracy – all of this was pretty demotivating.

Fortunately, an occasion would crop up to build a very different project. Two friends, André and Jean-Michel, had had four small "temples" built around 1990. They stood opposite each other around a large rectangular courtyard, all sited on the top of a wonderful hill, strewn with pines and cypresses. This project, which some people thought extravagant, was designed and built by the architect Stelios Papadakis (based on an idea by the illustrious decorator Robert d'Ario). The ensemble was very handsome! When my friends asked what I thought about it, I answered at the time: "That took a lot of nerve..."It was sibylline but I was sincere! As for the islanders, they spontaneously took to calling it the "Parthenon," not with irony but rather because they admired it.

Three small temples served as bedrooms (decorated by Robert d'Ario), the fourth as a bathroom, and an old stone *kavili*, about 30 meters away, was used as a kitchen. In summer it all worked remarkably well, but at Easter, or in the fall, when it rained, life was somewhat difficult. Our two friends asked us to find a solution to make the ensemble more comfortable. Hence the idea, despite the large span, of covering the courtyard with an opaque cupola, creating a "room" as our predecessors had done for the villas in the Veneto region.

The addition of a central building connecting the four existing constructions structured the whole and in a certain way made it possible to successfully complete the initial project. I turned to a rigorous geometry: I chose a specific radius for the two curved parts and in this way succeeded in clearly connecting myself to the temples. Short straight lines were to link the two half-circles and strengthen the impression of a large oval. Their exceptional heights, having the room's roof rise above those of the "temples," made it possible to have a gallery. This was to take the form of a footbridge which was kept narrow when it bordered the temples' façades so as to keep them clear, while becoming wider in the four corners, each being assigned a specific function: office, reading room, TV room, access for the spiral staircase. The proportions obtained now give an impression of solemnity perfectly fitting our friends' lifestyle. The space, unusual for a home, for some people evokes a nave of a church. In any case, it has a church's acoustic and is a wonderful place to listen to opera.

There were major technical challenges. This time it was no longer a matter of using local craftsmen and traditional techniques. The reinforced concrete ring that would support the roof had to be perfectly calculated, and built with the greatest possible exactness because the bentwood glulam frames would be prefabricated in Patras, in southern Greece. The fit had to be perfect. The plan's curved geometry required curved glazed closings, at least for their metal structure, and these elements could only be made on the continent. There were the same constraints for the structure's gallery, whose design was extremely precise and whose installation was tricky.

We had imposed a budget on ourselves and above all an extremely short execution time. My wife and I had to schedule the work, while anticipating everything very exactly, because transportation on an island is complicated and indeed often uncertain. The seven months that the worksite lasted and the preceding three months of study were exciting. We were in the field from morning till night until the building was delivered. This took place on D-day, a pink ribbon encircling what had become the "Temple." Once again, I can't describe our friends' surprise and emotion.

Mon travail sur l'architecture vernaculaire

Mon travail sur l'architecture vernaculaire et ses interprétations possibles m'avait largement occupé ces dernières années – un livre, des maisons – ; je ne me sentais plus le besoin de poursuivre dans cette direction. De plus, les contrôles tatillons de fonctionnaires pointilleux s'acharnant à interdire bêtement toute innovation alors qu'ils autorisaient systématiquement ce qui tenait de la médiocrité moyenne : tout cela était plutôt démotivant.

Heureusement, une occasion allait m'être donnée de construire un projet très différent. Deux amis, André et Jean-Michel, avaient fait bâtir, vers 1990, quatre petits « temples » se faisant face autour d'une grande cour rectangulaire, le tout implanté au sommet d'une colline merveilleuse, parsemée de pins et de cyprès. Ce projet, que certains trouvaient extravagant, fut dessiné et construit par l'architecte Stelios Papadakis (sur une idée de l'éminent décorateur Robert d'Ario). L'ensemble avait belle allure ! À la question de mes amis me demandant comment je trouvais l'ensemble, je répondis à l'époque : « Vous êtes gonflés... » C'était sibyllin mais j'étais sincère ! Quant aux insulaires, ils nommèrent spontanément le lieu « Parthénon », sans ironie et par admiration.

Trois des petits temples servaient de chambres (décorées par Robert d'Ario), le quatrième de salle de bains et un vieux *kalivi* de pierre, distant d'une trentaine de mètres, faisait office de cuisine. En été, tout cela fonctionnait admirablement, mais à Pâques, en automne, les jours de pluie, la vie était un peu difficile. Nos deux amis nous demandèrent de trouver une solution pour rendre l'ensemble plus confortable. De là l'idée de couvrir, malgré les grandes portées, la cour par une coupole opaque en créant une « salle » comme le firent nos prédécesseurs pour les villas de Vénétie.

L'addition d'un bâtiment central reliant les quatre constructions existantes structurait l'ensemble et en quelque sorte permettait d'aboutir le projet initial. Je m'appuyai sur une géométrie rigoureuse : je choisis un rayon précis pour les deux parties courbes et je parvins ainsi à me raccorder aux temples d'une façon claire. De courtes droites devaient relier les deux demi-cercles et renforcer l'impression d'un grand ovale. Les hauteurs, en faisant dépasser le toit de la salle par rapport à ceux des « temples », étaient importantes, et l'implantation d'une galerie devenait possible. Celle-ci devait avoir une forme de passerelle étroite lorsqu'elle longeait les façades des temples afin de bien les dégager et s'élargir dans les quatre angles, chacun recevant une fonction spécifique : bureau, lecture, télévision, accès pour l'escalier hélicoïdal. Les proportions obtenues donnent maintenant une impression de solennité convenant parfaitement au mode de vie et au style de nos amis. L'espace, inhabituel pour une habitation, évoque pour certains une nef d'église ; en tous les cas il en a l'acoustique et permet une très belle écoute de l'opéra.

Les défis techniques étaient importants. Il ne s'agissait plus cette fois de s'en remettre aux artisans locaux et aux techniques traditionnelles. La ceinture en béton armé qui supporterait la toiture devait être parfaitement calculée et surtout réalisée avec la plus grande exactitude, car les charpentes en bois lamellé-collé cintré seraient préfabriquées à Patras, au sud de la Grèce. Les coïncidences devaient être parfaites. La géométrie courbe du plan imposait des fermetures vitrées bombées, au moins pour leur structure métallique, et ces ouvrages ne pouvaient être fabriqués que sur le continent. Mêmes contraintes pour la structure de la galerie dont le dessin était de la plus grande précision et la mise en place délicate.

Nous nous étions imposé un budget et surtout un délai d'exécution extrêmement court. Ma femme et moi dûmes programmer, anticiper très précisément, car, dans une île, les transports sont compliqués et souvent même incertains. Les sept mois de chantier qui suivirent les trois mois d'étude furent passionnants. Nous étions sur le terrain du matin au soir et ce jusqu'à la livraison. Celle-ci eut lieu le jour dit, un ruban rose entourant ce qui était devenu le « Temple ». Je ne décrirai pas, là non plus, la surprise et l'émotion de nos amis.

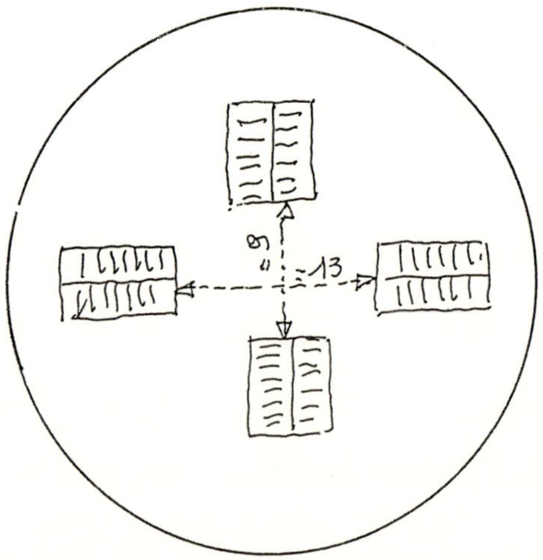

4 batiments existant se font face autour d'une cour de 9 x 13 m

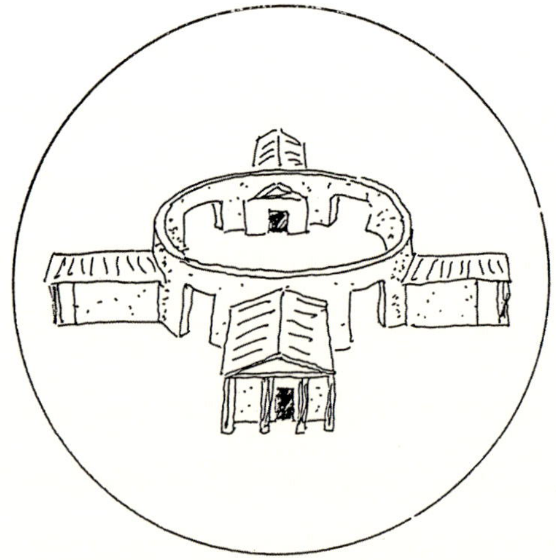

On réunit les 4 temples par une "ceinture" en béton armé.

On couvre le tout à l'aide de poutres cintrées (R. 10 m 10) avec chevrons, lames de parquet souples, isolant (ép. 10 cm) et tuiles.

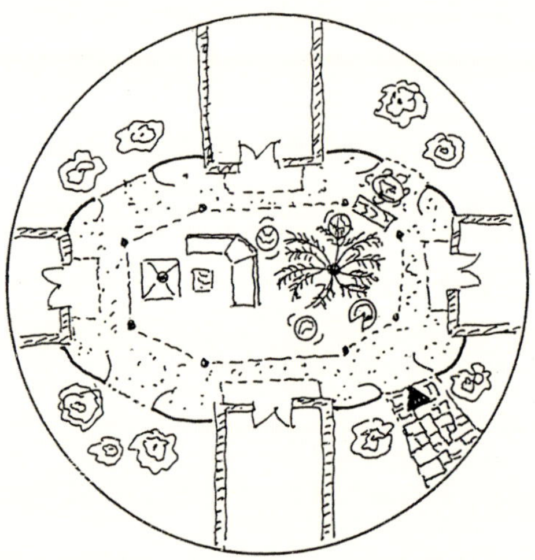

La grande salle est un espace polyvalent. Seuls la cheminée, le grand canapé et le bloc cuisine-relais + repas (traité comme un meuble) sont figés. Kentia, guéridons, meubles de jardin d'hiver sont libres.

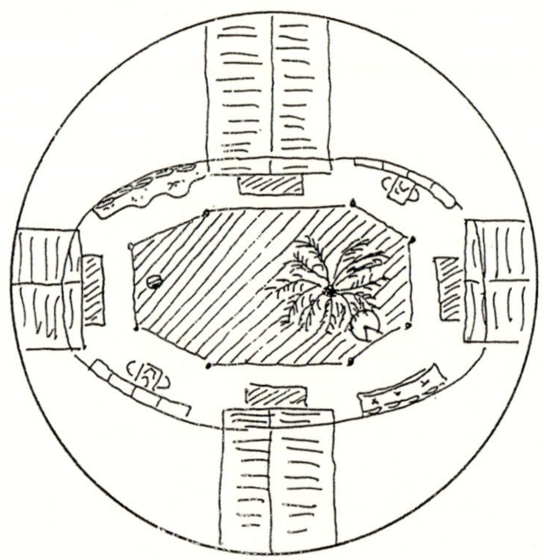

Les hauteurs sous plafond autorisent (sinon imposent) une galérie sur colonnade avec passerelles (détachées des façades des temples) et alcôves aux fonctions diverses: repas, biblio, écritoires, etc...

De grandes baies ouvrantes éclairent le rez-de-chaussée. Des hublots jouent le même rôle au niveau de la galérie.

3

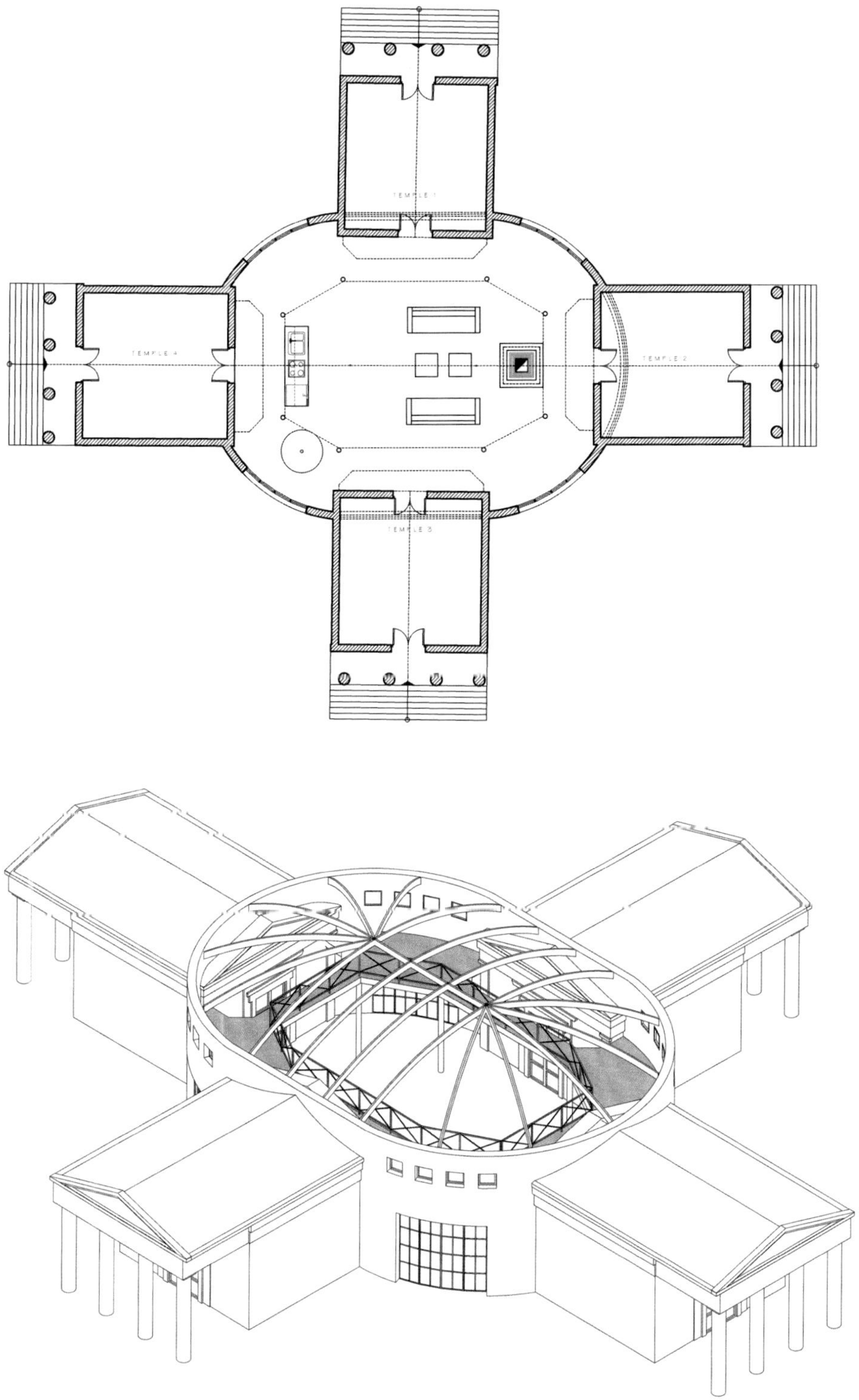

Les quatre temples avant l'adjonction du bâtiment central. Plan et élévation.
The four temples before the addition of the central building. Plan and elevation.

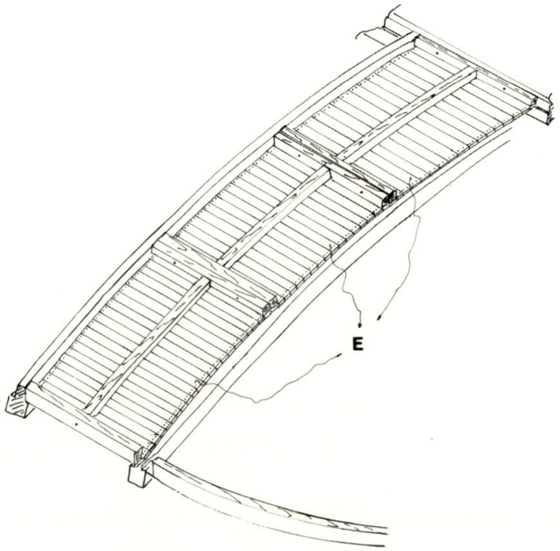
E

55

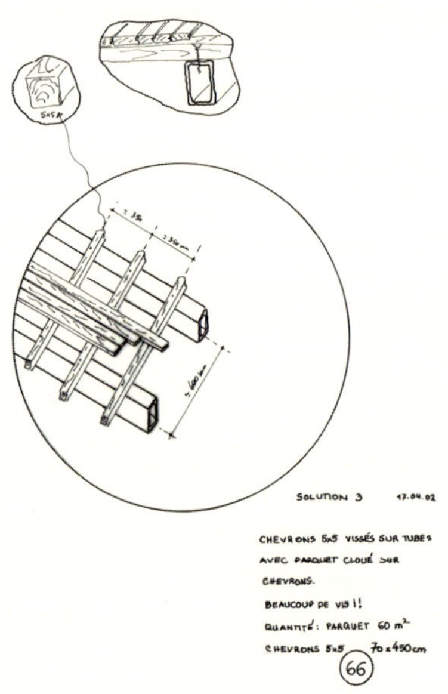
SOLUTION 3 17.04.02
CHEVRONS 5x5 VISSÉS SUR TUBES
AVEC PARQUET CLOUÉ SUR
CHEVRONS.
BEAUCOUP DE VIS !!
QUANTITÉ : PARQUET 60 m²
CHEVRONS 5x5 70 x 450 cm
66

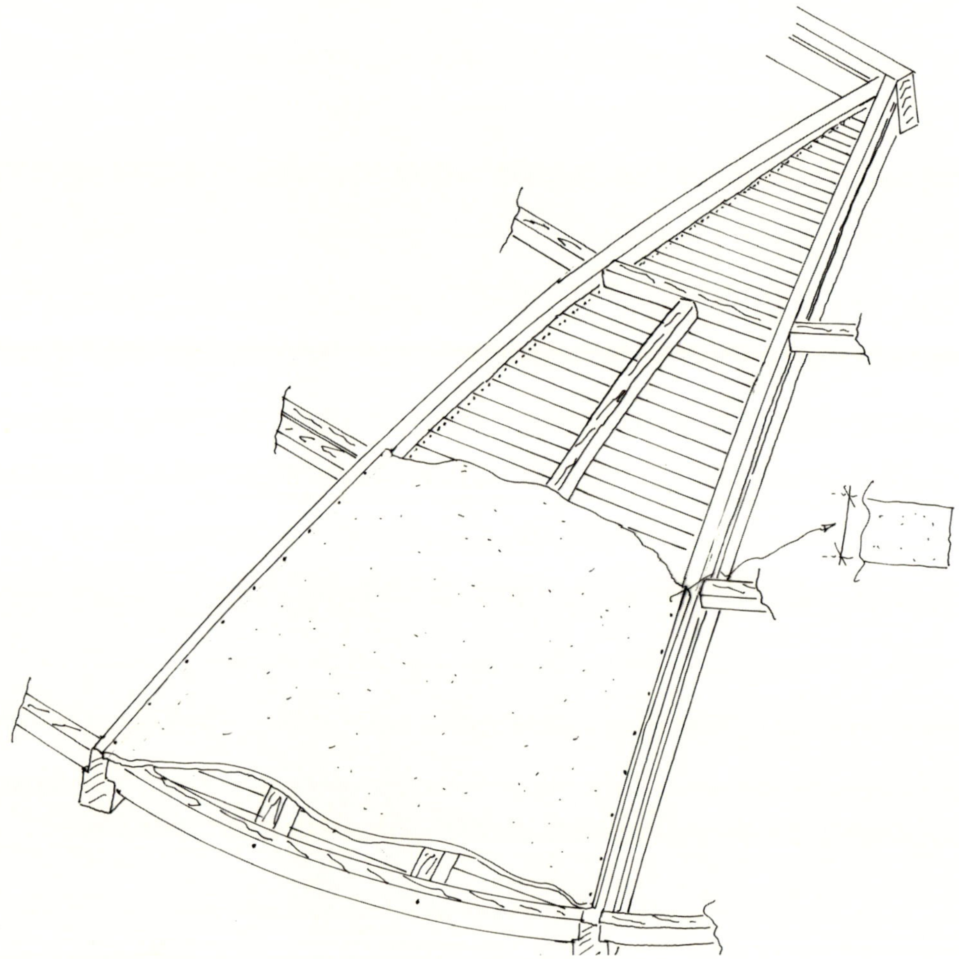

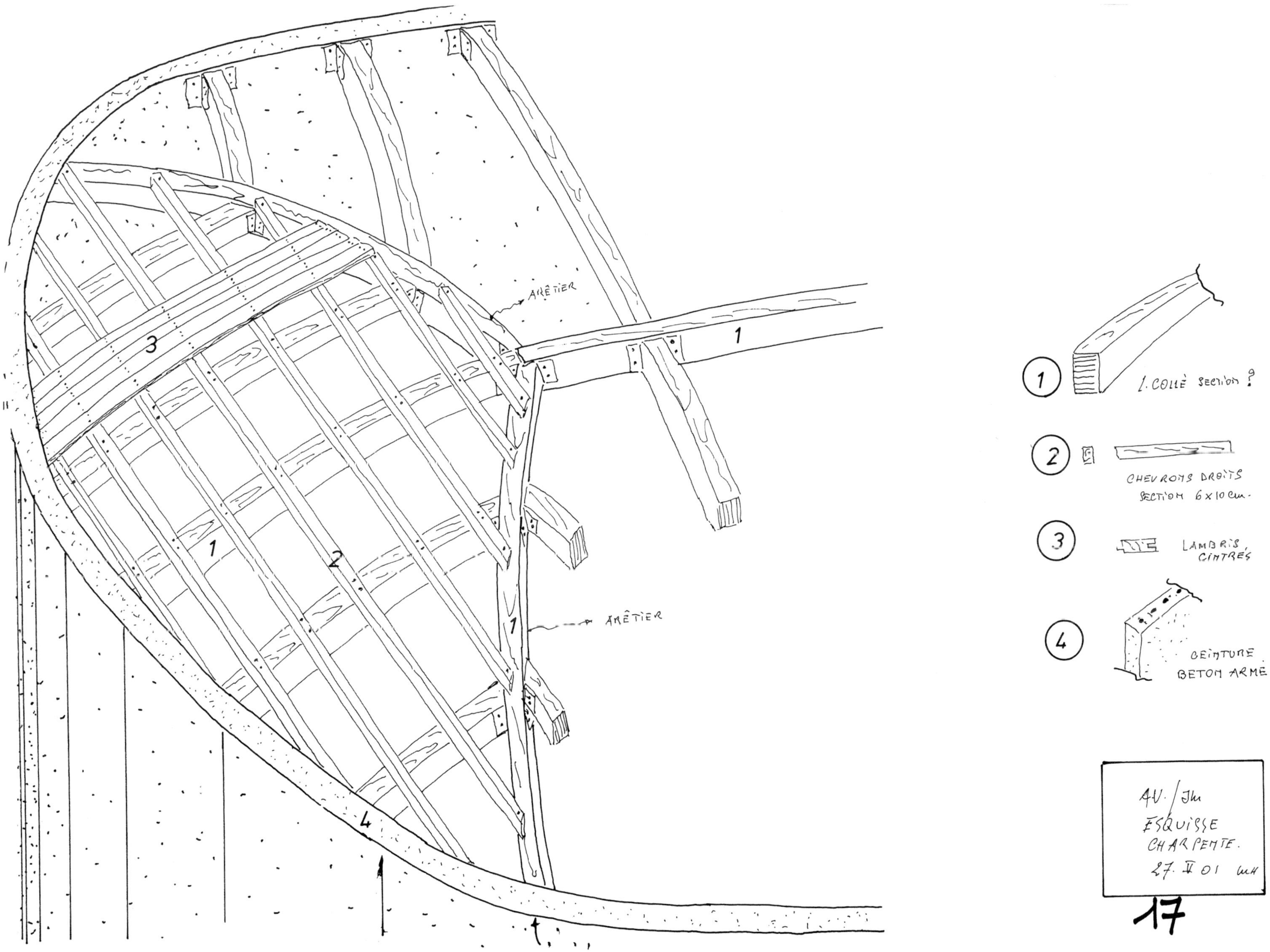

ARÊTIER
ARÊTIER
1. COLLÉ SECTION ?
CHEVRONS DROITS
SECTION 6x10 cm.
LAMBRIS, CINTRÉS
CEINTURE BETON ARMÉ
AV. / Jm
ESQUISSE
CHARPENTE.
27. VI 01
17

Les quatre temples avant l'adjonction du bâtiment central.
The four temples before the addition of the central building.

Comme dans la plupart de ses projets, Marc Held conçoit aussi l'environnement végétal. Sont plantés cyprès, pins, pins parasols, lauriers roses, lauriers, amandiers et petits végétaux méridionaux peu consommateurs d'eau.
As in most of his projects, Marc Held also designed the plant environment: cypresses, pines, stone pines, oleanders, laurels, almond trees and small Mediterranean plants that do not consume much water.

La vitrine métallique est cintrée et accompagne
la géométrie courbe du bâtiment central.
The metal frames of the glazed panes are curved and accompany the curved geometry of the central building.

Pour la couverture de la nef, Marc Held a utilisé de belles tuiles anciennes aux couleurs nuancées.
For the nave's roof, Marc Held used beautiful old tiles in nuanced colors.

La cour intérieure avant la construction de la nef.
The interior courtyard before the construction of the nave.

Petit bureau sur la passerelle. Une petite cuisine intégrée dans un placard est installée dans la nef.
Grande charpente en lamellé-collé en forme de coque de bateau inversée.
Small office on the footbridge. A small kitchen built into a closet is installed in the nave.
Large glulam frame in the form of an upside-down boat's hull.

Projet Aleka 2002

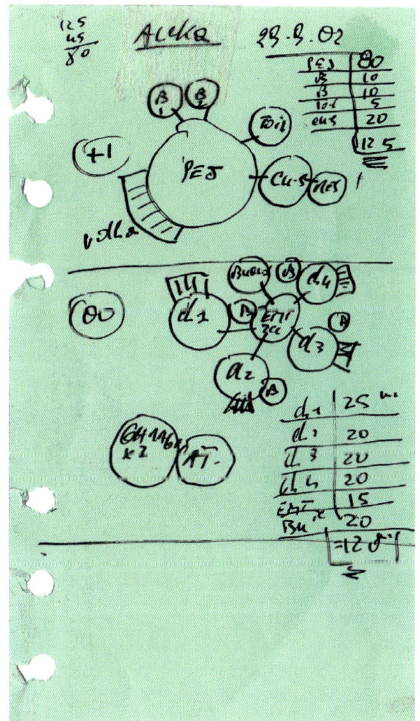

A state of disgrace

We were a little lost when we first "landed" in Greece.

We knew not a word of the language, and still less any of the island's customs. But the people of Skopelos are so hospitable, so *xenosphilos* – lovers of foreigners – as they say here, that we were surrounded by kindness, smiles, and repeated invitations to taste Greek coffee and other Mediterranean delights.

One couple was particularly friendly and helped us with everything: papers, administrative steps, contacts (who did what); they remained at our side as though we had known them forever.

As the years went by, Maria and Apostolos's daughters became adults; one got married, and on this occasion her parents asked me to design a house for the couple. As usual, I studied the terrain and the climate during the seasons, I checked the rules with the help of a Greek colleague, and I met the newlyweds many times so as to become imbued with their program. While respecting the architectural spirit of the region, I felt a strong desire to go beyond traditional models. The idea of a roof in the shape of a sail (in our professional jargon, we would talk of a hyperbolic paraboloid) had haunted me for a long time, since I deeply admired, and still do, the forms studied by one of my masters, Frei Otto.

In this period, the regulations required that you present a preliminary project to an architectural commission located in Volos, the city of the Argonauts, on the mainland. Armed with my voluminous research notebook, I therefore went to Volos accompanied by my friend the painter Apostolos Giorgiou, who was to be my interpreter.

The commission had still not met, but the president, a state architect, asked me to show him my project. I was, I have to say, both proud of my extensive preparatory work, but also intimidated as always by having to deal with a sort of judge.

Barely glancing at the first page of my research notebook, the reaction of the architect stung me brutally: "*Apagorevtiko*" (prohibited). The man refused to look at any more images, despite Apostolos's diplomatic efforts, and I went home mortified. I had to water down my ideas and redesign a more conventional roof, to my great displeasure.

But worse was to come! As in any collective project – whether architecture, cinema, music, opera, theater, etc. – there is a state of grace, and there is sometimes a state of disgrace.

Very quickly, the couple stopped getting along, and indeed divorced a short time later. In addition, the husband contacted the companies without telling me, using word of mouth, and the result was that both the control and the coherence of my worksite slipped away from me.

Designing on paper, or nowadays on a computer, represents a good part of a work's creation; but when you build with natural means and in particular with manual means, each gesture counts and controlling the project management from the construction site is essential. In a certain way, it is just as creative as the theoretical concept itself.

I had been betrayed, and I prefer here to show a just few graphics or images, rather than the bastardized building that my project became.

Un état de disgrâce

Lors de notre « débarquement » en Grèce, nous étions un peu perdus. Aucune connaissance de la langue pas plus que des usages insulaires. Mais les Skopelites sont si hospitaliers, « filoxènes » dit-on ici, que nous fûmes entourés de bienveillance, de sourires, d'invitations répétées à déguster des cafés grecs et autres sucreries méditerranéennes.

Un couple fut particulièrement sympathique et nous aida en tout : papiers, démarches, contacts (qui fait quoi) ; ils étaient à nos côtés comme si nous les connaissions depuis toujours.

Au fil des années, les filles de Maria et d'Apostolos devinrent adultes, l'une se maria, et à cette occasion ses parents me demandèrent de concevoir la maison du couple. Comme à l'accoutumée j'étudiai le terrain, le climat selon les saisons, je vérifiai les règles avec l'aide d'un confrère grec, je m'entretins de très nombreuses fois avec les jeunes mariés pour bien m'imprégner de leur programme. Tout en respectant l'esprit architectural de la région, j'éprouvai une forte envie de dépasser les modèles traditionnels. L'idée d'un toit de forme voilée (dans notre jargon professionnel, on pourrait parler de PH) me poursuivait depuis longtemps, profondément admiratif que j'étais, et suis encore, des formes étudiées par l'un de mes maîtres, Frei Otto.

Les règlements exigeaient à cette époque que l'on présentât un avant-projet devant une commission architecturale siégeant à Vólos, la cité des Argonautes, sur le continent. Armé de mon volumineux carnet de recherches, je me rendis donc à Vólos accompagné de mon ami le peintre Apostolos Giorgiou, qui devait me servir d'interprète.

La commission n'était pas encore réunie, mais le président, architecte fonctionnaire, me demanda de lui montrer mon projet. J'étais, je dois le dire à la fois fier de mon gros travail de préparation et intimidé comme toujours lorsque j'ai affaire à une sorte de juge.

À peine mon carnet de recherches ouvert à la première page, la réaction du confrère cingla brutalement : « *Apagorevtiko* » (soit : « interdit » en français). L'homme ne voulut pas voir une image de plus malgré les efforts diplomatiques d'Apostolos, et je rentrai mortifié. Je dus mettre de l'eau dans mon vin et redessiner une toiture plus conventionnelle, à mon grand dam.

Mais il y eut pire ! Et comme il existe dans tout projet collectif, architecture, cinéma, musique, opéra, théâtre, etc. un état de grâce, il y a parfois un état de disgrâce.

Très vite, le couple ne s'entendit plus, et divorça d'ailleurs quelque temps plus tard. Par ailleurs, le mari convoquait les entreprises sans m'en faire part, traitait avec eux de bouche à oreille, et je perdis ce faisant le contrôle et la cohérence de mon chantier.

Concevoir sur le papier, ou l'ordinateur aujourd'hui, représente une bonne partie de la création de l'œuvre, mais lorsque l'on construit avec des moyens naturels et manuels en particulier, chaque geste compte et le contrôle du maître d'œuvre sur le site de construction est indispensable. D'une manière différente il est aussi créatif que la conception théorique elle-même.

J'ai donc été trahi et je préfère montrer quelques images graphiques plutôt que le bâtard qu'est devenu mon projet.

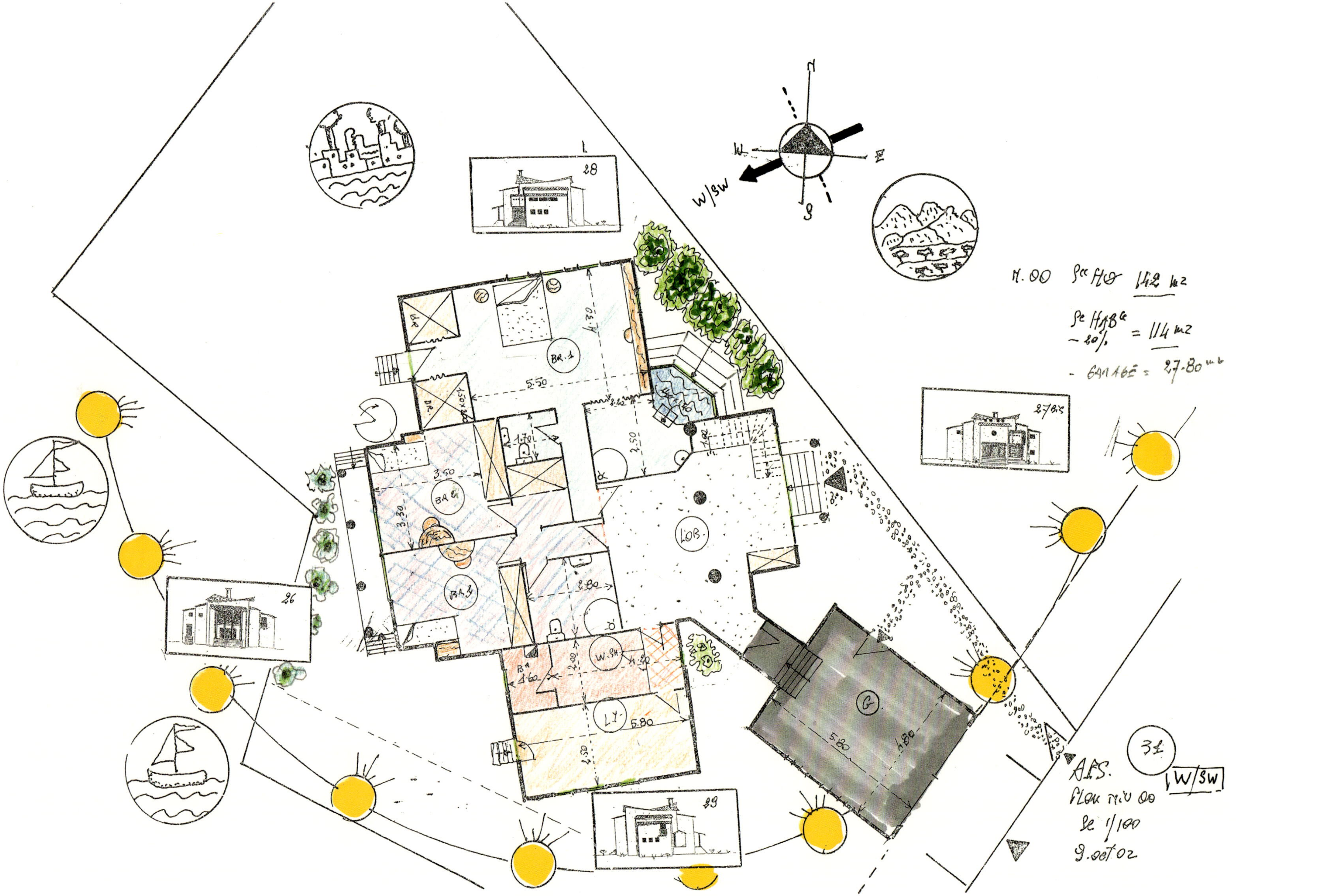
W/SW
BR.1
5.50
LOB.
G.
5.80
LY.
W.SH.
26
28
29
31

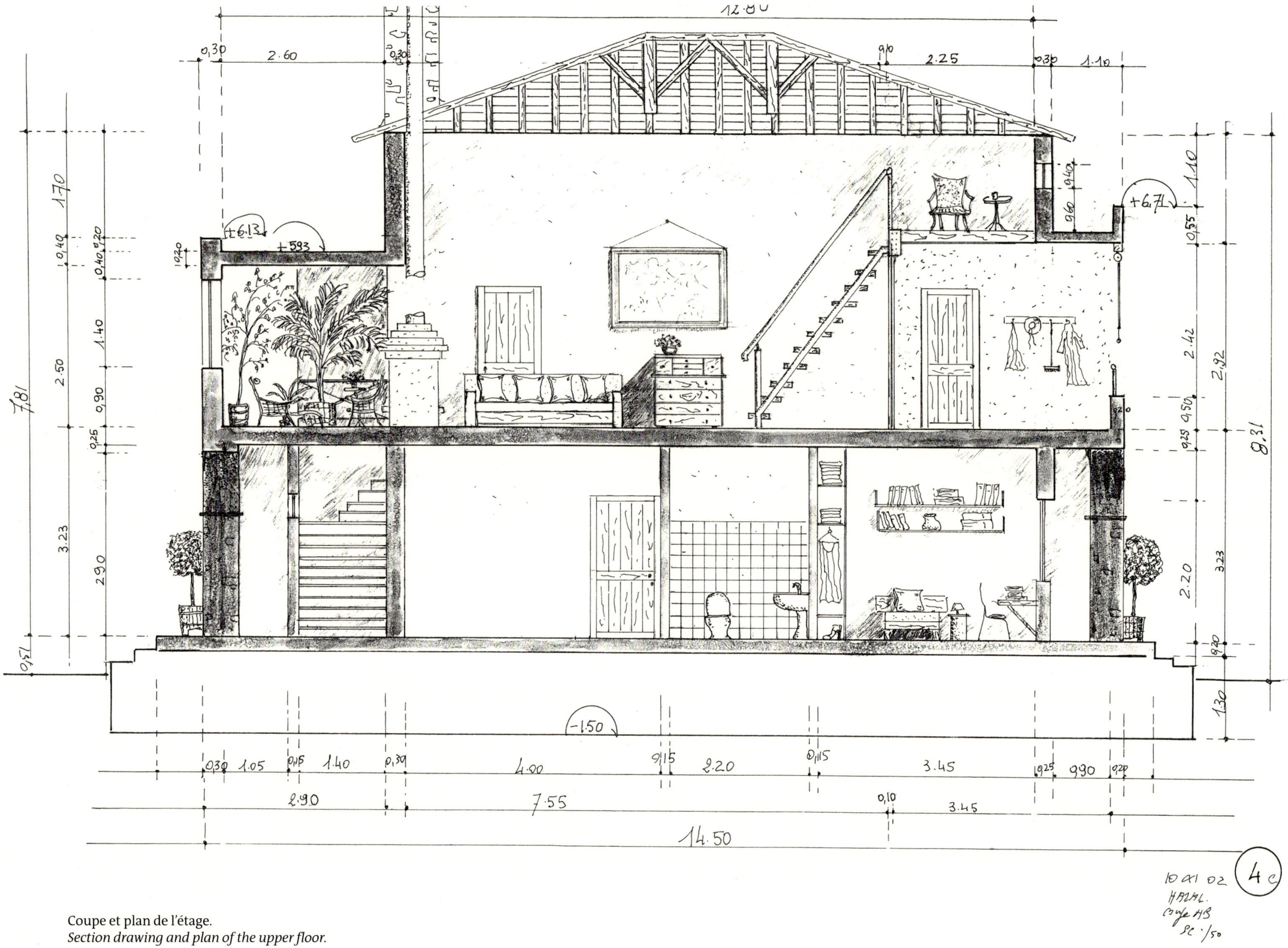

Coupe et plan de l'étage.
Section drawing and plan of the upper floor.

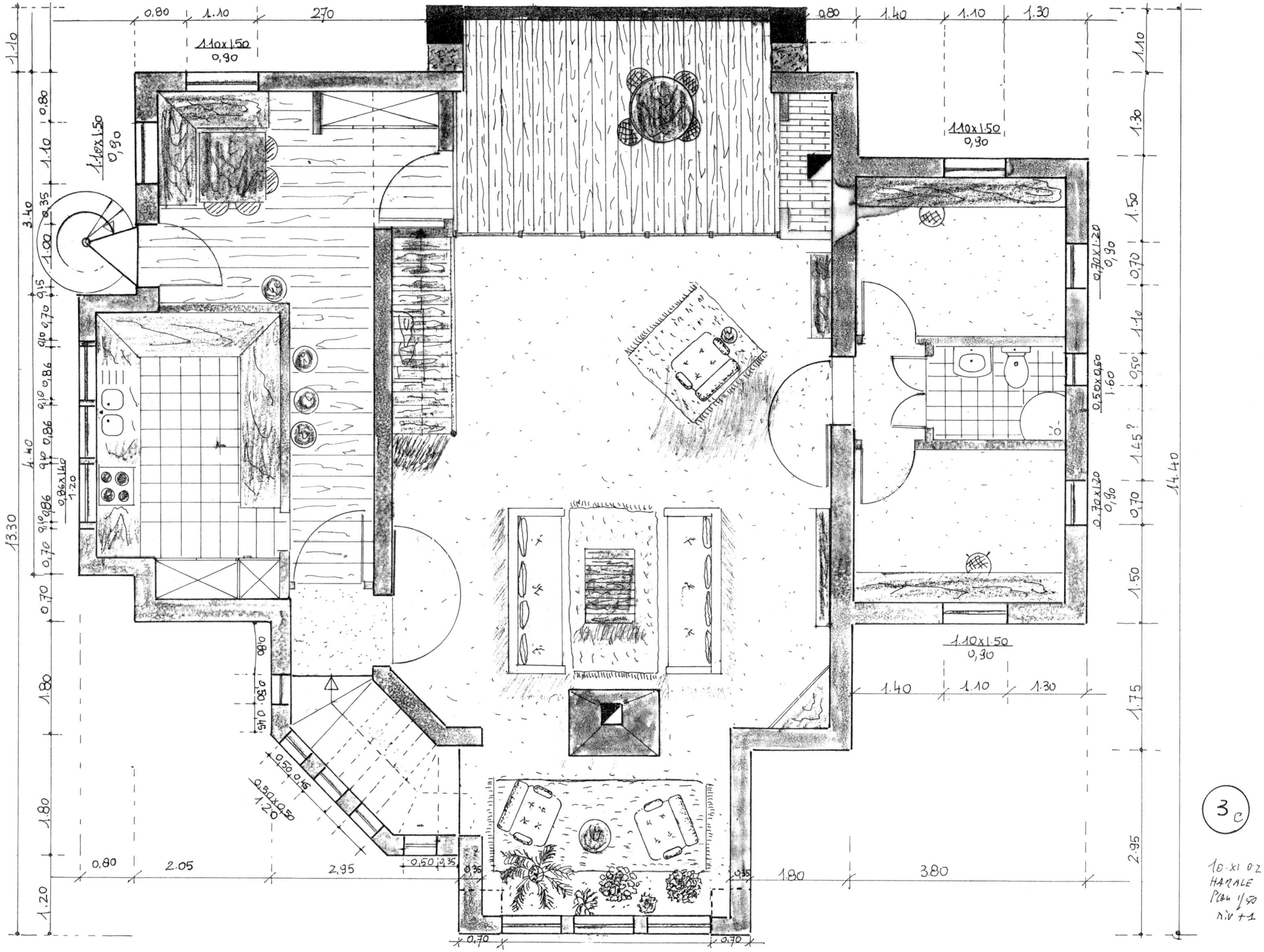

Lemonia 2007–2009

"Look at my house, and this will tell you who I am."

The book that my wife Vilma and I had written on vernacular architecture, and in particular the houses of the Sporades, still had a prominent place in the stores of Skopelos and in many Greek bookstores in its three different linguistic versions, Greek, French and English. The work was an unexpected success. The Greek media pulled out all the stops, and the first edition of the work, which we thought would sell out in three or four years, flew off the shelves in just twelve months. We had to have it republished very quickly.

The Greeks think, unfortunately with justification, that other Europeans don't understand them. The terrible economic crisis of these last few years has proven them right, and I won't deign to relate the disdainful, cruel and unfair comments of certain high-ranking European political officials. But if you return the love that the Greeks give you and, rather than seeking to transform them into good colorless and cosmopolitan citizens, humbly try to understand and identify with them, they will return your empathy a hundredfold.

The Armoloï store in Skopelos sold and still sells beautiful and authentic objects made by extremely talented Greek artists and craftsmen. Sideris, one of its two founders, called us one day to announce that an English customer had bought my book the day before, read it enthusiastically, and wanted to meet us. This young Englishwomen had fallen under the island's spell and asked me to build her a house. As easy as that!

Following my usual procedure, we had long conversations about her program and I visited the site many times to "perceive" the spirit of the place. From sketch to drawing, from meeting to meeting, we exchanged our ideas, my client and my wife and I, and this construction was the result of our convergences. It was a large square plan with an atrium pierced by bays in its center that let views and the wind cross the built spaces. Around the atrium there were bedrooms and a large L-shaped living room, these spaces communicating through a *stoa*, one step above, overlooking the central courtyard paved with rounded stones.

Any interesting architectural work is, aside from its author's talents, the fruit of the community of culture and sensitivity that binds together the client and the architect. How far we were, in this case, from the ill-assorted couple of an architect meeting a faceless committee lacking any personality!

Designing a house for one person or a couple is to go beyond overcoming constraints: it is to design a building that "goes" with its owners like a successful and custom-made garment.

"Look at my house, and this will tell you who I am."

« Regardez ma maison, cela vous dira qui je suis. »

Le livre que ma femme Vilma et moi-même avions écrit au sujet de l'architecture vernaculaire et des maisons des Sporades en particulier trônait toujours dans les magasins de Skopelos et dans de nombreuses librairies grecques dans ses trois versions linguistiques différentes : grecque, française et anglaise. L'ouvrage avait eu un succès inattendu. Les médias grecs firent feu de tout bois, et la première édition de l'ouvrage que l'on pensait vendre en trois ou quatre ans fut liquidée en une année ; l'on dut donc passer très vite à la réédition.

Les Grecs pensent, hélas à juste titre, que les autres Européens ne les comprennent pas. La terrible crise économique de ces dernières années leur donne raison, et je ne citerai pas les discours méprisants, cruels et injustes de certains hauts dignitaires politiques européens. Mais si vous rendez aux Grecs l'amour qu'ils vous donnent et que, plutôt que de vouloir les transformer en bons citoyens gris et cosmopolites, vous tentez humblement de les comprendre et de vous identifier à eux, ils vous rendent votre empathie au centuple.

La boutique Armoloï à Skopelos vendait et vend toujours de superbes et authentiques objets produits par des artistes et des artisans grecs de grand talent. Sideris, l'un de ses deux fondateurs, nous appelle un jour pour nous annoncer qu'une cliente anglaise avait acheté mon livre la veille, l'avait lu avec enthousiasme et voulait nous rencontrer.

Cette jeune Anglaise était tombée sous le charme de l'île et me demanda de lui construire une maison. Aussi simple que cela !

Suivant ma procédure habituelle, nous eûmes de longues conversations avec elle au sujet de son programme, je fis de nombreuses stations sur le site pour « percevoir » l'esprit du lieu. De croquis en dessin, de rencontre en rencontre, nous échangions nos idées, mon interlocutrice et nous, et cette construction est le fruit de nos convergences.

Un grand plan carré avec en son centre un atrium percé de baies laissant vues et vents traverser les espaces construits. Autour de l'atrium, des chambres et un grand séjour en forme de L, ces locaux communiquant par un *stoa* surplombant d'une marche la cour centrale pavée de galets.

Toute œuvre architecturale présentant un intérêt est, outre les talents de son auteur, le fruit de la communauté de culture et de sensibilité du maître d'ouvrage et du maître d'œuvre. Comme nous sommes loin, dans ce cas-là, du couple mal assorti d'un architecte face à un comité sans visage et sans personnalité !

Concevoir une maison pour une personne ou un couple, c'est aller au-delà de la résolution des contraintes, c'est concevoir un bâtiment qui « va » à ses propriétaires comme un vêtement fabriqué sur mesure et réussi.

« Regardez ma maison, cela vous dira qui je suis. »

"CONSTRAINTS"

FUNCTIONS

- 1 Sitting room
- 1 master Bed. R + Bath
- 2 children B. Rs + 1 Bath.
- 1 Guest. Room + 1 Bath
- 1 Laundry
- 1 Kitchen + dining area connected to Sitt. R.
- 1 utility R.
- a big veranda
- 1 extern. Toilet
- 1 " Shower
- a "Roman Bath"
- a boat-shed
- Easy maintenance for floors and walls
- Integrated Furnit.

- a Jetty
- Arbour with dining A. + fireplace
- a Courtyard
- Storage for Summer Furnit.
- Internal Track.
- 1 Level - house
- Children control!
- Fence around the land
- Protecting fence of the cliff.
- Stairs to the cove.
- Vernacular planting = no permanent watering.

TECHNICAL

- Maxi surfaces (out of alignment) 230 m2
- Strong foundations
- Super Insulation
- Respect of Rules & Restrictions
  = Height - 7.50 m
  = neighbours → 15 m
  = Sea line : 30 m
- Traditional Mat's
  = Stones
  = Paros Slabs
  = Chestnut wood
- Heating easy to use and maintain
- Protection against
  = Heat / Cold
  = Intrusion.
- Big water tank = Back up

ENVIRONMENTAL

Natural Protection against:
= Summer heat
– Winter cold
– Humidity
= . Insulation
= . Inertia

- One or more protected open areas for use
  – in spring and
  – in autumn
- Protection and planting of local Trees:
  – Cypres
  – Olive trees
  – Fig trees

SEMIOLOGICAL

– Discreet
– Vernacular
– Strong
– Solid but delicate
– Rustic.

Preferred Option

a Rectangular Building with a Shallow, peaked roof surrounding a open atrium which will include =

2) the series of inter-related rooms previously described in the "bubble" diagram -

3) Incorporating windows and doors on both internal and external walls to achieve virtually 360° views from all angles as well as optimal natural ventilation -

1) a large veranda facing the sea and the major views

4) maximum use of local materials and "resources"

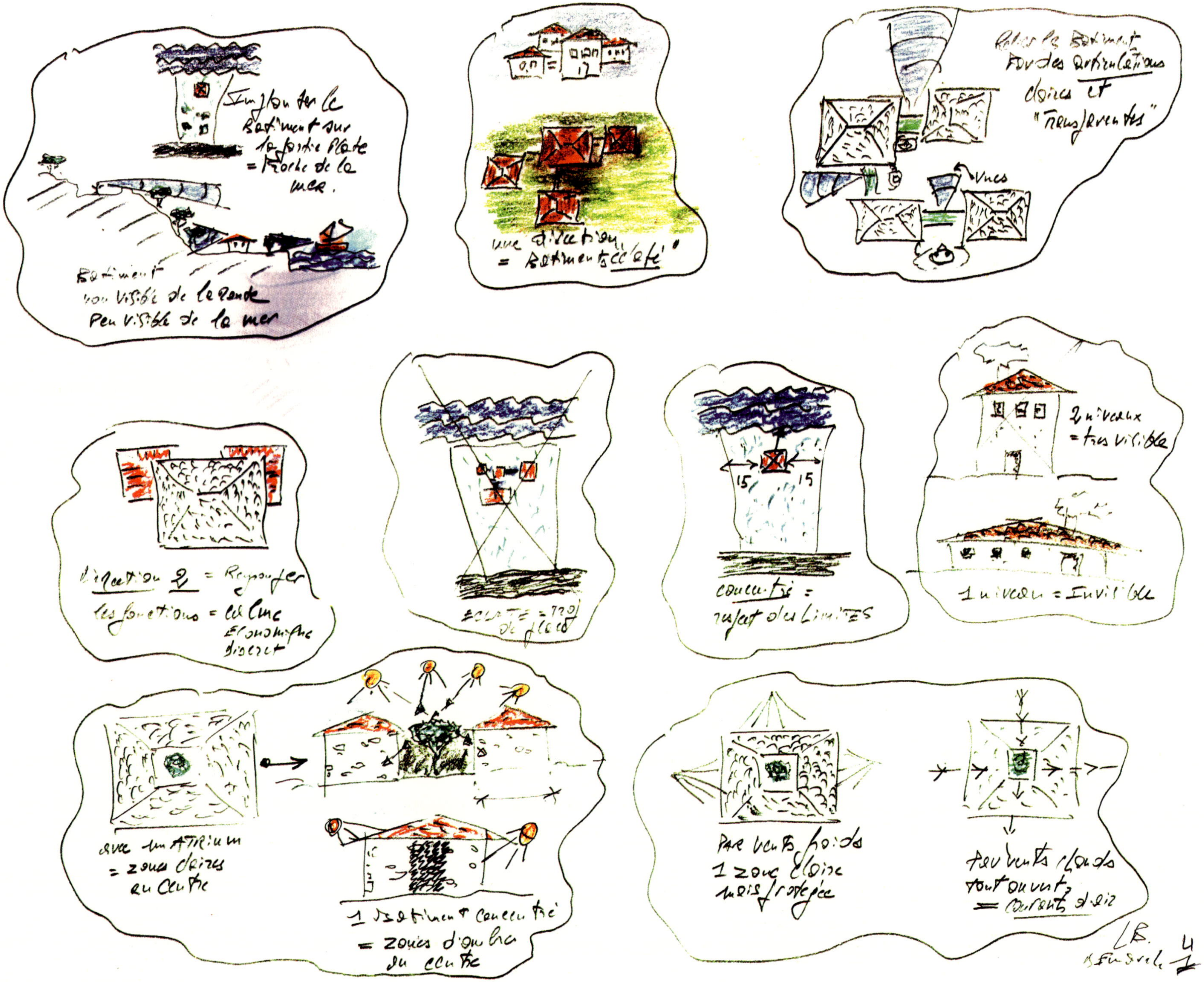

Implanter le bâtiment sur la partie plate = proche de la mer.
Bâtiment non visible de la route
peu visible de la mer
une direction = bâtiment éclaté
Relier le bâtiment par des articulations claires et "transparentes"
vues
Direction 2 = Regrouper les fonctions = calme économique discret
éclaté = trop de place
concentré = respect des limites
15
15
2 niveaux = très visible
1 niveau = invisible
avec un atrium = zones claires au centre
1 bâtiment concentré = zones d'ombre au centre
par vents froids 1 zone claire mais protégée
par vents chauds tout ouvert = courants d'air

Vues larges "Panoramiques"
mais
Vues "Intimes" "sereines"
accentuer la sereinité la Fraîcheur par un "Bain Romain"
3.00
Soulever le niveau principal de 0m80 = "Protection"
= dégager les vues
Dans le Sitting Room les zones sont distinguées
transparence visuelle entre les zones de vie = Sitting ↔ Dining A.
5

Structures affleurantes
= On voit "comment c'est fait"
6

CHEMIN

OLIVIER

Vigne - tonnelle - ombre

South.
EAST
WEST
LY.
UTY
K + Dining
DELIVERY
BR. 1

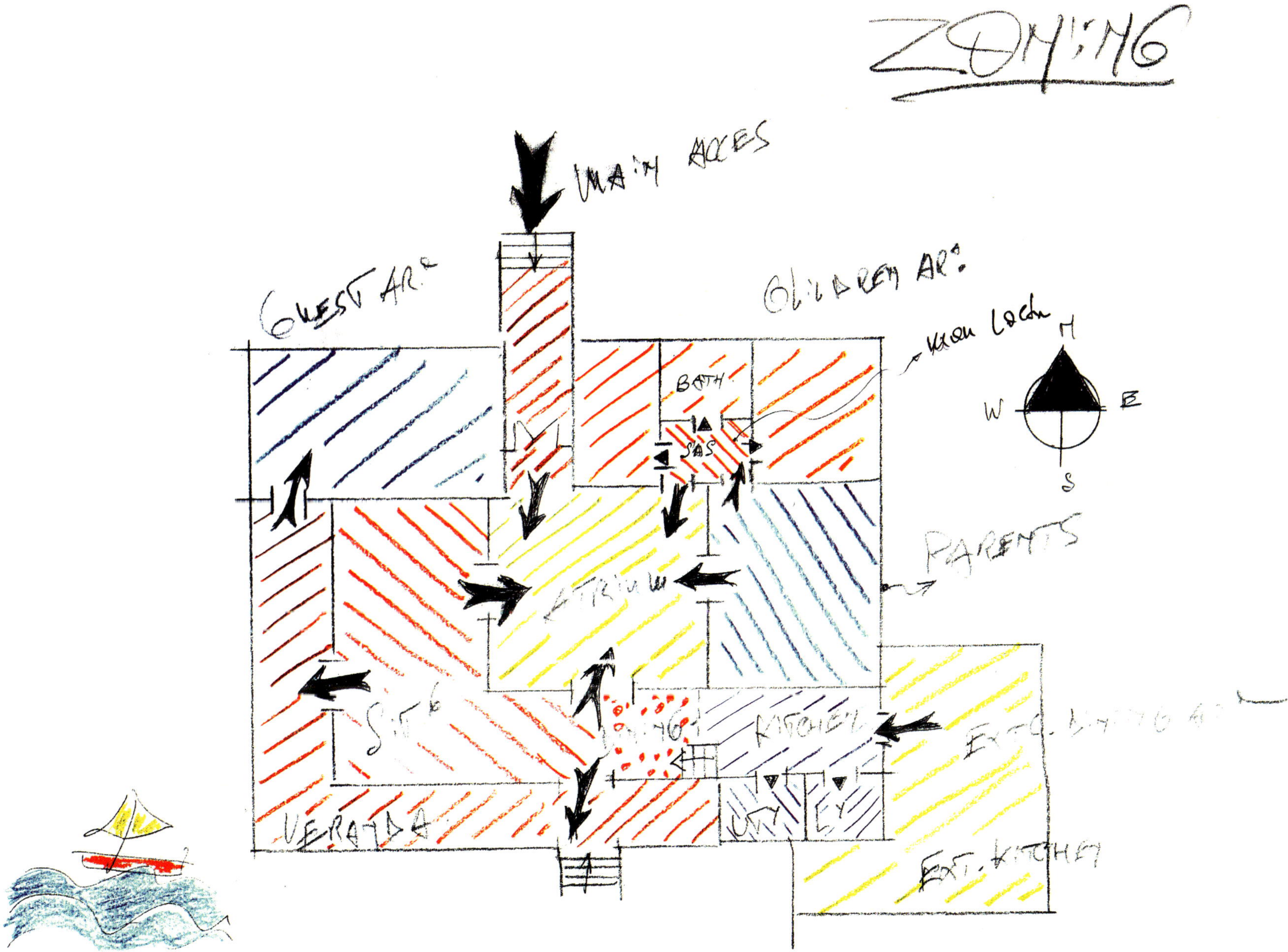
ZONING
MAIN ACCES
GUEST AR
CHILDREN AR
BATH
SAS
N
W
E
S
PARENTS
ATRIUM
KITCHEN
VERANDA
EXT. KITCHEN

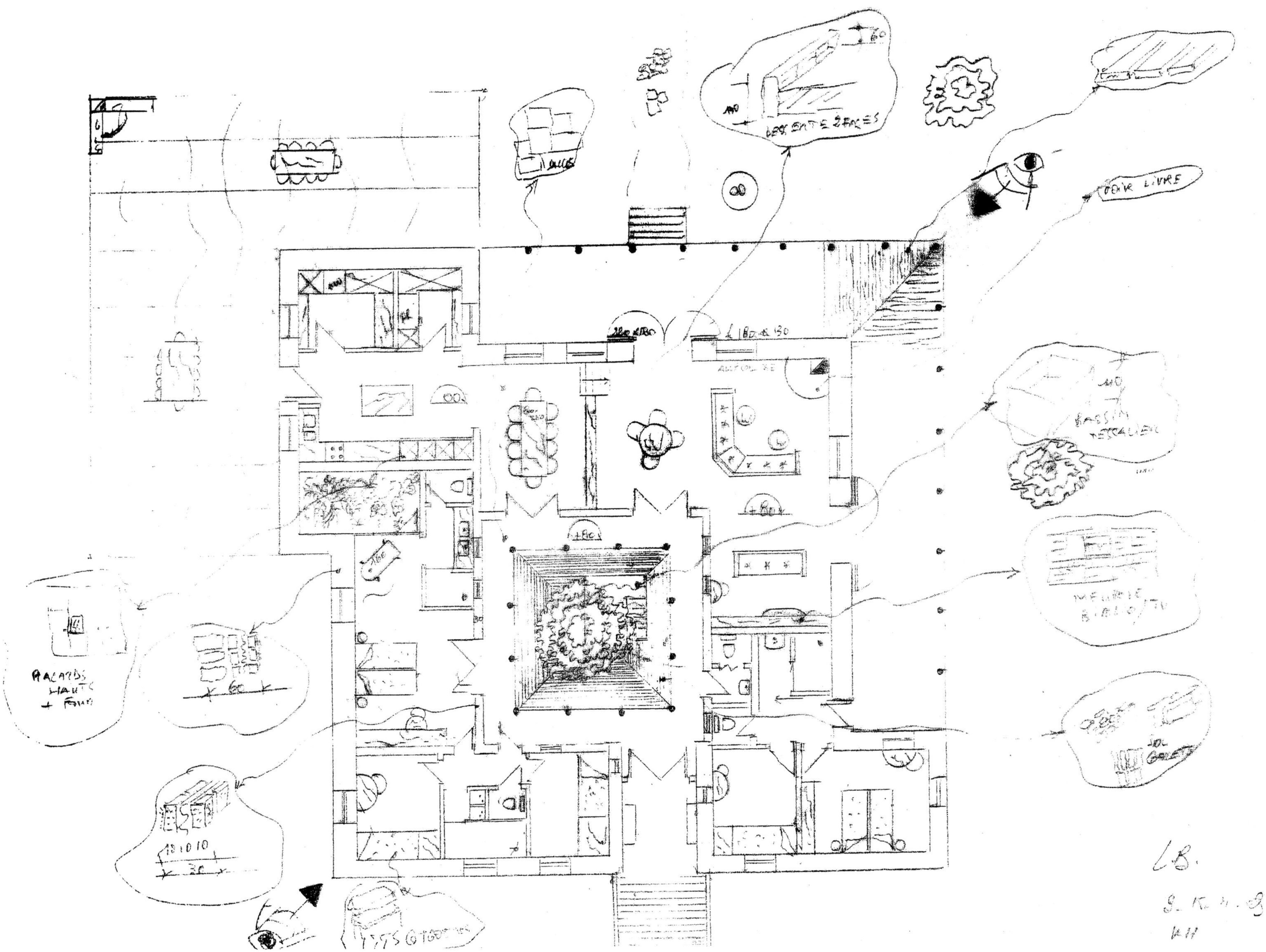

Esquisse meublée du plan et élévations.
Sketch with furniture of the plan and elevations.

Le charpentier Kostas Karatzas pendant les travaux.
The carpenter Kostas Karatzas during the construction work.

Grande façade austère et fermée, à l'image des monastères de la Grèce.
Large austere and closed façade, like the monasteries in Greece.

Marc Held et le chef de chantier Giorgos Karabasis.
Marc Held and the foreman Giorgos Karabasis.

Oliviers, bougainvilliers, lauriers roses, vigne, végétaux préférés de Marc Held.
Olive trees, bougainvillea, oleanders, vines, Marc Held's favorite vegetation.

Le grand mur de pierre est conforté comme dans la tradition architecturale méditerranéenne par des lisses en bois de châtaignier jouant un rôle antisismique.
The large stone wall is reinforced by chestnut stringers, as in the Mediterranean architectural tradition playing an anti-seismic role.

Le demi-cylindre de pierre abrite
une douche en plein air face à la mer.
*The stone half-cylinder holds an outdoor
shower facing the sea.*

Atrium, murs chaulés et colorés de bleu, couleur traditionnelle (*lulaki*) très rarement utilisée aujourd'hui.
Atrium, lime-coated walls tinted blue, a traditional color (lulaki) very rarely used today.

Dans la pièce principale, canapé en béton ciré.
In the main room, polished concrete sofa.

Cheminée centrale ouverte sur le séjour et la salle à manger. Charpente en châtaignier ; ventilation naturelle entre le côté mer et le côté atrium.
Central fireplace open on the living room and dining room. Chestnut frame; natural ventilation between the sea side and the atrium side.

Douche collective pour les quatre enfants.
Baignoire surélevée avec vue sur la mer pour la chambre parentale.
Collective shower for the four children.
Raised bathtub with view on the sea for the master bedroom.

Carrelage en carreaux de ciment fabriqué par les frères Bueno à Thessalonique.
Cement tiles made by the Bueno brothers in Thessalonika.

Kostas Polichroniou et son équipe de charpentiers.
Kostas Polichroniou and his team of carpenters.

Tonnelle couverte de roseaux cueillis dans le lit du ruisseau voisin.
Bower covered with reeds picked from the bed of the neighboring stream.

Projet JMH 2007

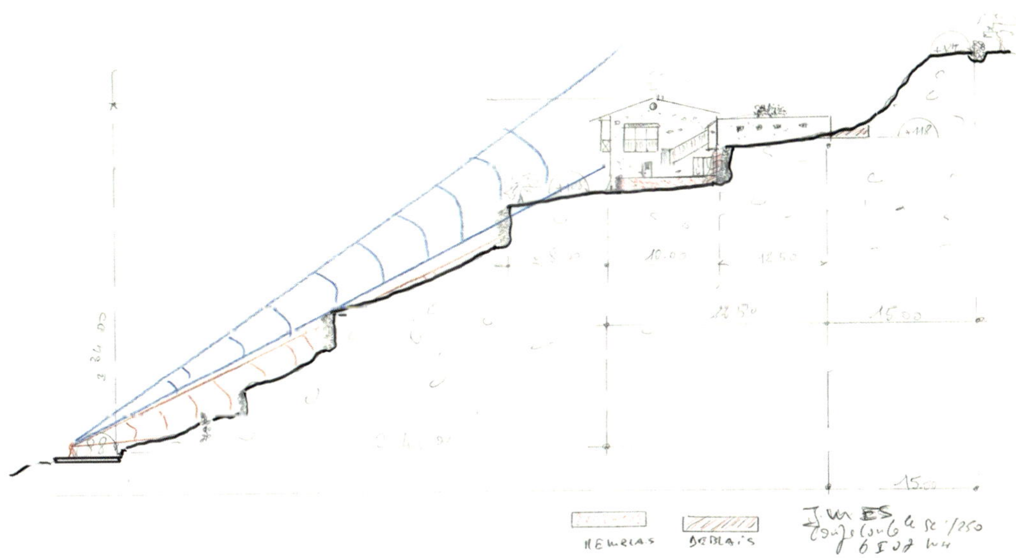

I haven't gotten over it

Another of those projects that wouldn't materialize.

However, with the clients we went very far: the execution plans were drawn up, and a wonderful three-dimensional mockup built by my friend Andreas Fragos allowed us to better verify our choices of volumes.

A serious setback put an end to my friends' dream. JMH had just been hit by one of those blows of fate that, in my sector, condemn any construction: "No more money, no more building." A painter can produce in poverty; if he has the means to pay for his canvases and materials, he can still work and his production will still exist.

The same is true for the composer who leaves his scores in a drawer one day to be rediscovered and performed. For us, poor builders, there is nothing of the sort: a dead project is a project that is definitively buried, because there is a universe between the workplan and its execution.

Nevertheless, what a shame, and what regrets! The program contained everything possible to captivate me: in the large common room, a mezzanine was to welcome friends to listen to chamber music concerts. Under the mezzanine was a relaxation corner in the form of tiers inserted into the ground facing the sea, which could be seen through a veranda. The swimming pool was to have the status of a "large wash house" adjoining a stone wall. The water would not be turquoise, as if pretending to be in the tropics, but green and somewhat mysterious: and there would be a kind of wooden cabin so that in winter the swimmer could enter the water from a sheltered space. In the rear of the main building there was to be an atrium surrounded by a colonnade with a gallery distributing the bedrooms.

My clients, an English couple, were refined from every viewpoint: elegant from the tips of their sandals to the colors of the highlights in the lady's hair, from the size of the gentleman's attractive goatee to his long wavy white locks. All of their clothes were coordinated in a delightful camaieu of blue, gray and pink, and I admit, even if this elegance sometimes seemed mannered, it was always a pleasure to look at them.

If we had built this project together, we would have gone very far towards perfection in the treatment of the interior, and that is something rare, too rare! I haven't gotten over it.

Je ne m'en console pas

Encore un de ces projets qui ne verront pas le jour.

Pourtant, avec mes maîtres d'ouvrage nous étions allés très loin : les plans d'exécution étaient tracés et une belle maquette en volume construite par mon ami Andreas Fragos nous permettait de mieux vérifier nos choix des volumes.

Un grave revers de fortune mit fin au rêve de mes amis. JMH venait de subir un de ces coups du sort qui, dans mon domaine, condamnent toute construction : « Plus d'argent, plus de bâtiment. » Un peintre peut produire dans la misère ; s'il a de quoi payer ses toiles et son matériel il peut œuvrer et sa production existe.

Même chose pour un compositeur qui laissera ses partitions dans un tiroir et que l'on redécouvrira et jouera peut-être un jour. Pour nous, pauvres bâtisseurs, rien de tel, un projet mort est un projet enterré pour de bon, car entre les plans et la réalisation de l'ouvrage il y a un univers.

Néanmoins quel dommage et quels regrets ! Le programme avait tout pour me séduire : dans la grande salle commune, une mezzanine devait recevoir des amis pour y donner des concerts de musique de chambre. Sous la mezzanine, un coin de repos en forme de gradins encaissés dans le sol faisait face à la mer, que l'on voyait au travers d'une véranda cintrée. La piscine devait avoir un statut de « grand lavoir » accolé à un mur de pierre. Pas de bleu caraïbe pour faire semblant d'être aux tropiques, une eau verte et quelque peu mystérieuse, une sorte de cabine en bois permettant en hiver de rentrer dans l'eau sous un espace abrité. Sur l'arrière du bâtiment principal, un atrium entouré d'une colonnade avec une galerie distribuant les chambres.

Mes maîtres d'ouvrage, des Anglais, pratiquaient le raffinement en tout. Élégants de la pointe des sandales jusqu'aux couleurs des mèches de cheveux de la dame, de la taille de la jolie barbiche du monsieur à ses longs cheveux blancs et ondulés. Toutes les parties de leurs vêtements étaient coordonnées en un délicieux camaïeu de bleu, de gris et de rose, et je l'admets, même si cette élégance frôlait parfois le maniérisme, c'était un plaisir renouvelé que de les regarder.

Nous aurions, si nous avions bâti ce projet ensemble, été très loin dans la perfection du traitement de l'intérieur, et c'est chose rare, trop rare ! Je ne m'en console pas.

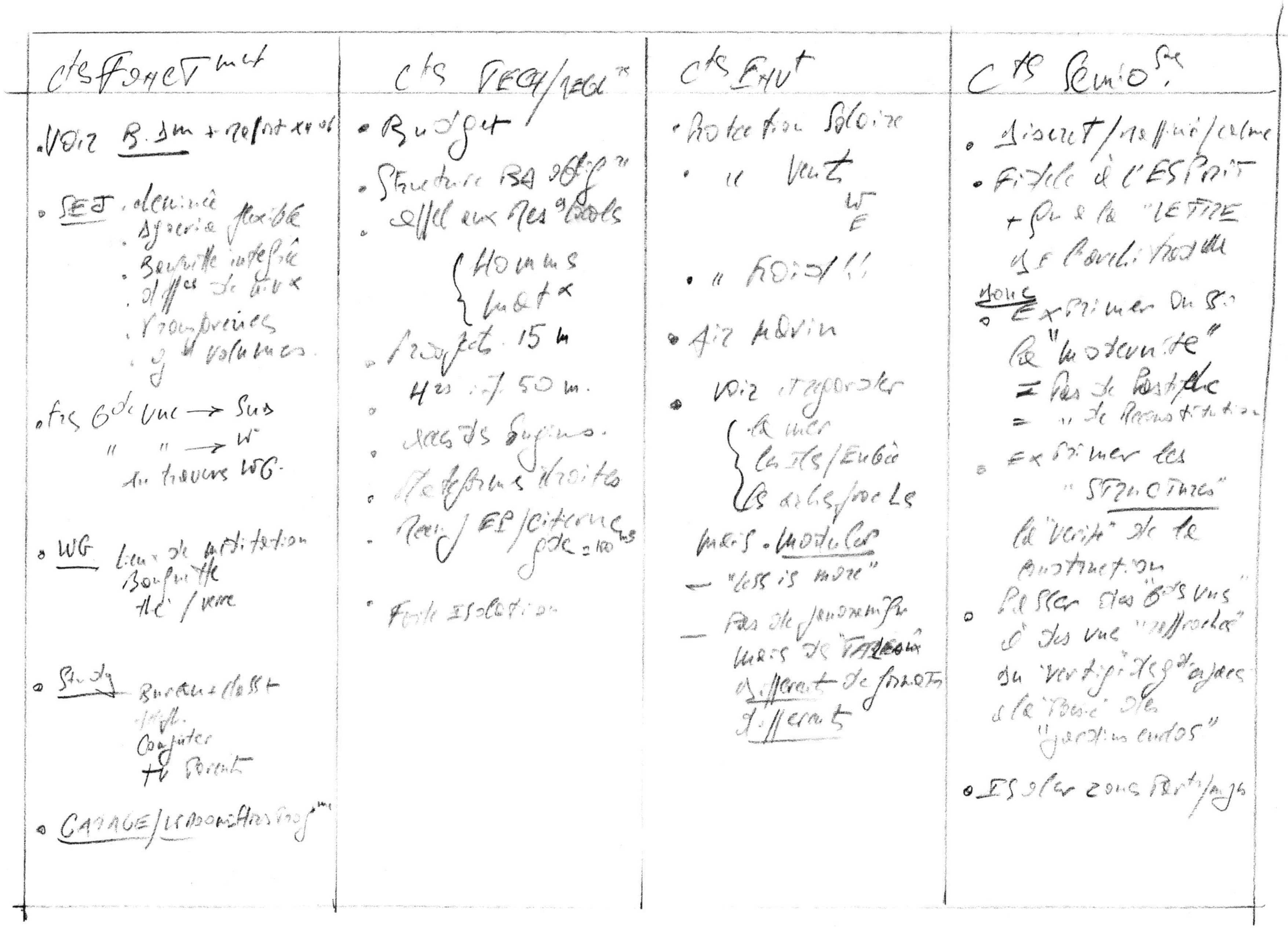

Cts Fonct^ment

- Voir B. 3m + ...
- SEJ . cheminée . sphère flexible . bouteille intégrée . offres de livres . transparences . ... volumes.
- Gdes vues → Sud / " " → W / au travers WG.
- WG Lieu de méditation / Bouteille / thé / verre
- Study Bureau + dessin / ... / Computer / TV écran
- GARAGE / ...

Cts Tech/Regl^rs

- Budget
- Structure BA oblig.
- Appel aux res. locales {Hommes / Mat.}
- Projet 15 m / 4 ... 50 m.
- Accès ...
- Plateformes droites
- Récup EP / citerne
- Forte isolation

Cts Envt

- Protection solaire
- " vent W E
- " Froid !!
- Air marin
- Voir et regarder {la mer / ... / les ...} mais modulés
- "less is more"
- Pas de panoramique mais de tableaux différents de formats différents

Cts Sémio^que

- discret / raffiné / calme
- Fidèle à l'ESPRIT + que la "LETTRE" de l'architecture
- donc exprimer un peu la "modernité" = pas de pastiche = " de reconstitution
- exprimer les "STRUCTURES" la "vérité" de la construction
- Passer des "Gdes vues" à des vues "cadrées" ou "vertiges ..." et la "poésie" des "jardins clos"
- Isoler zones ...

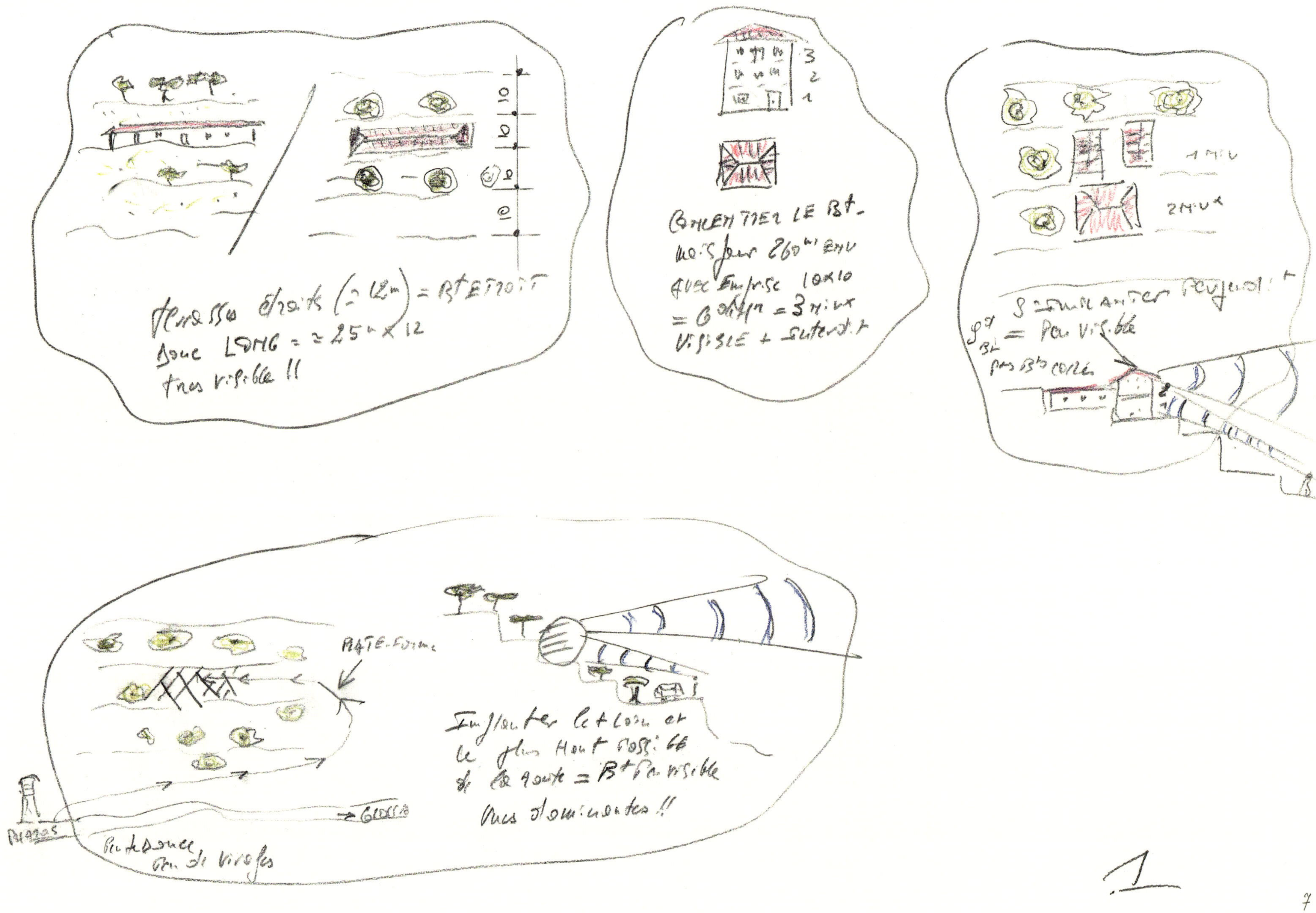
Terrasse étroite (= 12m) = Bt ETROIT
donc LONG = 25m x 12
très visible !!
CONCENTRER LE Bt.
avec emprise 10x10
= 3 niv
1 niv
2 niv
PLATE-FORME
→ GLOSSA

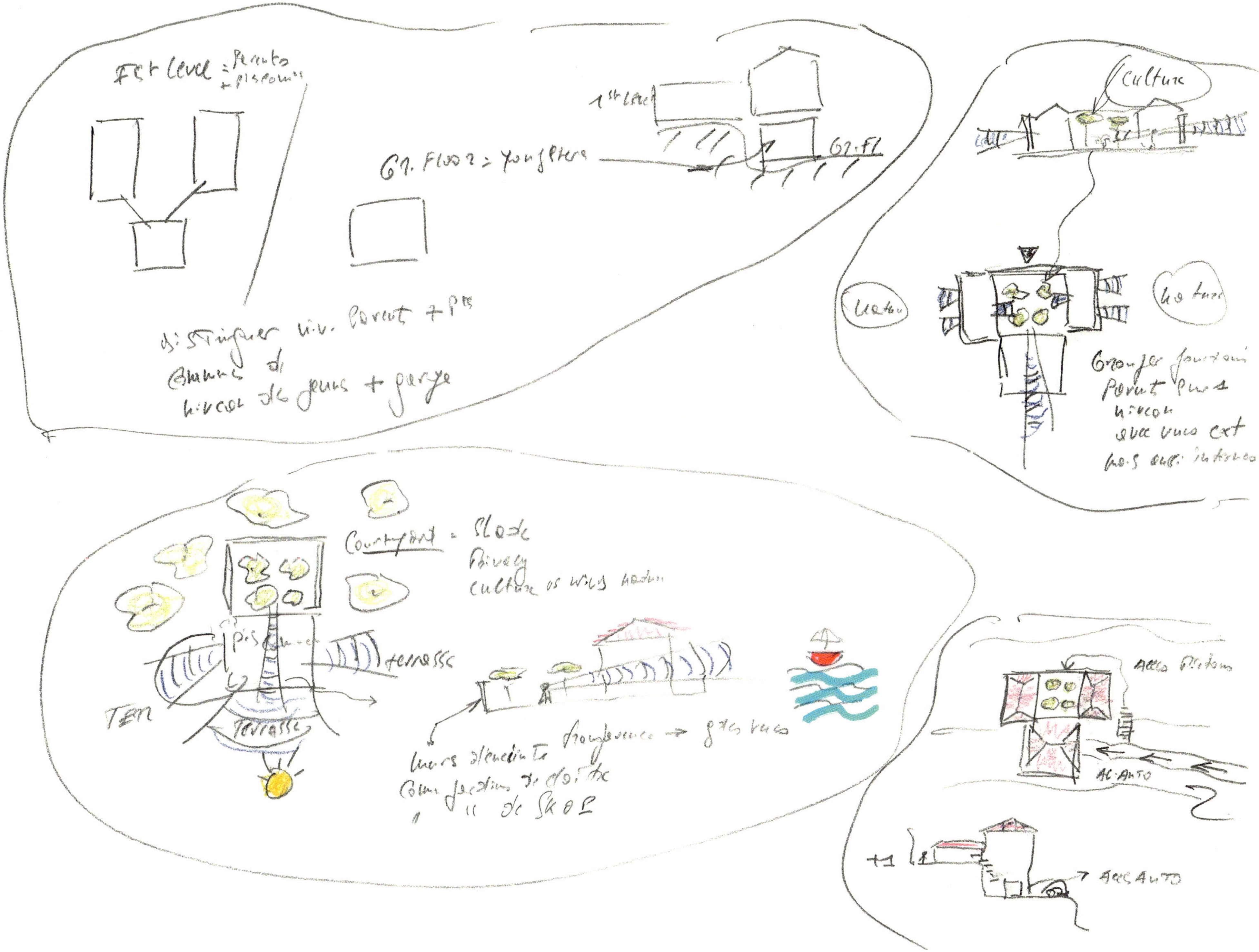

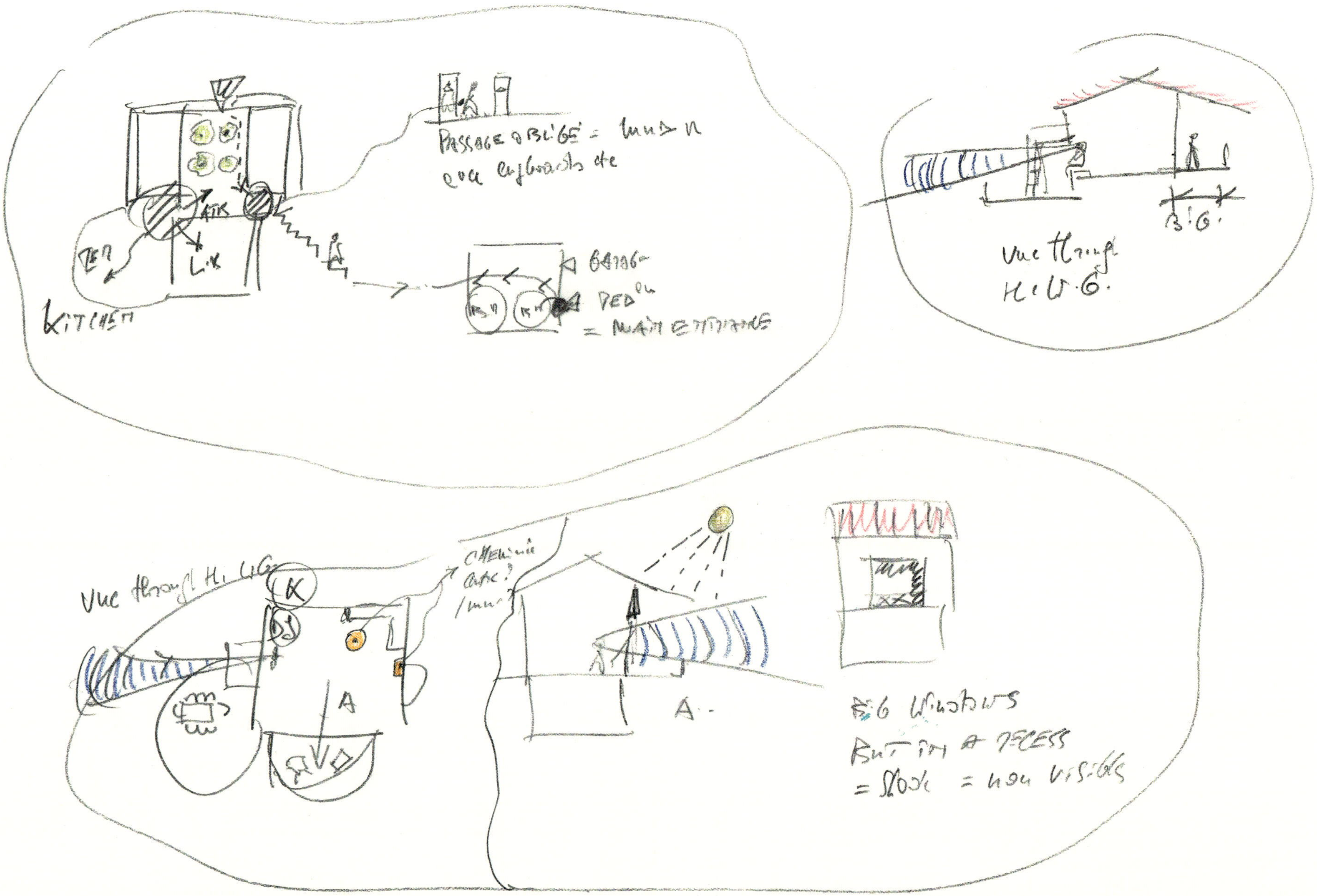

9

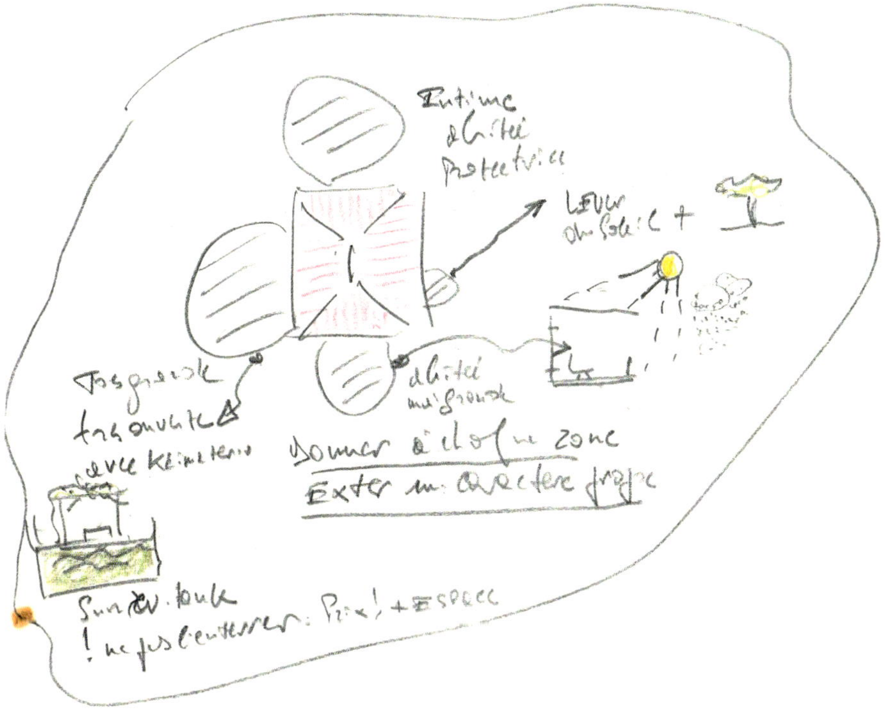

Intime
Donner à chaque zone
Exter un caractère propre

"L'ATRIUM"
Lieux de culture

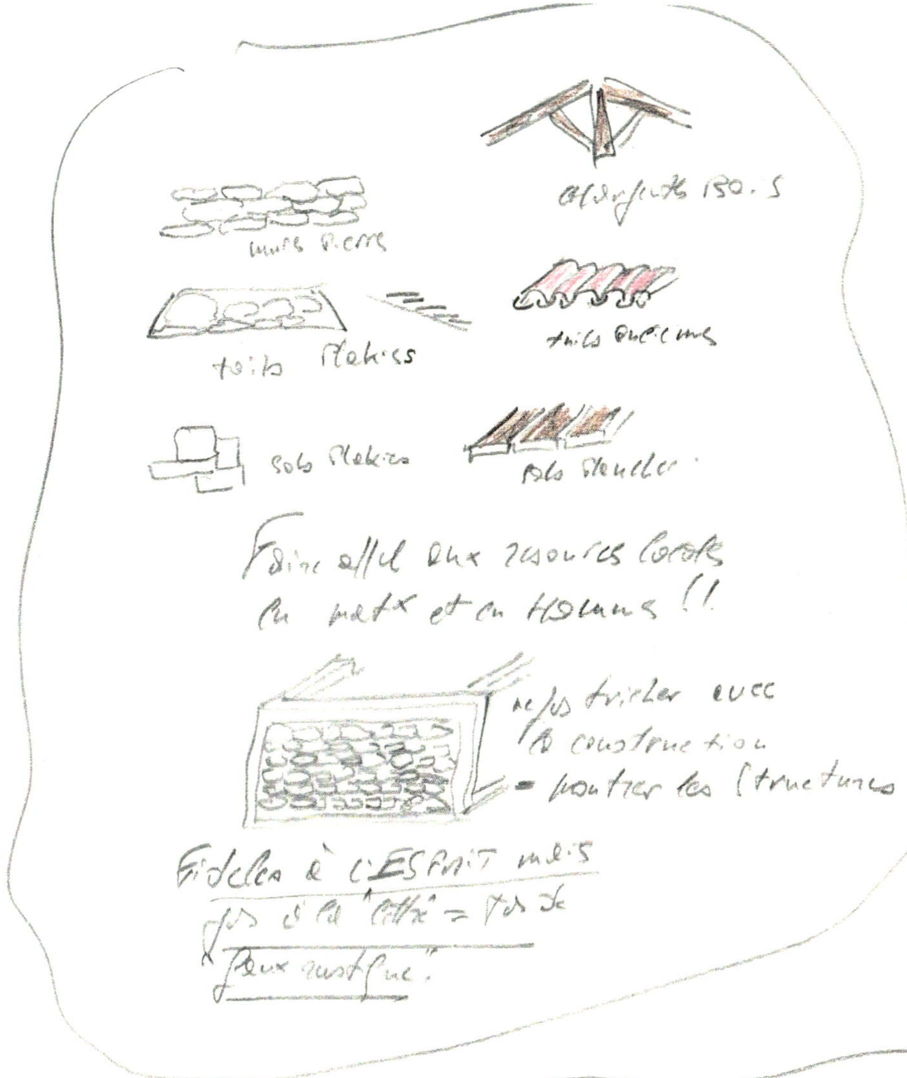

toits plakes
Faire appel aux ressources locales
en matx et en hommes !!
Fidèles à l'ESPRIT mais
pas à la 'lettre' = pas de
faux rustique'

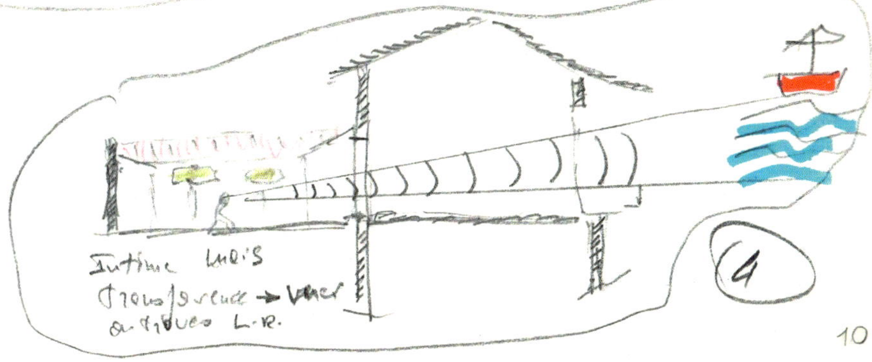

Intime mais

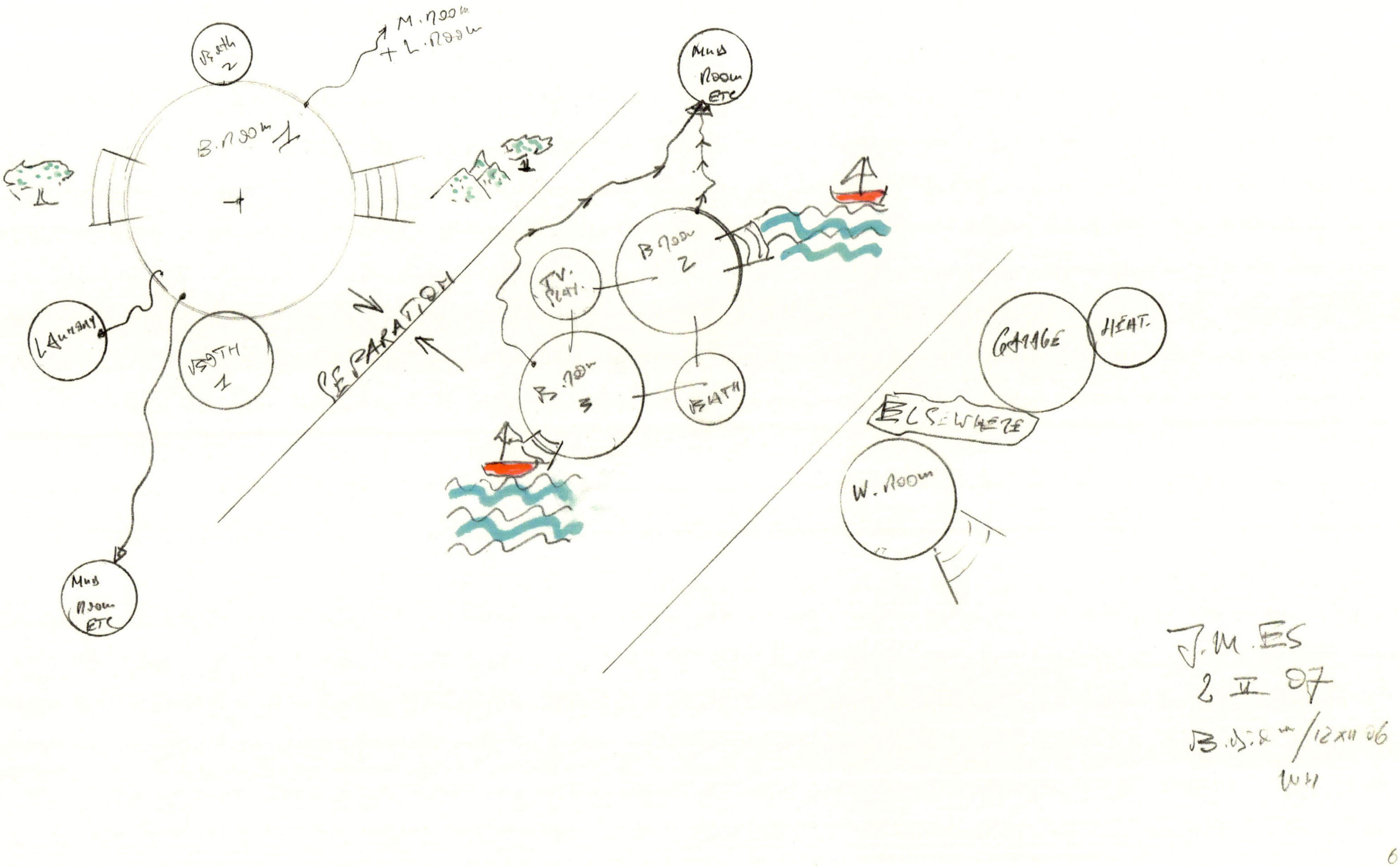
M.room
+ L.room
Bath
2
B.room 1
Laundry
BATH
1
Mud
room
ETC
SEPARATION
Mud
Room
ETC
B.room
2
TV.
Play.
B.room
3
BATH
GARAGE
HEAT.
ELSEWHERE
W.room
J.M.ES
2 II 07
6

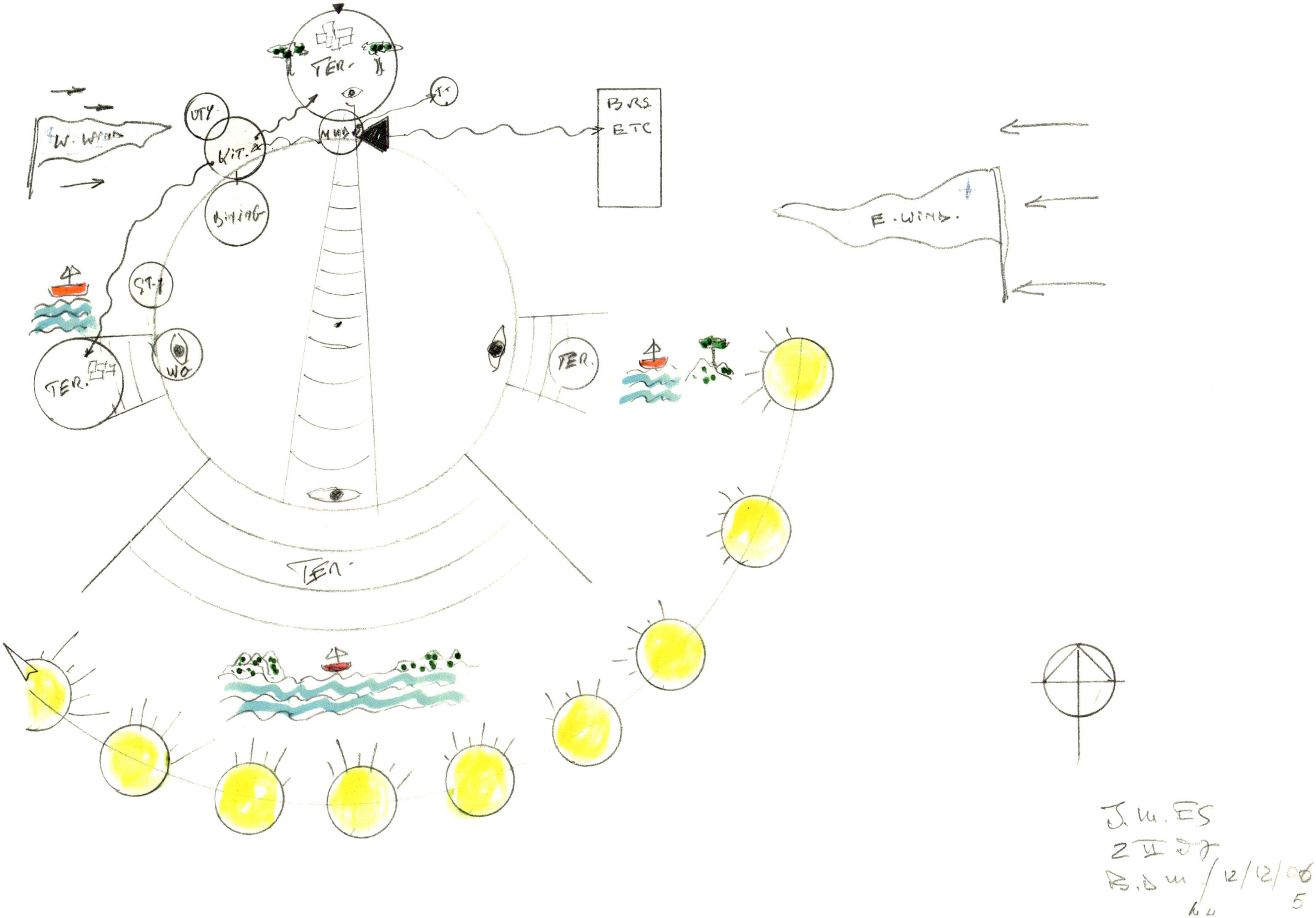
TER.
UTY.
B.RS.
ETC
E. WIND.
TER.
TER.
TER.

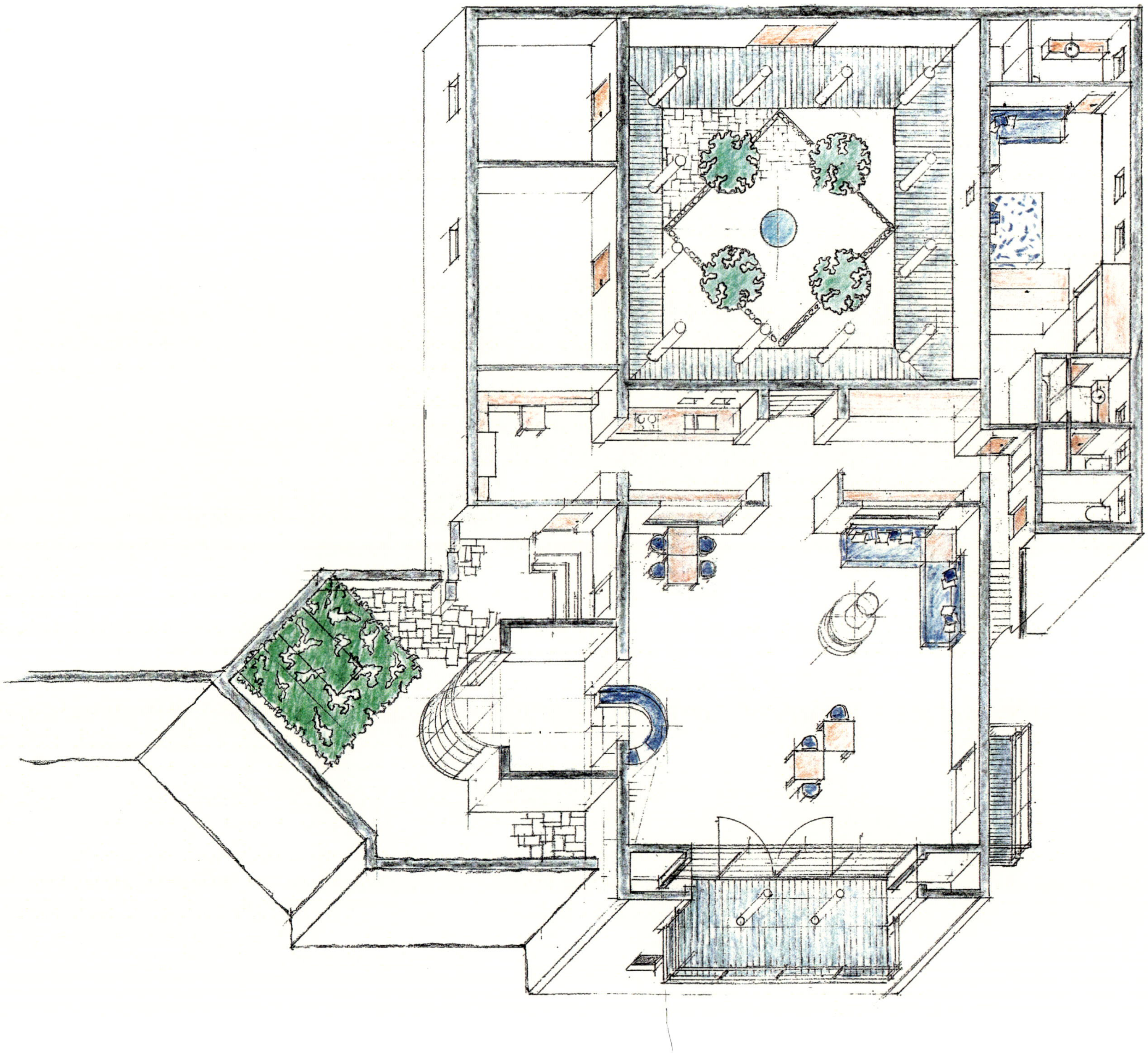

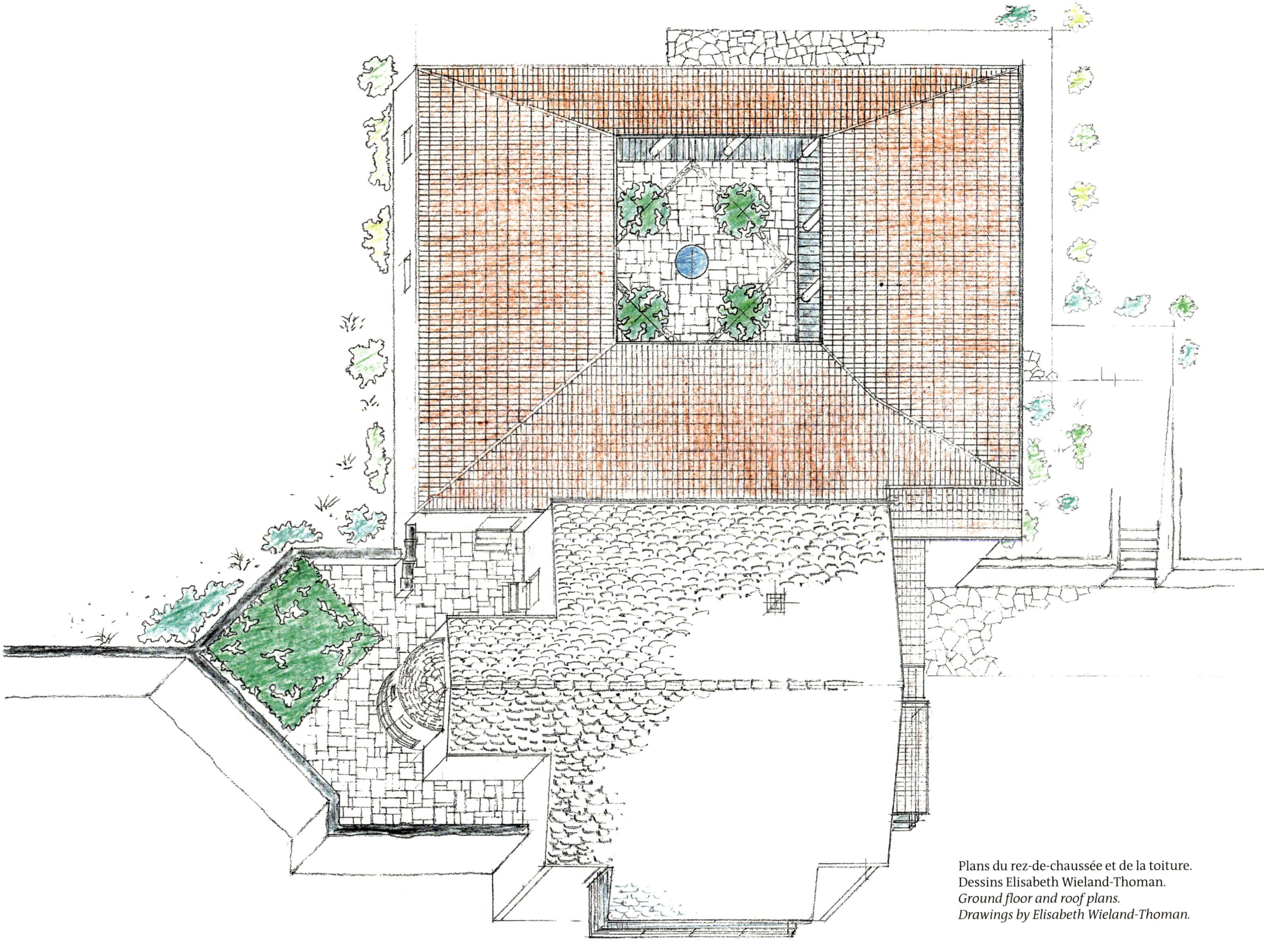

Plans du rez-de-chaussée et de la toiture.
Dessins Elisabeth Wieland-Thoman.
Ground floor and roof plans.
Drawings by Elisabeth Wieland-Thoman.

Maquettes du projet réalisées par Andreas Fragos.
Models of the project made by Andreas Fragos.

Mourtia 2009–2011

A love of simplicity

My friends Catherine and Jean-Marie had bought a plot of land overlooking the sea that was very wild and extraordinarily steep. The fantastic view and the marvelous luxuriance of the surrounding olive groves and pine forests had won them over.

Initially, the program they communicated to me was rather Pharaonic. The very great difference in the level of the land would have resulted in us building large areas under the main level, because we would have had to follow the slope and create a lot of square meters to compensate for it. From drawing to drawing, my friends and I came to understand that we would have to face up to monstrous constructions on the land, huge retaining walls for example, and this would be at a cost that was... unreasonable.

After having gone rather far, indeed too far, in the preliminary project study, we decided to clear the decks and start from scratch using a more realistic approach.

While respecting the precise program that I had received, I proposed we keep to a longitudinal plan perpendicular to the contour lines. In fact, this was a long narrow strip partially inserted into the ground, with a two-level building on its rear (upper) part, the lower level occupied by bedrooms in the front, and the buried rear devoted to circulation and the technical areas. On the upper level was a large common room with an informal kitchen/dining zone, partially separated by a fireplace block whose flames could be seen from both sides. The program also stipulated a large bedroom and connected bathroom.

To better integrate my building into the surrounding nature and to make it discreet, as our friends and I wanted, I built a base for the house using drystone walls, while the upper level, the living room and the first bedroom were in lime-coated masonry. If I had used just one of these two construction vocabularies (all in stone, or all in lime-coated walls), we could imagine to what degree the whole would have seemed... enormous. A simple phrase can express the approach taken: "a long and light building set on a strong stone base."

My friends and their children entertain a lot of people in a very informal way. The very steep plot didn't offer a lot of horizontal surfaces to hold groups that would sometimes be separate. Hence the idea of a long and wide veranda, in our jargon the so-called transition space: people, occasionally in large numbers, could be outside, but protected by a roof from the rain as well as the sun. This veranda principle can be seen everywhere in the world, in hot and sometimes rainy regions.

The large planted terrace in front of the bedrooms was built on a huge water tank that collected rainwater. Being flat in an environment in which everything is dizzyingly slanted, it also serves as a place for socializing.

My friends Catherine and Jean-Marie and I share a love of simplicity combined with a concern for durable quality. Perhaps I succeeded in making their house as discreet but also as joyous as they are.

L'amour de la simplicité

Mes amis Catherine et Jean-Marie avaient acheté un terrain très sauvage et formidablement pentu dominant la mer. La vue fantastique et l'extraordinaire luxuriance des oliveraies et des pinèdes environnantes avaient emporté leur décision.

Dans un premier temps, le programme qu'ils me communiquèrent était un peu pharaonique. La très grande dénivellation du terrain nous aurait amenés à construire des surfaces importantes sous le niveau principal, car il nous aurait fallu suivre la pente et créer beaucoup de mètres carrés pour la compenser. De dessin en dessin, mes amis et moi-même comprîmes que l'on aurait à faire face à des aménagements monstrueux du terrain, tels d'immenses murs de retenue par exemple, et ce à un coût... déraisonnable.

Après avoir été assez loin, trop loin même, dans l'étude d'un avant-projet, nous décidâmes de faire table rase et de redémarrer à zéro à partir d'une approche plus réaliste.

Tout en respectant le programme de fonctionnement précis qui m'avait été fourni, je proposai de m'en tenir à un plan longitudinal perpendiculaire à la ligne de pente. En fait une longue bande étroite insérée partiellement dans le sol, sur sa partie postérieure (en amont), un bâtiment sur deux niveaux, le niveau inférieur occupé par des chambres sur le devant, l'arrière enterré, utilisé comme circulation et locaux techniques. Au niveau supérieur, une grande salle commune avec une zone cuisine-salle à manger informelle, séparée partiellement par un bloc cheminée mais à flamme visible des deux côtés par transparence. Le programme stipulait aussi l'existence d'une grande chambre à coucher et de sa salle de bains.

Afin de mieux intégrer mon bâtiment dans la nature et de le rendre discret, comme nous le souhaitions mes amis et moi-même, je construisis la base de l'habitation à l'aide de murs de pierre sèche, alors que le niveau du haut, le séjour et la première chambre étaient en maçonnerie chaulée. Si j'avais utilisé un seul de ces deux vocabulaires constructifs (tout en pierre ou tout en murs chaulés), on peut imaginer à quel point l'ensemble aurait paru... énorme. Une formule peut exprimer le parti adopté : « Un long et léger bâtiment posé sur un fort socle de pierre. »

Mes amis et leurs enfants reçoivent beaucoup de monde et d'une façon informelle. Le terrain très pentu n'offre pas beaucoup de surfaces horizontales pour se tenir en groupes parfois distincts. De là, l'idée de cette longue et large varangue, cet espace dit de « transition » dans notre jargon. On s'y tient à l'extérieur, en grand nombre parfois, mais on y est protégés par une toiture aussi bien de la pluie que du soleil. Ce principe de varangue existe dans le monde entier, dans les régions chaudes et parfois pluvieuses.

La grande terrasse plantée devant les chambres est construite sur une immense citerne recevant les eaux pluviales. Elle sert, elle aussi, de lieu de sociabilité, car elle est plate dans un environnement où tout est vertigineusement incliné.

Mes amis Catherine et Jean-Marie partagent avec moi l'amour de la simplicité alliée au souci de la qualité durable. Peut-être ai-je réussi à faire que leur maison soit aussi sobre mais aussi joyeuse qu'eux.

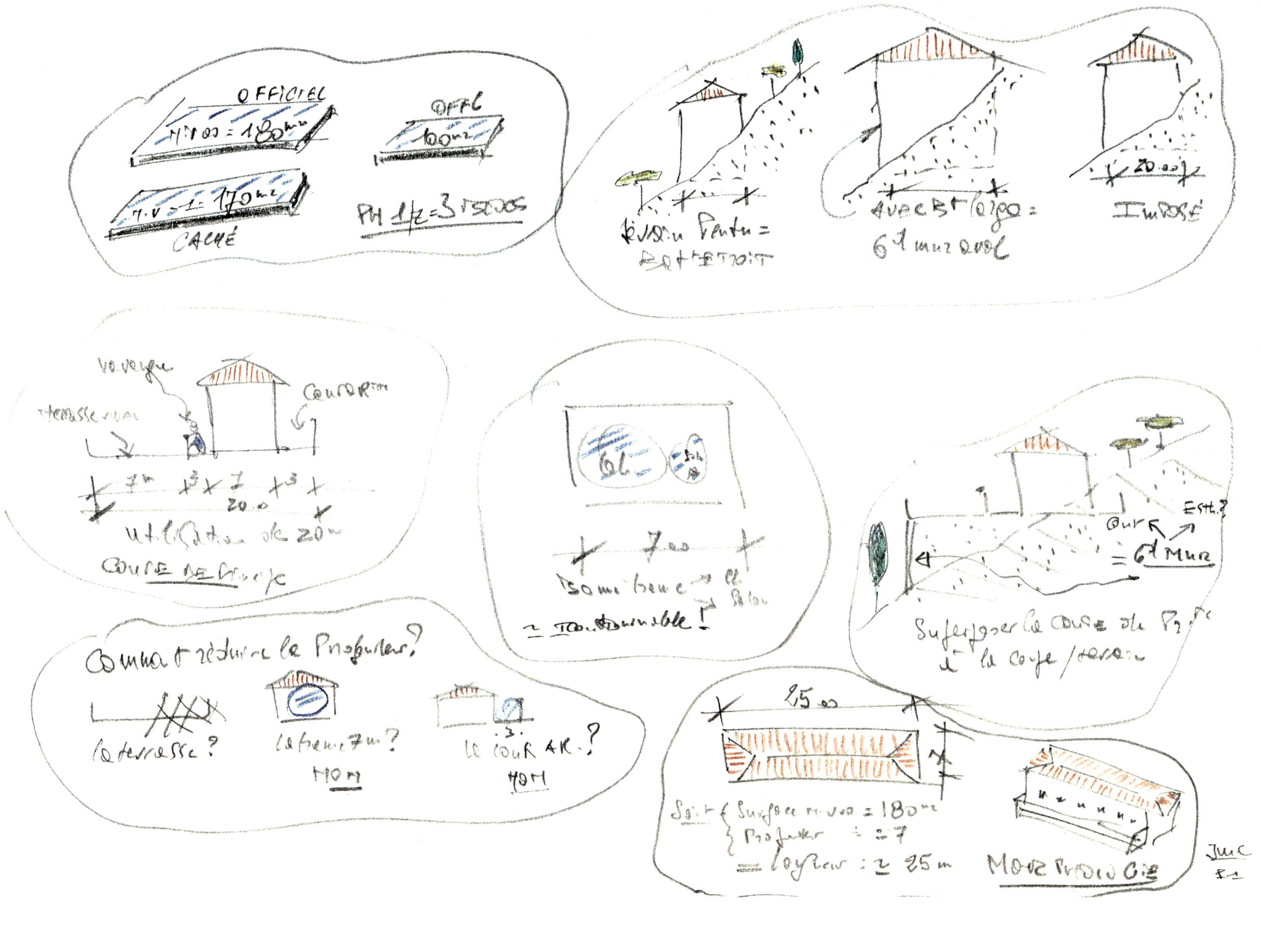
OFFICIEL
CACHÉ
IMPOSÉ
Comment réduire la Profondeur?
la terrasse?
NON
NON

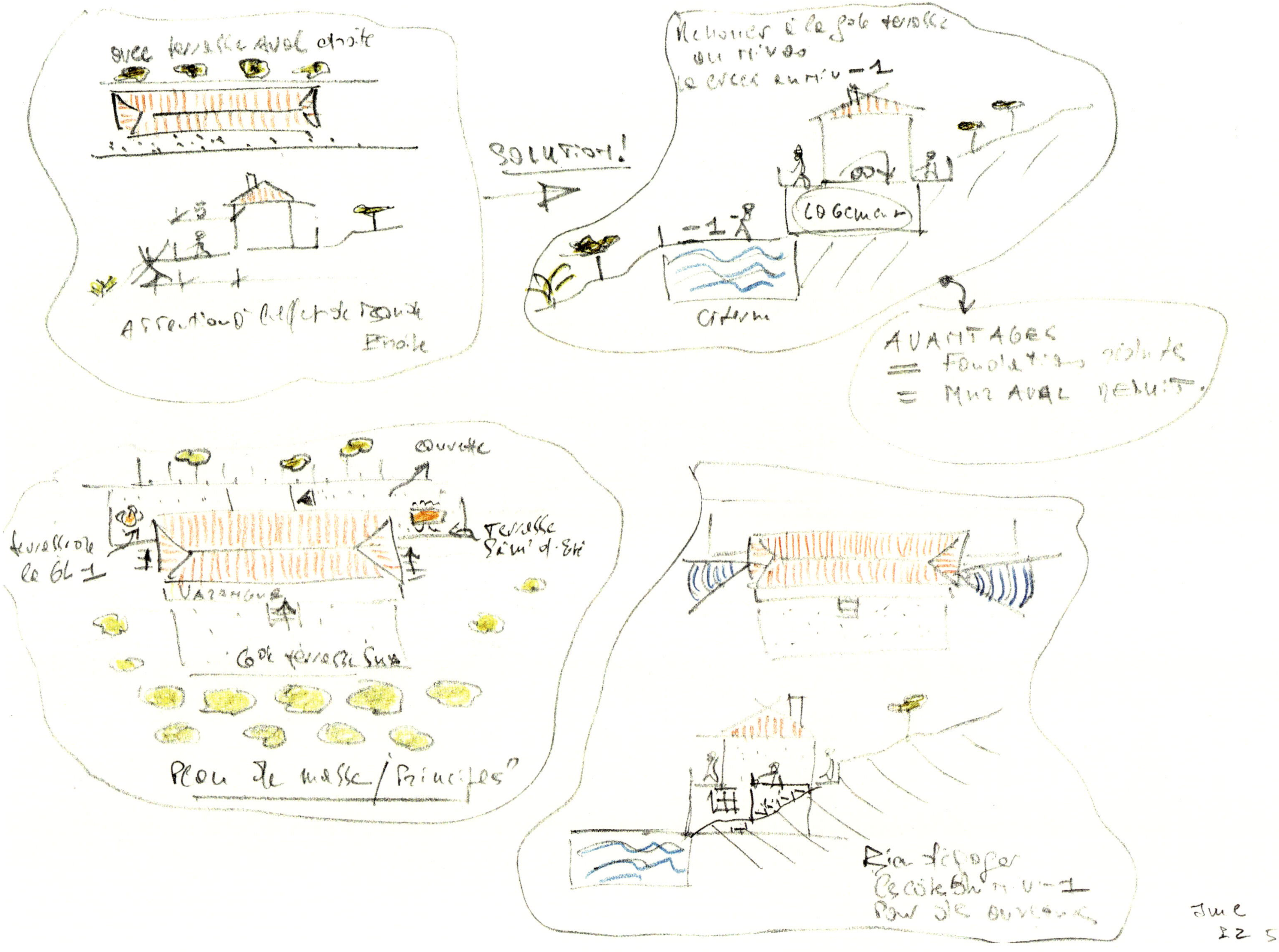
SOLUTION!
AVANTAGES
Citerne
Plan de masse / Principes?
Ouverte

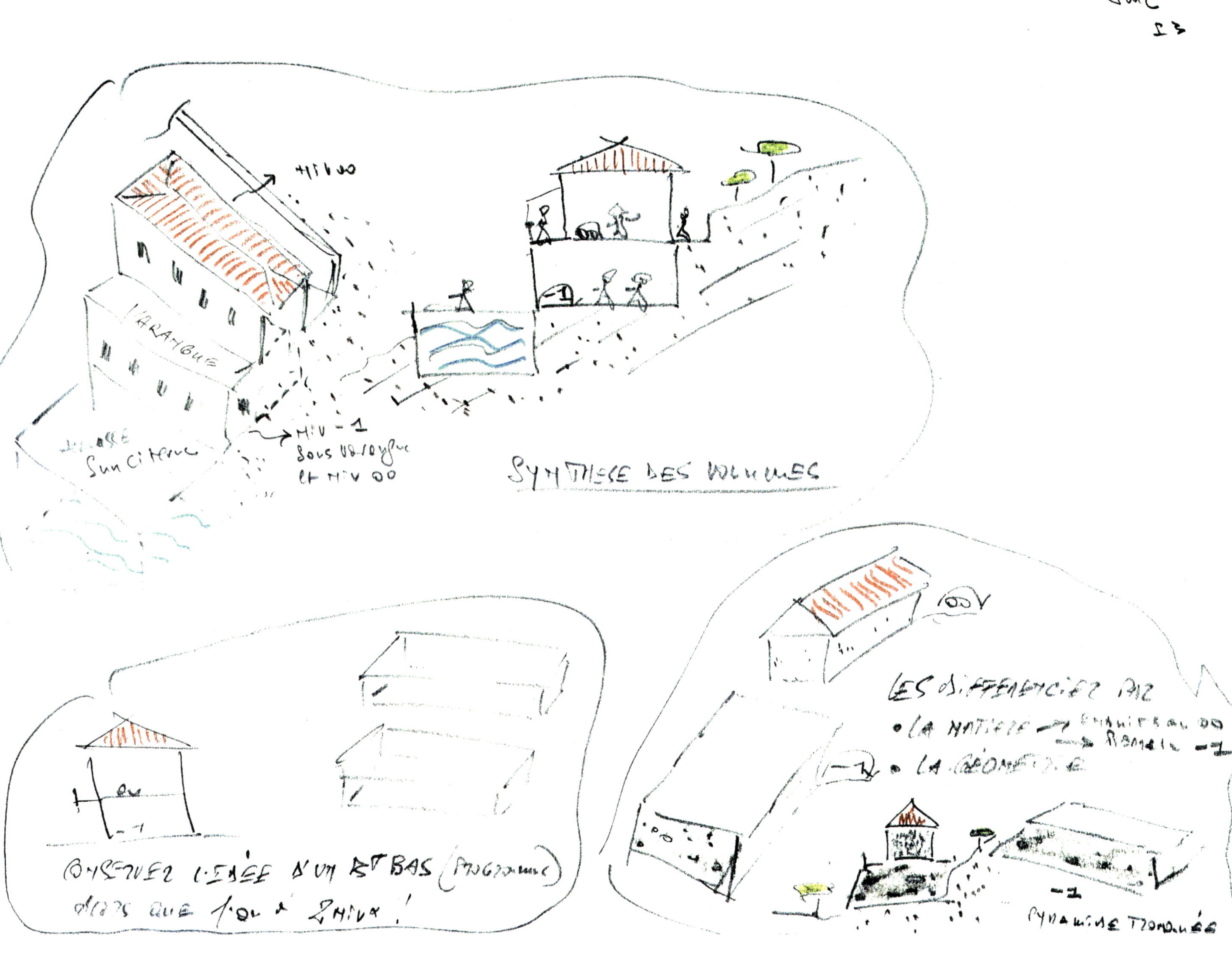
SYNTHESE DES VOLUMES
LES DIFFERENCIER PAR
• LA MATIERE
• LA GEOMETRIE

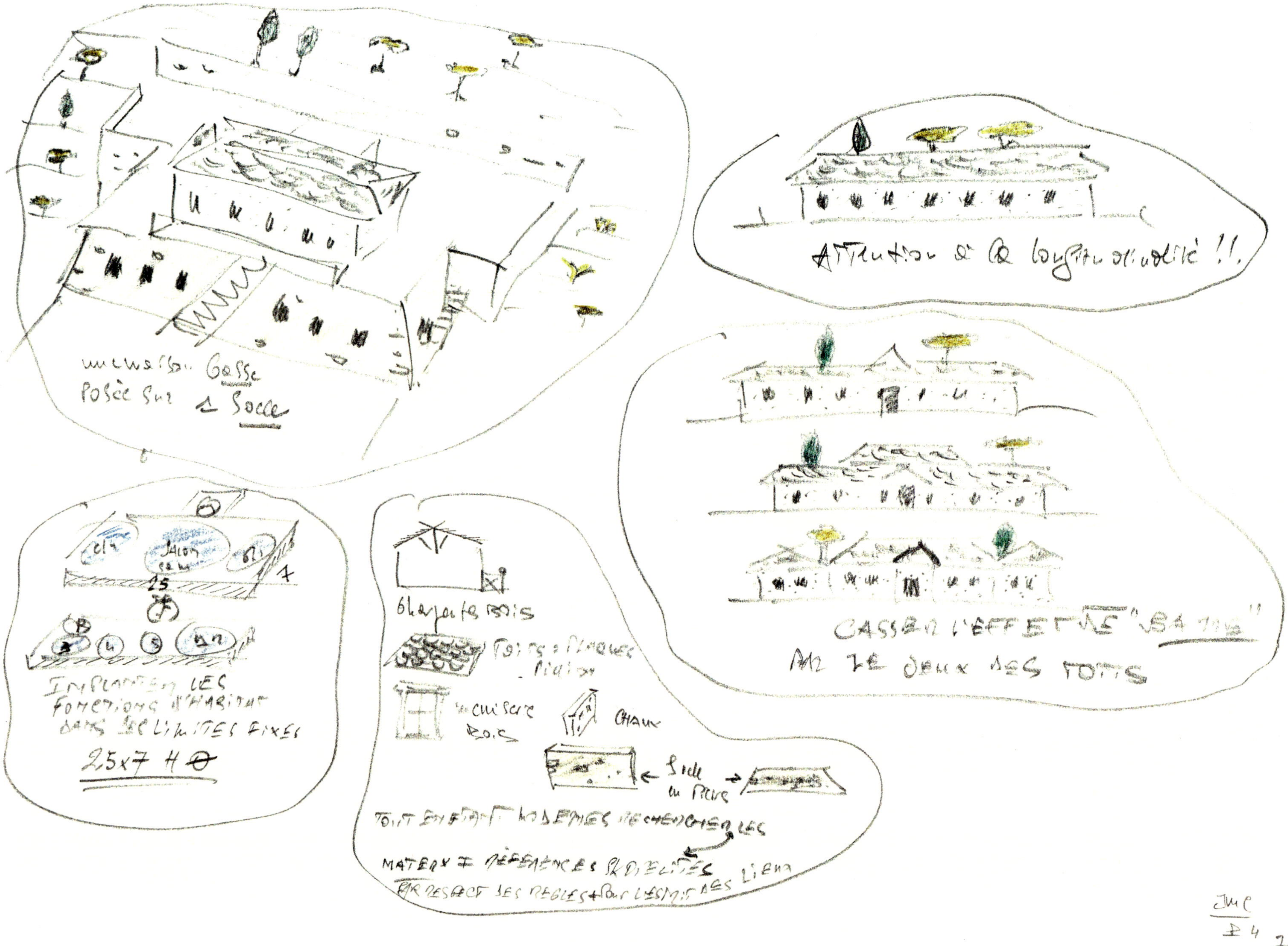

Posée sur le Socle
Implanter les fonctions d'habitat dans les limites fixes
25x7
Charpente bois
Chaux
Attention à la longitudinalité !!
Casser l'effet de "barre"

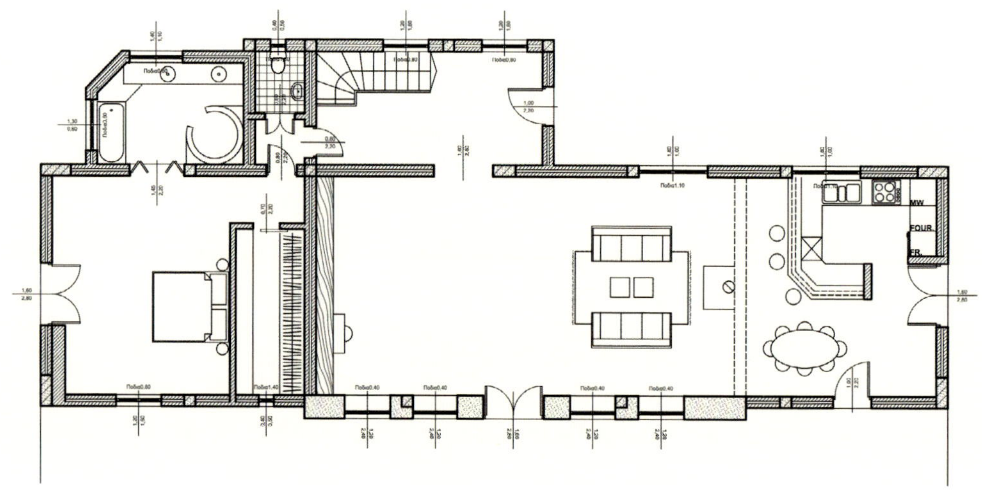

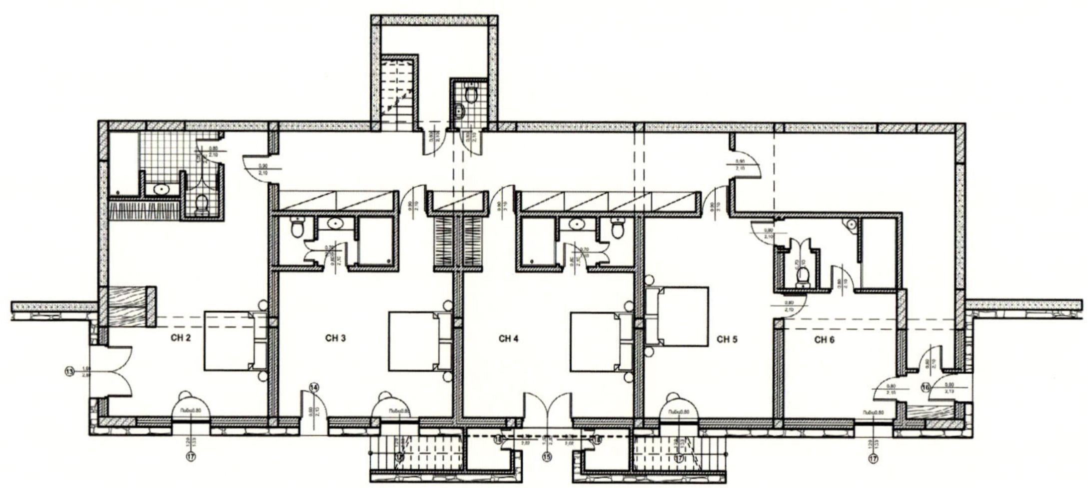

Plans du rez-de-chaussée et du rez-de-jardin.
Ground floor and garden level plans.

Page de droite
Chemin d'arrivée en amont de la maison ;
toiture en lauzes du Pélion.
Right-hand page
Path that arrives from above the house;
roof in slate tiles from Pélion.

Double page précédente
Longue varangue côté mer. Les chambres sont accessibles par le rez-de-jardin.
Le soubassement en pierre diminue l'emprise visuelle du volume de la maison.
Previous page
Long veranda on the sea side. The bedrooms are accessible from the garden level.
The stone base decreases the visual footprint of the house's volume.

Sur un terrain très pentu, l'espace horizontal est rare, d'où l'idée d'une longue varangue soutenue par des colonnes en bois de châtaignier venant du mont Athos.
On a very steep terrain, horizontal space is rare, hence the idea of a long veranda supported by columns in chestnut from Mount Athos.

Terrasse végétalisée recouvrant une immense réserve de récupération des eaux pluviales.
Planted terrace covering an enormous rainwater recovery tank.

À l'extrémité ouest, la zone bar de la piscine.
At the western end, the bar area of the swimming pool.

ACTIVE

Terrasse végétalisée plantée de trèfle nain stabilisant les dalles de schiste.
Terrace planted with dwarf clover stabilizing the shale slabs.

Table portefeuille en frêne de Marc Held, chaises de Hans Wegner, tapisserie de Souleymane Keita.
Ash folding table by Marc Held, chairs by Hans Wegner, tapestry by Souleymane Keita.

Cuisine ouverte, bar en brique et contreplaqué marine. Ébéniste Nikos Balas.
Open kitchen, brick and marine plywood bar. Cabinet-maker Nikos Balas.

Rythmée par des jeux de lumière, la coursive en rez-de-jardin distribue les chambres.
Cadenced by the play of light, the path on the ground floor connects the bedrooms.

Charpente en bois de châtaignier. Canapés en cuir et fauteuil *Primo Culbuto* de Marc Held.
Frame in chestnut. Leather sofas and Primo Culbuto *armchair by Marc Held.*

Table *Tripode* en frêne et Formica blanc mat ; chaises en multipli de frêne modelé dessinées en 1983 pour le restaurant d'IBM de La Lande près de Montpellier.
Tripode *table in ash and matte white Formica; chairs in modeled ash multiply designed in 1983 for the IBM restaurant of La Lande near Montpellier.*

Myrtia 2009–2011

Another plan of great complexity

My daughter Marion says that I work like the great couturiers of times past, who would conceive of a dress for a certain lady and create it only for her. I'm also thinking about a famous scene in the movie *Dark Passage*, in which Bogart, running from police who are chasing him for a crime he didn't commit, consults a quack surgeon who offers to transform his face. They stand on either side of the door of his dark office, and we see Bogart from the back, the surgeon facing him and us, silently observing the patient, scratching his chin and blinking, wondering what kind of face he's going to make for him.

Despite listening to and observing Myrto and Christian on many occasions, I never succeeded in finding out who they were. Discreet, polite, their functional requests were amazingly precise. They were fans of restraint, but without any doubt also sought beauty and harmony in everything. But what else was there? Who were these charming and somewhat distant and secretive clients?

There was no way to penetrate their amicable shell. Were they shy, cold, insensitive? I was still waiting, and worse yet I was in a state of uncertainty. Contrary to my usual approach, which consisted in explaining the position I favored through a series of sketches in a comic book style and by precise graphic representations, I decided for once to take off in two different directions.

I didn't dilate about the problems presented by the land, its narrowness, its steep slopes; rather, while respecting these constraints, I set out what I would call a "patrician" project, a single two-level block set on a stone base bringing to mind the beautiful and austere bourgeois houses built in the 19th century in the Pélion region. These feature a classical composition, order, native construction vocabulary (shale tiles for the roof, lime-coated walls, painted wooden joinery).

Simultaneously, I let myself go, inventing for the sheer pleasure of it another plan of great complexity, with differences in levels, many staircases, nooks and crannies. In fact, I designed two perpendicular wings connected by a tower forming a pivot restructuring the volumes. I was very attached to this principle of a core to which various but dominated volumes were connected. They brought to mind the teeming village and its church, the hen and its chicks... Yes! Some people would call it a "folly" but it was also the best way to use this plot of land.

I had no illusions about the couple's choice: to the restrained person, a restrained house. "Tell me how you live and I'll tell you who you are," or vice versa.

But I was completely mistaken! Discovering through their choice a part of themselves that I hadn't been able to detect, my clients chose "folly" over rigor.

Dear readers, whether professional or in the process of becoming so, don't neglect psychology in your curriculum. I may add that Myrto and Christian proved to me that the clothes don't make the man, and that behind a reserved exterior the greatest warmth and generosity can sometimes be hiding.

Un plan d'une grande complexité

Ma fille Marion dit que je travaille comme les grands couturiers d'autrefois qui inventaient une robe pour une certaine dame et ne la créaient que pour elle. Je pense aussi à l'une des scènes célèbres du film *Dark Passage*, où Humphrey Bogart, qui fuit la police qui le recherche pour un crime qu'il n'a pas commis, va consulter une sorte de chirurgien marron qui devra transformer son visage. Ils se tiennent de part et d'autre de la porte de la sombre officine, Bogart est de dos, le chirurgien lui fait face et nous fait face, il observe son patient en silence en se grattant le menton et en clignant des yeux, tout en se demandant quelle tête il va lui faire.

Écoutant et observant Myrto et Christian à de nombreuses reprises, je ne parvenais pas à savoir qui ils étaient. Discrets, courtois, ils formulaient des demandes fonctionnelles étonnamment précises. Adeptes de la sobriété, mais aussi de la beauté et de l'harmonie en tout, cela ne faisait pas de doute. Mais quoi d'autre, qui étaient-ils, ces interlocuteurs charmants et quelque peu distants et secrets ?

Rien à faire pour aller au-delà de leur carapace aimable. Étaient-ils timides, froids, insensibles ? Je restai dans l'expectative et, pire encore, l'incertitude. À l'encontre de ma démarche habituelle qui consiste à expliquer le parti que j'ai privilégié par une série de croquis à la façon d'une bande dessinée et par des représentations graphiques précises, je décidai de partir pour une fois dans deux directions différentes.

Je ne m'étendrai pas sur les difficultés que présentait le terrain, son étroitesse, les pentes importantes, mais tout en respectant ces contraintes je développai ce que je nommerai un projet « patricien », un seul bloc de deux niveaux posés sur un socle en pierre évoquant les belles et austères maisons bourgeoises construites au XIXe siècle dans la région du Pélion. Composition classique, ordonnance, vocabulaire constructif autochtone (toiture en plaques de schiste, murs chaulés, menuiseries en bois peint).

Parallèlement, je me laissai aller, pour le plaisir, en inventant un plan d'une grande complexité avec des différences de niveaux, des escaliers nombreux, des coins et des recoins. En fait, deux ailes perpendiculaires reliées par une tour formant pivot restructurant les volumes. Ce principe du noyau sur lequel s'accrochent des volumes divers mais dominés me tient à cœur. Ils évoquent pour moi le village foisonnant et son église, la poule et ses poussins... Eh oui ! Certains évoqueront une « folie », mais c'était aussi la meilleure façon d'utiliser ce terrain.

Je n'avais aucune illusion sur le choix de mes interlocuteurs : à personnages sobres, maison sobre. « Dis-moi comment tu habites et je te dirai qui tu es », ou bien l'inverse.

Mais je me trompais du tout au tout ! Mes maîtres d'ouvrage découvrant par leur choix une part d'eux-mêmes que je n'avais pas su déceler choisirent la « folie » plutôt que la rigueur.

Chers lecteurs professionnels ou en voie de le devenir, n'oubliez pas d'étudier la psychologie dans votre cursus ! J'ajoute que Myrto et Christian m'ont prouvé que l'habit ne fait pas le moine, et que derrière la réserve se cachent parfois la plus grande chaleur tout autant que la générosité.

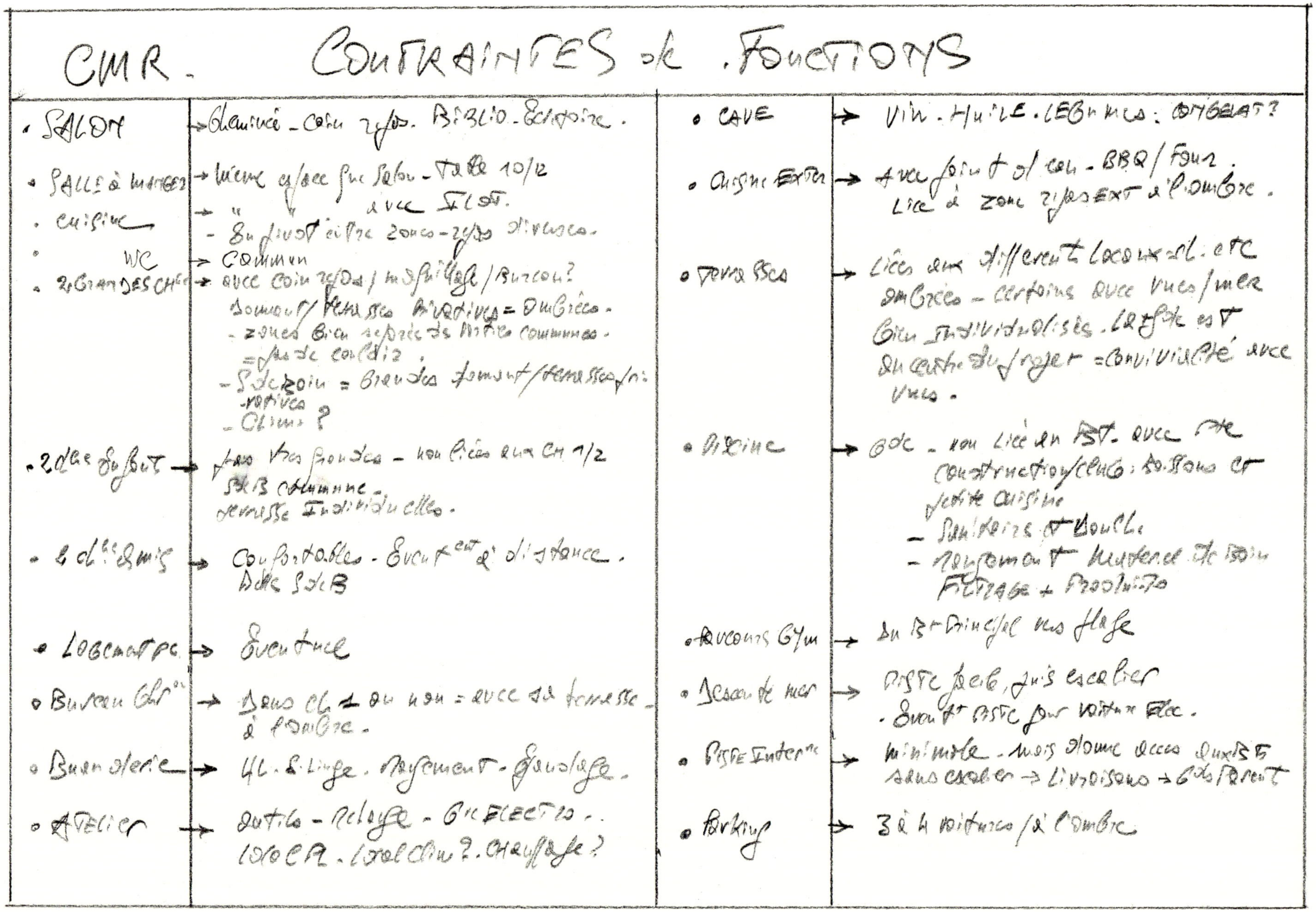

CMR. CONTRAINTES & FONCTIONS

• Salon	→ Cheminée – coin repos. Biblio – Écritoire.	• Cave	→ Vin. Huile. Légumes : congélat ?
• Salle à manger • Cuisine • WC	→ Même espace que salon – Table 10/12 → " avec îlot. – Ou peut être zones-repas diverses. → Commun	• Cuisine extér.	→ Avec point d'eau – BBQ / Four. Liée à zone repas ext. à l'ombre.
• 2 grandes ch.	→ avec coin repos / maquillage / bureau ? Donnant / terrasses privatives = ombrées. – Zones bien séparées des pièces communes – pas de couloir. – Salle de bain = grandes donnant / terrasses privatives – Clim ?	• Terrasses	→ Liées aux différents locaux etc. ombrées – certaines avec vues / mer bien individualisées. La grande est au centre du projet = convivialité avec vues.
• 2 ch. enfants	→ pas très grandes – non liées aux ch 1/2 SdB commune. Terrasse individuelle.	• Piscine	→ [illegible] – non liée au bât. avec [illegible] construction / club : boissons et petite cuisine – Sanitaires et douche – Rangement matériel de bain (?) Filtrage + produits
• 2 ch. d'amis	→ Confortables – éventuellement à distance. Avec SdB		
• Logement pers.	→ Éventuel	• Parcours gym	→ du bât. principal vers plage
• Bureau ch. (?)	→ Dans ch. 1 ou non = avec sa terrasse à l'ombre.	• Descente mer	→ Piste piéton, puis escalier – Éventuellement piste pour voiture élec.
• Buanderie	→ [illegible] & linge. Rangement – Séchage (?).	• Piste interne	→ minimale – mais donne accès aux bât. sans escalier → livraisons → [illegible]
• Atelier	→ Outils – [illegible] – Gr. électro. [illegible]. Local clim ?. Chauffage ?	• Parking	→ 3 à 4 voitures / à l'ombre

2

CMR.	Contraintes TECHNIQUES	Contraintes Sémiologiques
	• Surfaces HO autorisées = • " S/Sol possibles = • Structure Béton armé • Hauteur sous plafond : 7.50 m • Toitures = Plaques Fillion - Tuiles anciennes • Projet = à 15.00 m des limites • Budget • I 50 cm [illegible] renforcée • Double vitrage anti-effraction • Géothermie • 6 m3 citerne • Choisir des matériaux faciles à entretenir	• Bon équilibre entre tradition (l'esprit du lieu) et la modernité. Pas de pastiche mais pas de provocation et pas d'ostentation. • Discret mais pas neutre. • Confortable - Durable. • Appel aux ressources locales : hommes et matériaux **Contraintes d'Environnement.** • Vues vers la mer spécifique par local - • Protections solaires, pluies, vents, fraîcheur, voisins "naturels" • Épargner les arbres • Après travaux reconstituer un paysage traditionnel = plantes indigènes • Prendre en compte la morphologie du terrain

3

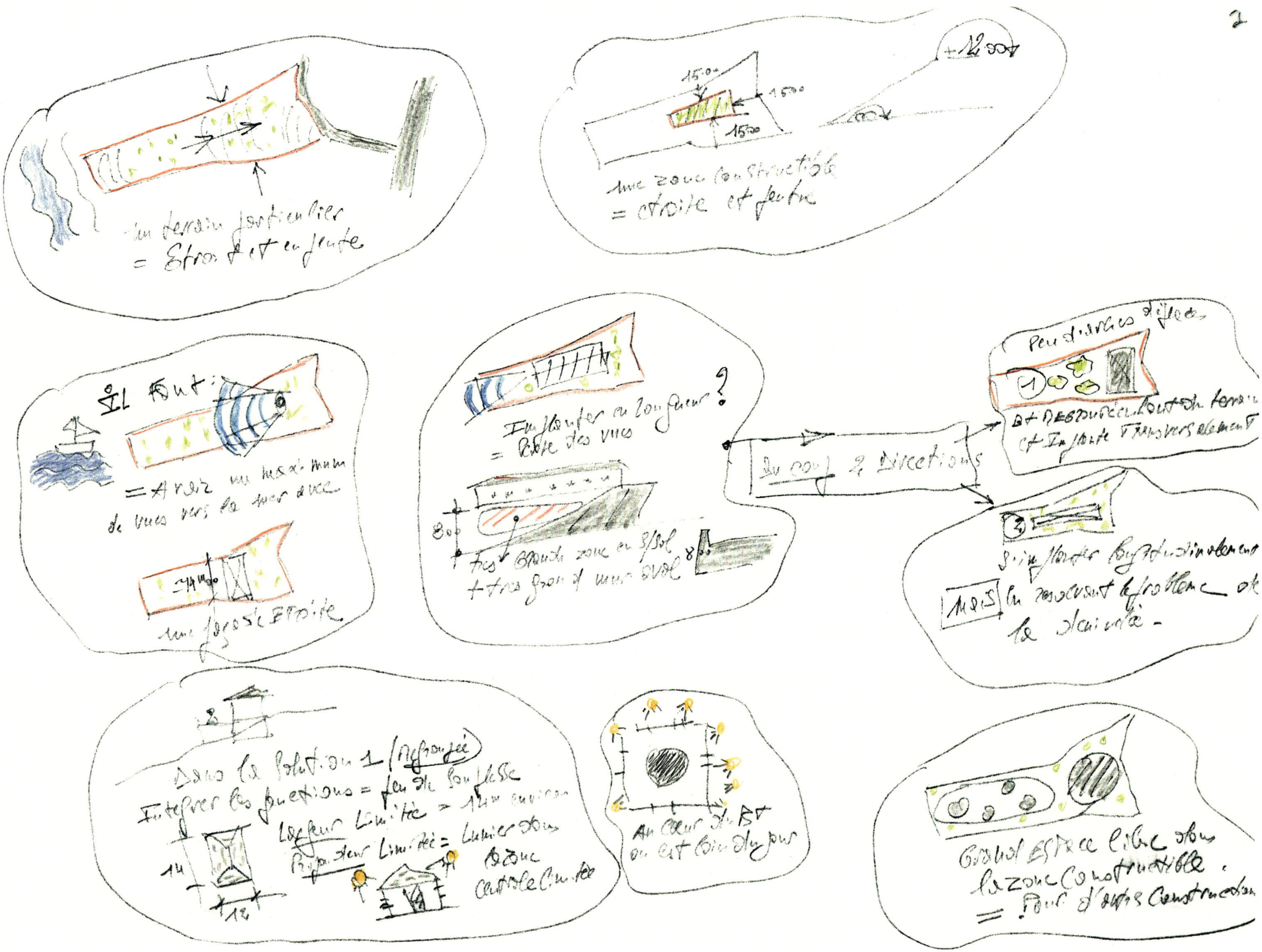
Un terrain particulier
= Etroit et en pente
Une zone constructible
= étroite et pente
Il faut:
= Avoir un maximum
de vues vers la mer avec
une façade étroite
Implanter en longueur ?
= Perte des vues
très grande zone en S/Sol
+ très grand mur aval
Mais
Grand espace libre sous
la zone constructible
= pour d'autres constructions

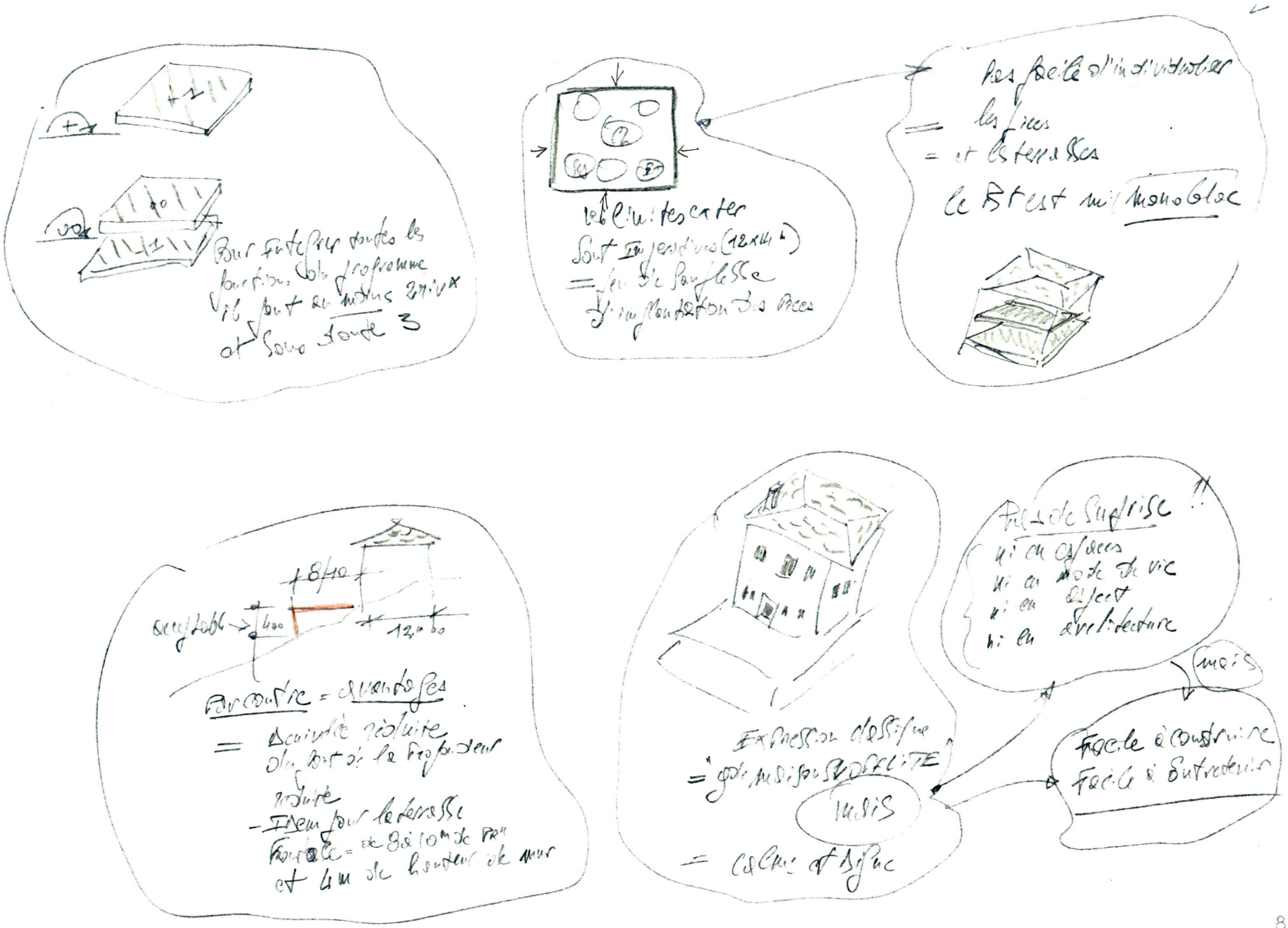
mais
Facile à construire
Facile à entretenir
mais

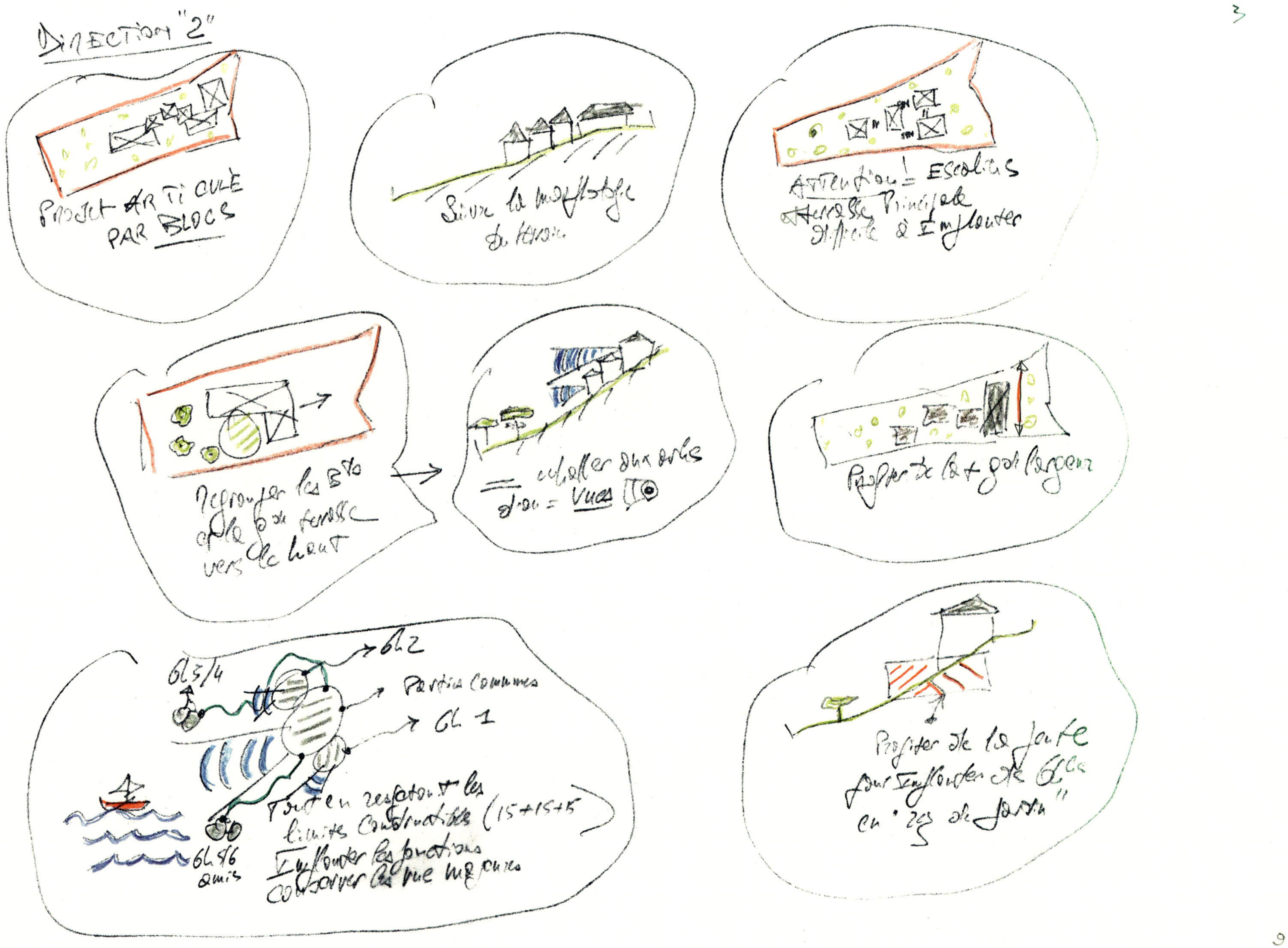
DIRECTION "2"
PROJET ARTICULÉ PAR BLOCS
ATTENTION !
Parties communes
Vues

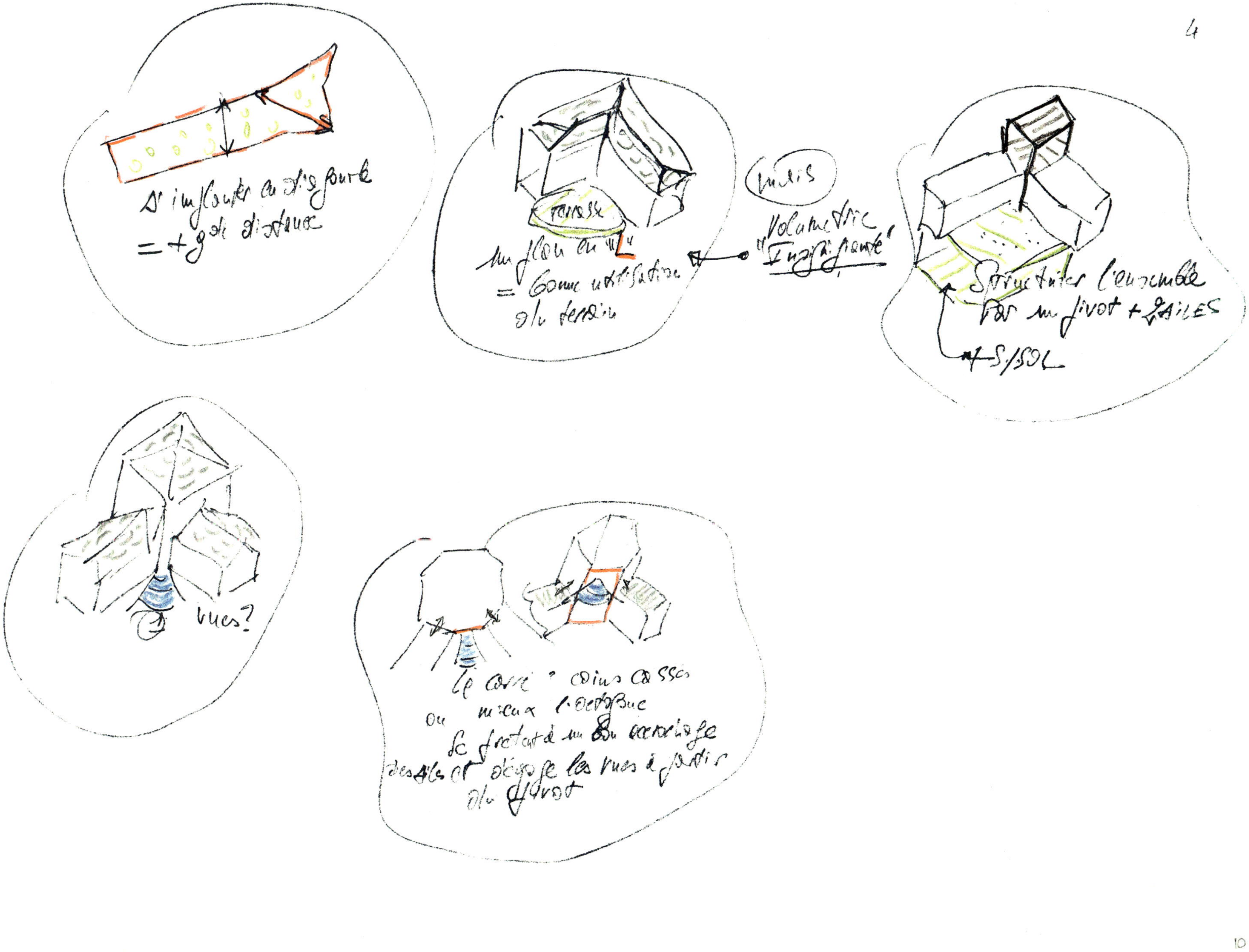
terrasse
Un plan en "L"
= bonne utilisation du terrain
Mais
Volumétrie "Insignifiante"
Structurer l'ensemble par un pivot + 3 AILES
+ S/SOL
vues?

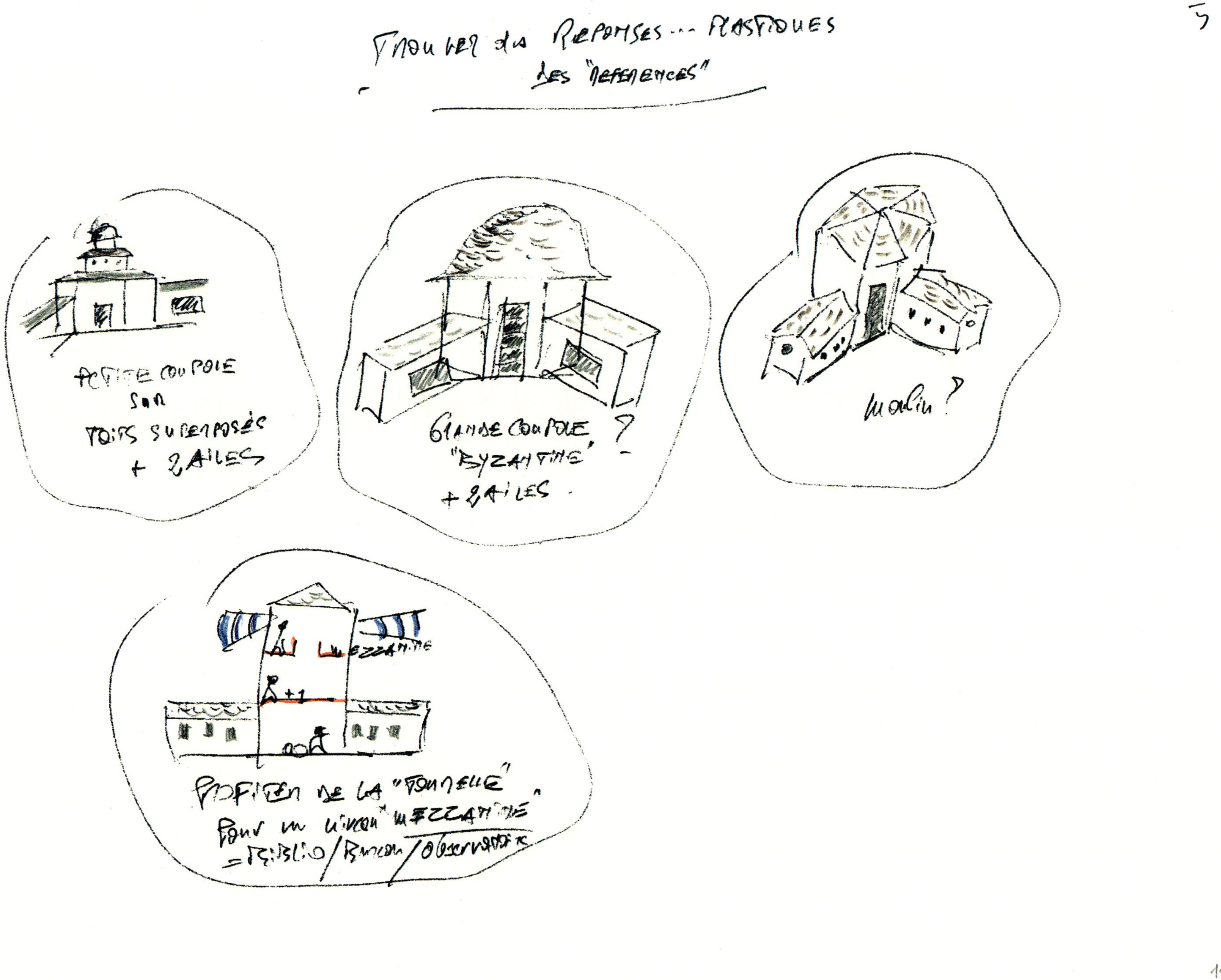
Trouver des réponses... plastiques
les "références"
Petite coupole sur toits superposés + 2 ailes
Grande coupole, "byzantine" + 2 ailes. ?
moulin ?
mezzanine
+1
Profiter de la "tourelle" pour un niveau "mezzanine" = biblio / balcon / observatoire

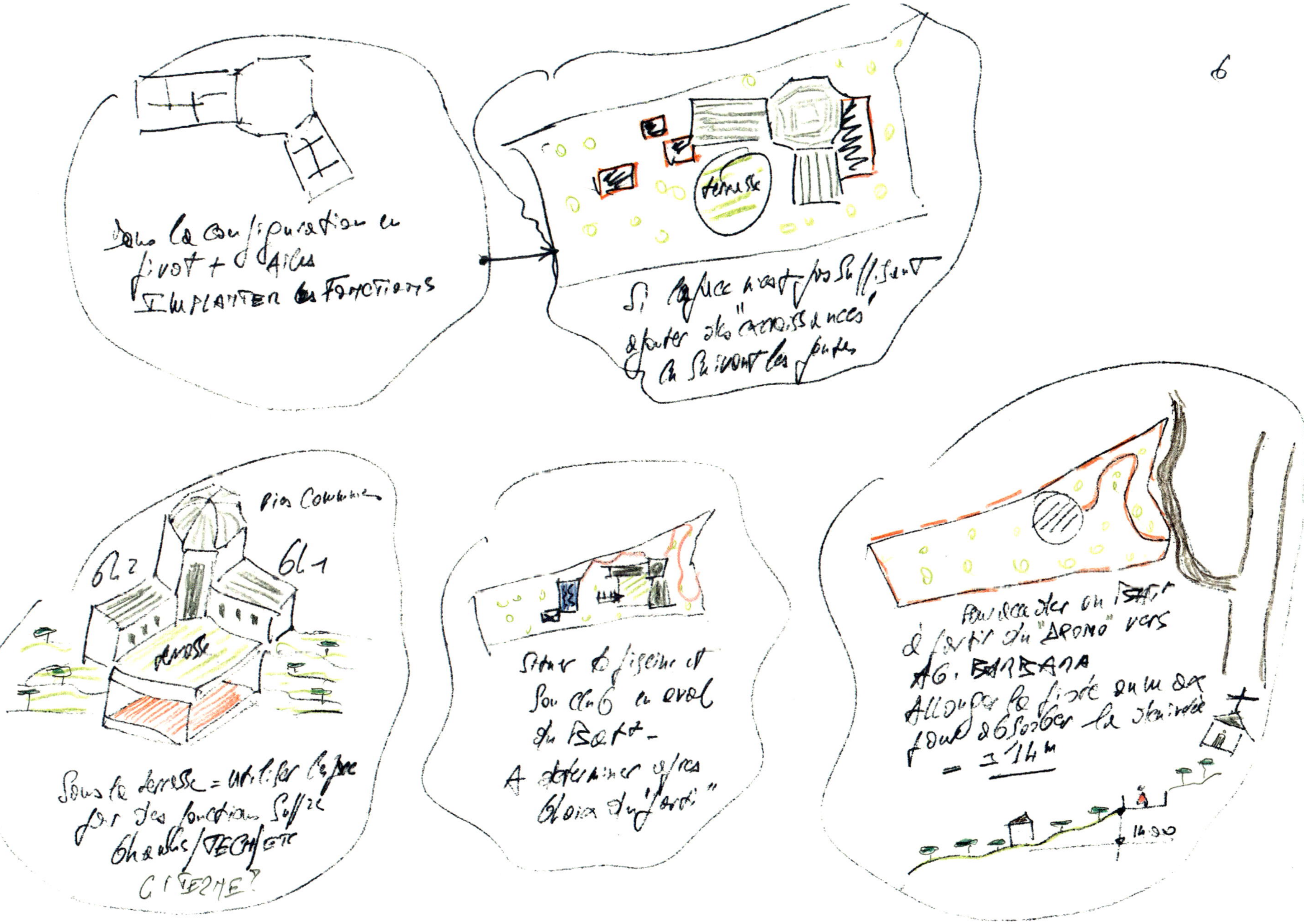

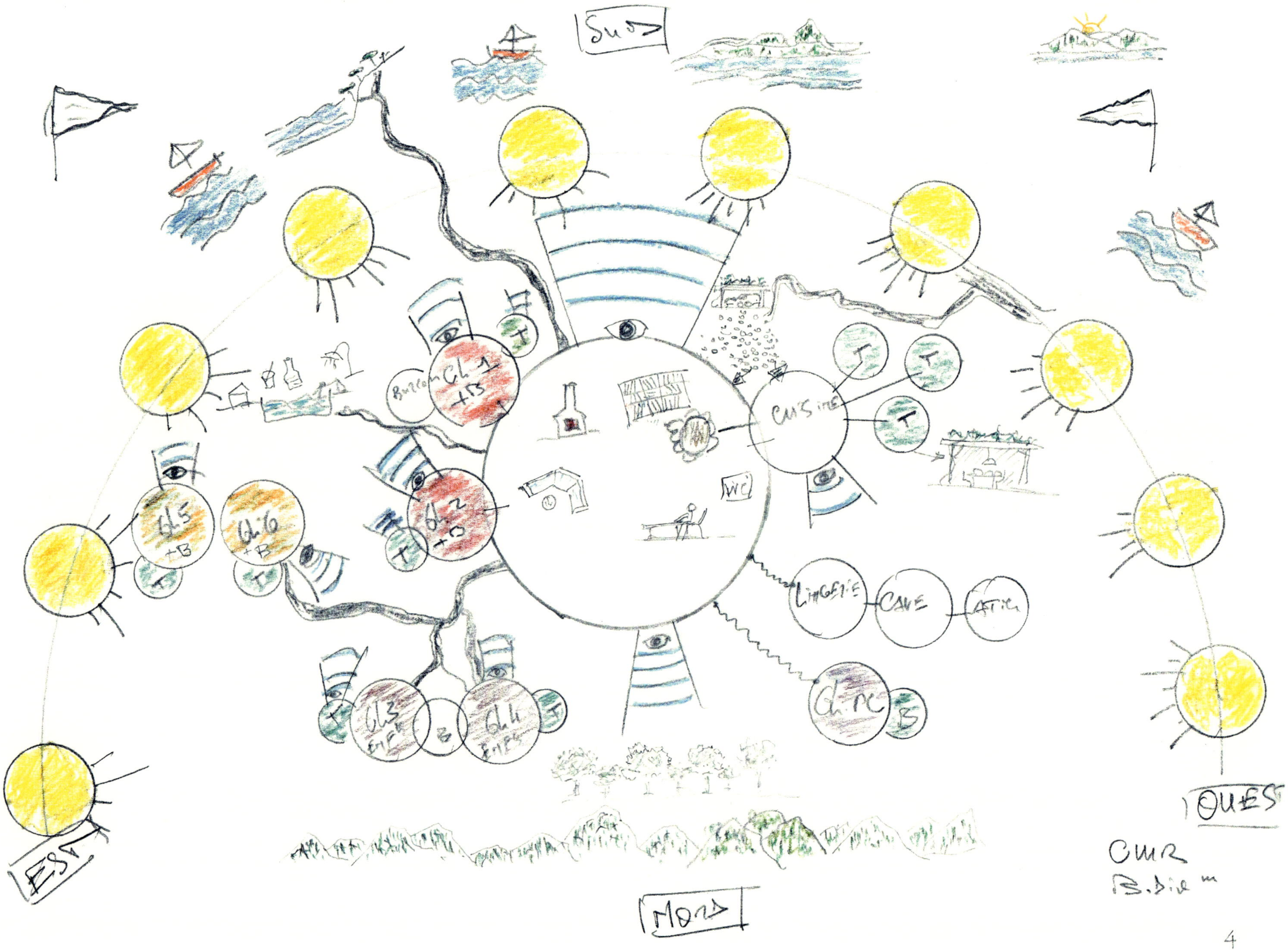
Sud
Est
Ouest
Nord
Cuisine
Lingerie
Cave
WC
4

26

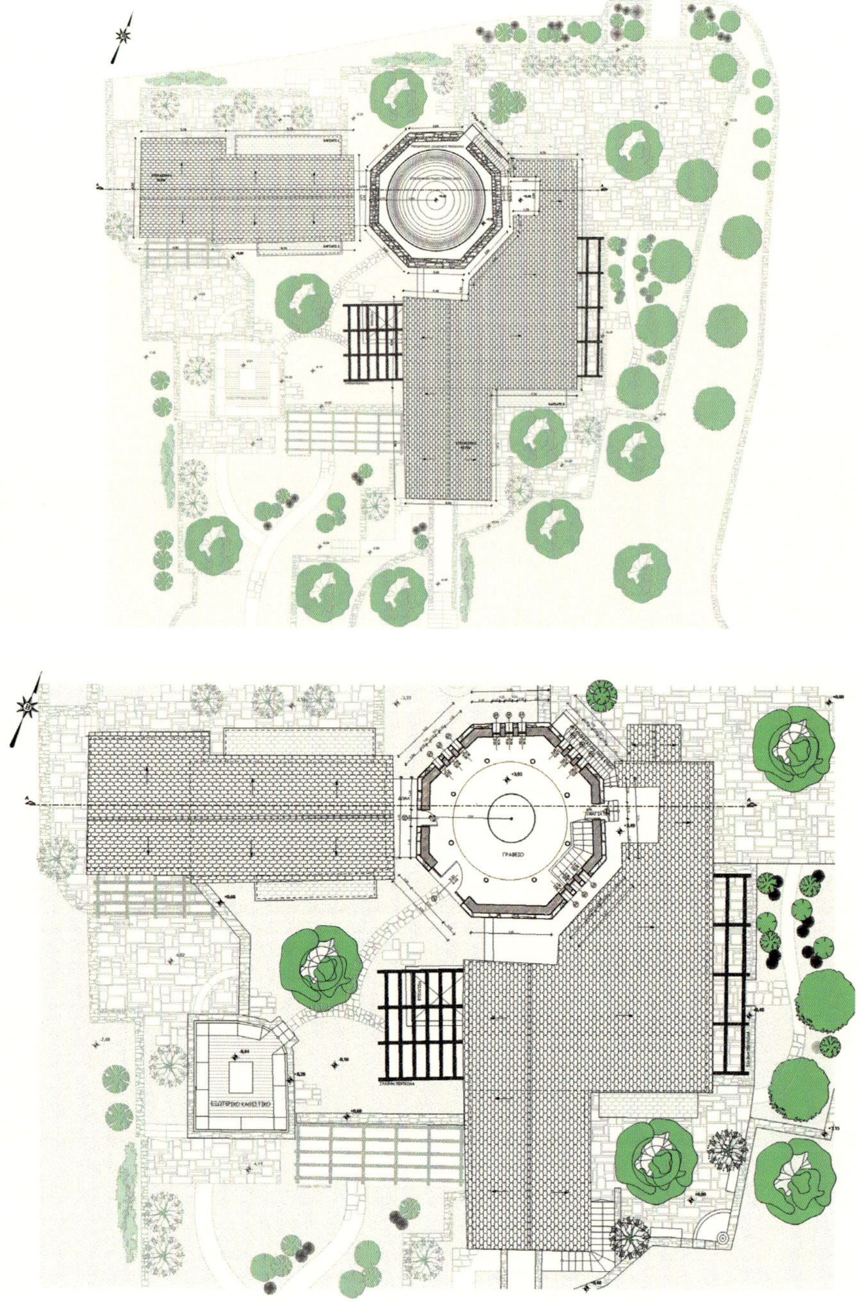

Plans de la toiture.
Plans of the roof.

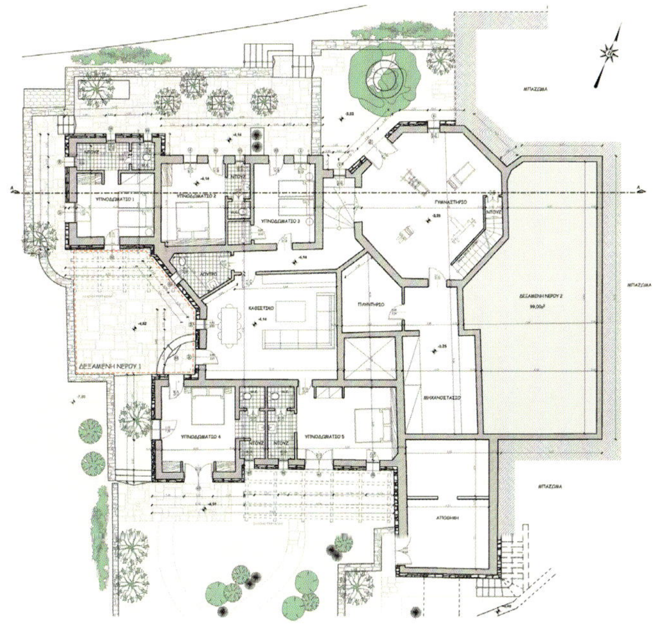

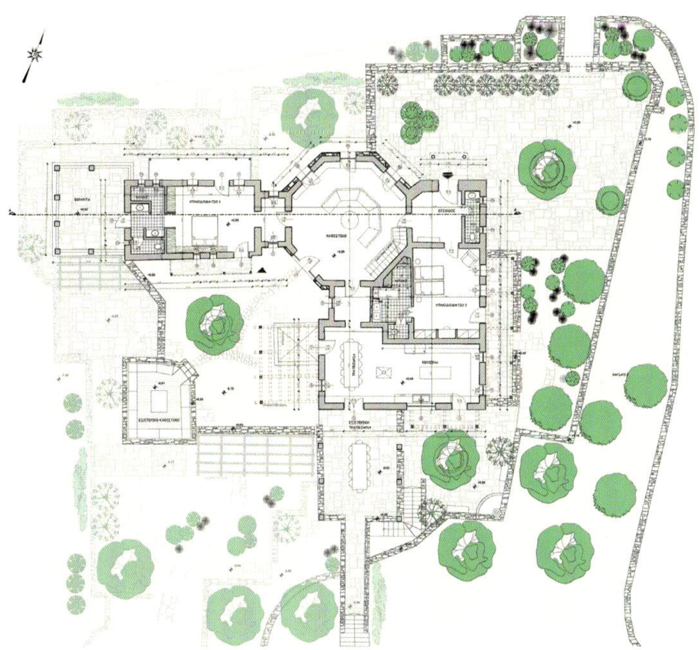

Plans du rez-de-jardin et du niveau 0.
Garden level and level 0 plans.

Kostas Polichroniou et son fils Vangelis sur les toits.
Kostas Polichroniou and his son Vangelis on the roof.

Entrée principale par la grande cour et vue
de la coupole qui surmonte la tour orthogonale.
Main entrance through the large courtyard and view of the cupola that tops the orthogonal tower.

Kostas Polichroniou possède encore le savoir-faire traditionnel : maçonnerie, charpente, couverture de lauzes...
Kostas Polichroniou still has traditional know-how: masonry, framework, slate roofing...

Cour ombragée devant les chambres des invités à la façon des terrasses des *cafenions* de villages.
Shaded courtyard in front of the guest rooms similar to the terraces of the kafenions *in the villages.*

Grande terrasse-salle à manger en prolongement de la cuisine.
Large terrace-dining room extending the kitchen.

Grande façade vitrée sur deux niveaux,
fabriquée en France
par des Compagnons serruriers.
Large façade glazed on two levels made in France by metalwork journeymen.

Coursive donnant sur le grand salon orthogonal.
Footpath opening on to the large orthogonal living room.

Terrasse ouest pour admirer le coucher du soleil et écouter de la musique.
Western terrace on which to admire the sunset and listen to music.

Le préau, salle à manger extérieure. Plateaux des tables en pierre d'Eubée, piètement en bois d'iroko.
Le Préau, outdoor dining room. Tabletops in Euboea stone, base in iroko wood.

Équipement, mobilier et photographies de Marc Held.
Furniture and photographs by Marc Held.

Capsari 2010–2012

A large manor

For certain lovers of the beauties of nature, our island, like Homer's Scheria, is dangerous. Like Odysseus, you risk falling in love with it and putting down roots.

And this is what happened to Dominique and Pierre-Yves. Some of their friends, whose house I had built, had convinced them to move to the island too. They had abandoned a family villa in the south of France and couldn't get over it. They hadn't imagined that they could still "redo their life." They visited a few plots of land with me, but without much conviction, until they discovered, a stone's throw from my house, a marvelous plot, one that was also steep, but ended, an extremely rare thing here, in an almost flat area. The plot, wild if ever there was one, scared Dominique, who was still living in the nostalgia of the elaborate Côte d'Azur gardens of her childhood. Pierre-Yves, an avid hunter in his free time, a man of the land, immediately saw the extraordinary resources of this part of the island and won the day.

I didn't follow my usual work routine, those long meetings for a better mutual understanding, those numerous visits to the land in question which I anyway knew because it was so near my own house.

Drawings and preliminary plans followed each other, many of them, and our fruitful periodic meetings resulted in the ensemble that you will better understand via the photographs and graphics I have selected.

If I were to summarize the approach that we adopted, I would describe it as a large manor with a broad flat terrace on the seaward side and a terrace on the garden side that is sheltered from the wind and sea spray; and a separate building for the bedrooms which are arranged lower down along the swimming pool, and which has its own garden.

This garden, with its wealth of potted plants that the owners had collected, resembled a larger version of the terraces that the island's women liked so much. There was an outdoor kitchen, an area for meals flanked by a fireplace for barbecues, and a bower: a Skopelos courtyard revisited!

In the large building there was a living room under its frame, two bedrooms, a kitchen and a staircase that led to a large underground utility area. On a lower level, three meters below that of the main building (the flat area nonetheless presented a slope parallel to the sea), there was an L-shaped construction that would in the past have been called "the commons," the area surrounding an atrium. Dominique had strongly insisted on recreating the character of those Provençal courtyards that she liked so much, with their clay floor and mulberry trees to offer protection from the Mediterranean sun.

The aborted JMH project had left me regretting, among other things, the swimming pool in the form of a wash house adjoining a stone wall. By chance, my friends Dominique and Pierre-Yves no longer wanted a very visible swimming pool right in the middle of such a pure natural environment, and nor did I. So I didn't have much trouble getting them to agree to my proposal. For this ensemble, I might end my commentary by quoting my great friend and colleague, to whom I owe so much, Jean-Loup Roubert: "Health, restraint." I could also say "less is more" or "elegance is economy."

To end this introduction in commentary form, I should tell you that Dominique and Pierre-Yves have definitively adopted Capsari, and, time and use having played their customary role, this has consoled them for having had to abandon their beloved Provençal house.

Une grande maison de maître…

Pour certains vrais amateurs des beautés de la nature, notre île à l'instar de la Schérie d'Homère est dangereuse. On risque d'en tomber amoureux et d'y prendre racine, comme le fit Ulysse.

Il en fut ainsi pour Dominique et Pierre-Yves. Certains de leurs amis, dont j'avais construit la maison, les avaient convaincus de s'y installer eux aussi. Ils avaient abandonné une villa familiale dans le sud de la France et ne s'en consolaient pas. Ils n'imaginaient pas qu'ils pourraient encore « refaire leur vie ». Ils visitèrent avec moi quelques terrains sans y croire jusqu'à ce qu'ils découvrent, à quelques encablures de ma maison, un merveilleux terrain pentu lui aussi mais se terminant, chose rarissime ici, par une zone quasi plate. Le terrain, sauvage s'il en fût, faisait peur à Dominique, qui vivait dans la nostalgie des jardins tellement élaborés de la Côte d'Azur de son enfance. Pierre-Yves, grand chasseur à ses heures, homme de la terre, vit d'emblée les ressources hors du commun de cette partie de l'île et il emporta la décision.

Je ne m'étendrai pas sur mon travail de routine habituel, longs entretiens permettant une meilleure connaissance réciproque, séjours nombreux sur le terrain que je connaissais d'ailleurs pour en être voisin.

Les dessins et les plans préliminaires se succédèrent, nombreux, et nos rencontres périodiques furent fructueuses et donnèrent le jour à l'ensemble que vous allez mieux connaître grâce aux photographies et documents graphiques que j'ai choisis.

Si je devais synthétiser le parti que nous avions adopté, je dirais ceci : une grande maison de maître avec sa large terrasse plate côté mer et sa terrasse côté jardin abritée des vents et des embruns ; un bâtiment distinct pour les chambres posées en contrebas au bord de la piscine et qui dispose de son propre jardin.

Cette terrasse riche en plantes en pot collectionnées par la propriétaire ressemble en plus grand aux dispositifs qu'affectionnent tant les femmes de l'île. Une cuisine extérieure, une zone repas flanquée d'une cheminée permettant les grillades, une tonnelle. Une cour skopelite revisitée !

Dans le grand bâtiment, un salon sous sa charpente, deux chambres, une cuisine et un accès par escalier à un grand sous-sol technique. À un niveau inférieur, moins 3 mètres, à celui du bâtiment principal (le terrain plat présentait tout de même une pente parallèle à la mer), on trouve une construction en forme de L qu'on aurait autrefois intitulée « les communs », ceux-ci entourant un atrium. Dominique avait beaucoup insisté pour retrouver le caractère de ces cours provençales qu'elle aimait, avec leur sol de terre battue et les muriers pour se protéger du soleil du Sud.

Le projet manqué JMH me faisait entre autres regretter la piscine en forme de lavoir accolée à un mur de pierre. Par chance, mes amis Dominique et Pierre-Yves n'avaient pas plus envie que moi d'avoir une piscine bien visible en plein milieu d'un environnement naturel aussi pur. Je n'ai donc pas eu de mal à leur faire accepter ma proposition. Je pourrais pour cet ensemble terminer mon commentaire en citant mon grand ami et confrère auquel je dois beaucoup, Jean-Loup Roubert : « Santé, sobriété. » Je pourrais dire aussi « *less is more* » ou bien « l'élégance, c'est l'économie ».

Pour terminer cette introduction en forme de commentaire, sachez que Dominique et Pierre-Yves ont définitivement adopté Capsari qui, le temps et l'usage ayant joué leur rôle, les a consolés d'avoir abandonné leur chère maison provençale.

CONTRAINTES DE FONCTION	CONTRAINTES TECHNIQUES	CONTRAINTES D'ENVIRONNEMENT	CONTRAINTES SEMIOLOG.
• UN SALON + SALLE À MANGER - CUISINE (CELLE-CI AU CŒUR DES TERRASSES). • UNE GRANDE CHAMBRE AVEC S.B. + DRESSING • UNE GRANDE CHAMBRE AVEC S.B. • UNE CHAMBRE D'AMIS AVEC S.B. • UNE CHAMBRE POUR PERSONEL • UN DEBOTTÉ + WC COMMUN • UN LOCAL TECHNIQUE + RANGEMT. + ATELIER • UN ABRI POUR VOITURES • UNE PISCINE CHAUFFÉE • UNE CITERNE ALIMENTÉE PAR UN PUITS ET CONNECTÉE À LA CITERNE DU KALIVI • DES TERRASSES NOMBREUSES • UNE GRANDE CUISINE EXT. (C.F. LA CAPELIERE)	• SURFACES IMPOSÉES : 280 M² • BATIMENT ANTISISMIQUE, ANTIFOUDRE • HAUTEUR REGLEMENT. À L'EGOUT : 7,50 M • BUDGET : VOIR DOCUMENT • PROTECTION CONTRE L'INTRUSION • FACILE D'ENTRETIEN • SYSTEME DE RAFRAICHISSEMENT ET DE CHAUFFAGE ECOLOGIQUE • FOSSE SEPTIQUE REGLEMENTAIRE • CREER UN ACCES VOITURES DISCRET JUSQU'AU BT. • CREER UN ACCES FACILE À LA MER • RESTAURER GARAGE À BATEAU • FAIRE APPEL AUX RESSOURCES LOCALES EN HOMMES ET MATERIAUX	• RESPECTER LES DISTANCES REGLEMENTAIRES À PARTIR DE LA MER • SE PROTEGER OU SE SERVIR, SELON LES CAS, DES VENTS, DE LA PLUIE ET DU SOLEIL • RESPECTER LES PRESCRIPTIONS DU PROGRAMME CONCERNANT LES VUES : - VERS LA MER - VERS LA TERRE • PREVOIR UNE ISOLATION SPECIFIQUE PAR ORIENTATION. UTILISER LES PRINCIPES DE L'INERTIE. • IMPLANTER DES TERRASSES ET DES ESPACES DE TRANSITION EN PRENANT EN COMPTE LES BESOINS D'ENSOLEILLEMENT OU D'OMBRE DETERMINÉS PAR LES SAISONS.	• RESPECTER "L'ESPRIT DU LIEU". • RECHERCHER : LA DISCRETION LA SERENITE • CREER UN BATIMENT NON "SIGNIFIANT" SOCIALEMENT = LE LUXE C'EST L'ESPACE • CREER UN BATIMENT NON PASSEISTE MAIS BIEN MESURER SON DEGRÉ DE MODERNITÉ - COLONIAL ? - SKOPELITE ? - CLASSIQUE ? (GREC) - AVANT-GARDE ?

en accord avec les maîtres d'ouvrage choisit la zone de construction
construire sur la zone plate au pied des collines et proche de la mer
un bâtiment sur 2 niveaux ? à éviter !
un monobloc ? mais dans ce cas grande surface étalée et zone central à l'ombre
ouvrir le centre du monobloc ? = déjà vu et trop coupé de l'environnement visuel

1

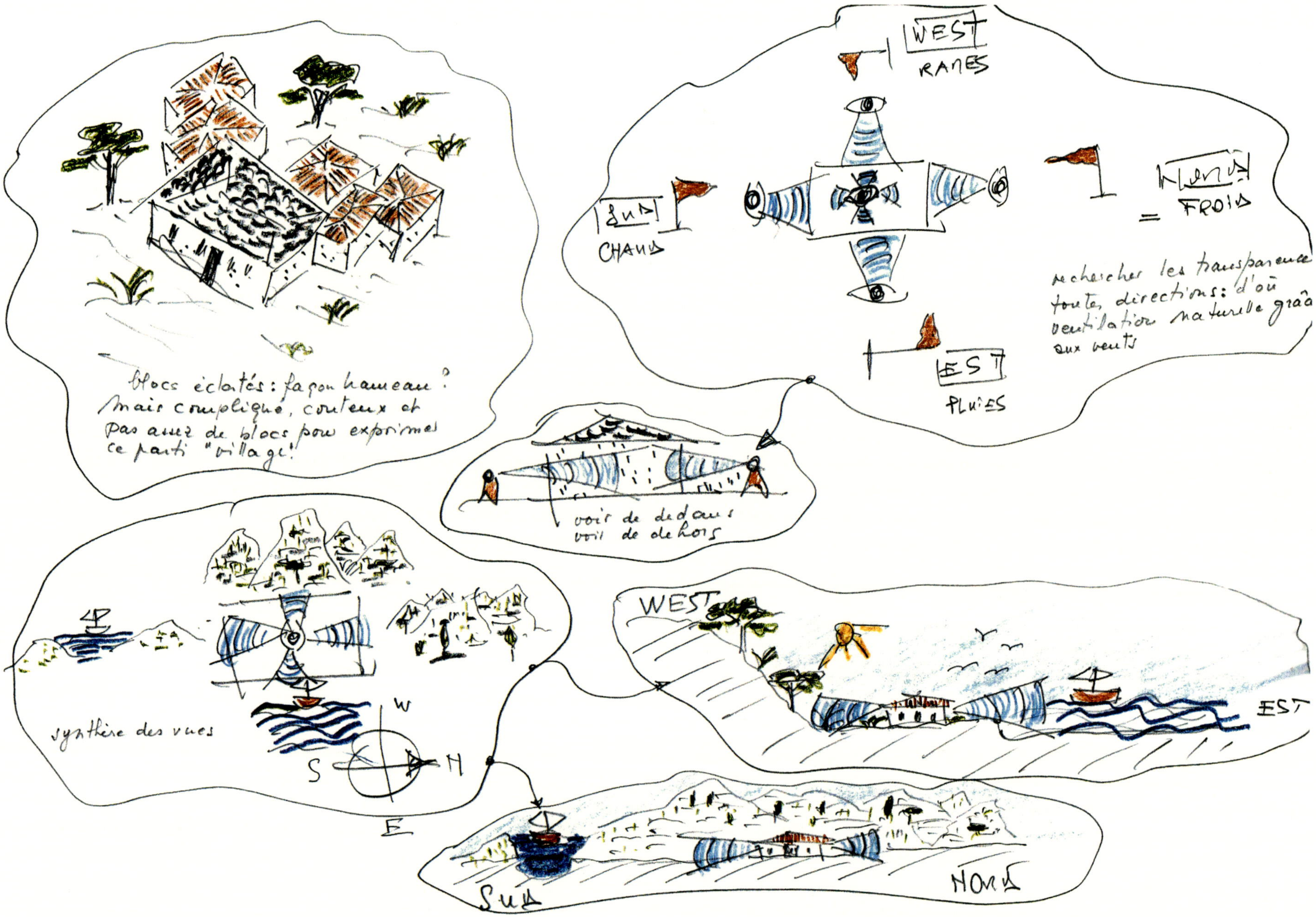
blocs éclatés: façon hameau?
mais compliqué, couteux et
pas assez de blocs pour exprimer
ce parti "village"!
WEST
RAFALES
SUD
CHAUD
NORD
FROID
rechercher les transparence
toutes directions: d'où
ventilation naturelle grâce
aux vents
EST
PLUIES
voir de dedans
voir de dehors
synthèse des vues
W
S
N
E
WEST
EST
SUD
NORD

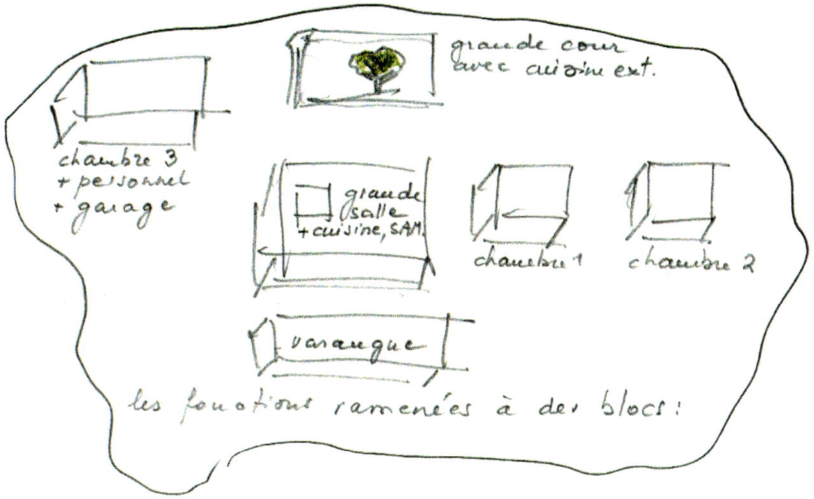

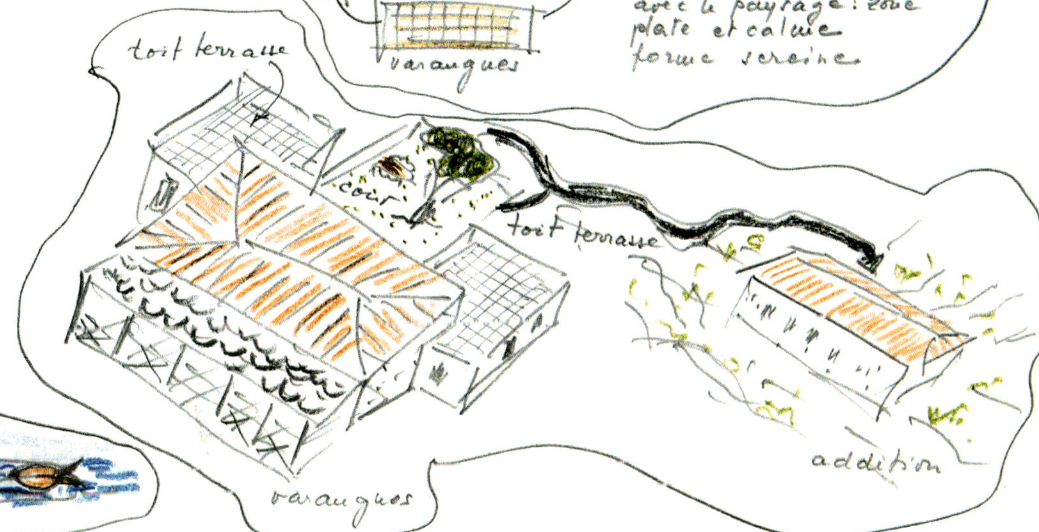

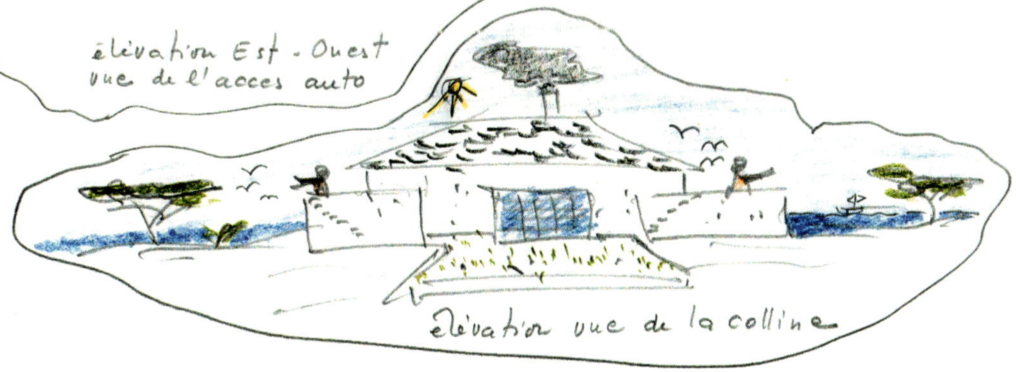

à partir de cette composition
il y a plusieurs possibilités
d'expression plastique :
= selon les matériaux choisis,
selon la nature des toits,
selon la géométrie des ouvertures
on peut infléchir, puis détermi[ner]
le "style final" du bâtiment

voir les exemples suivants tirés
du carnet de recherches

3

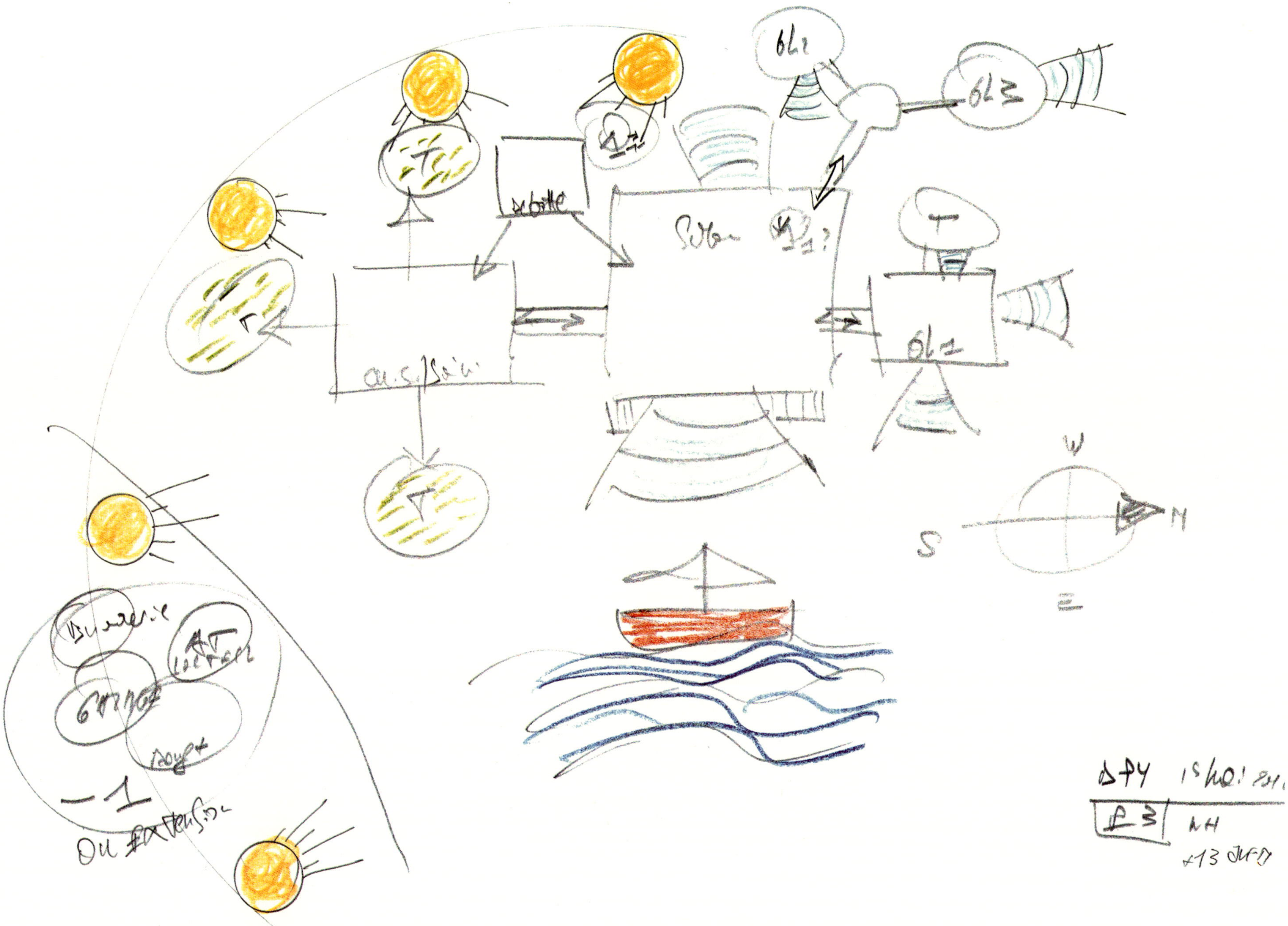

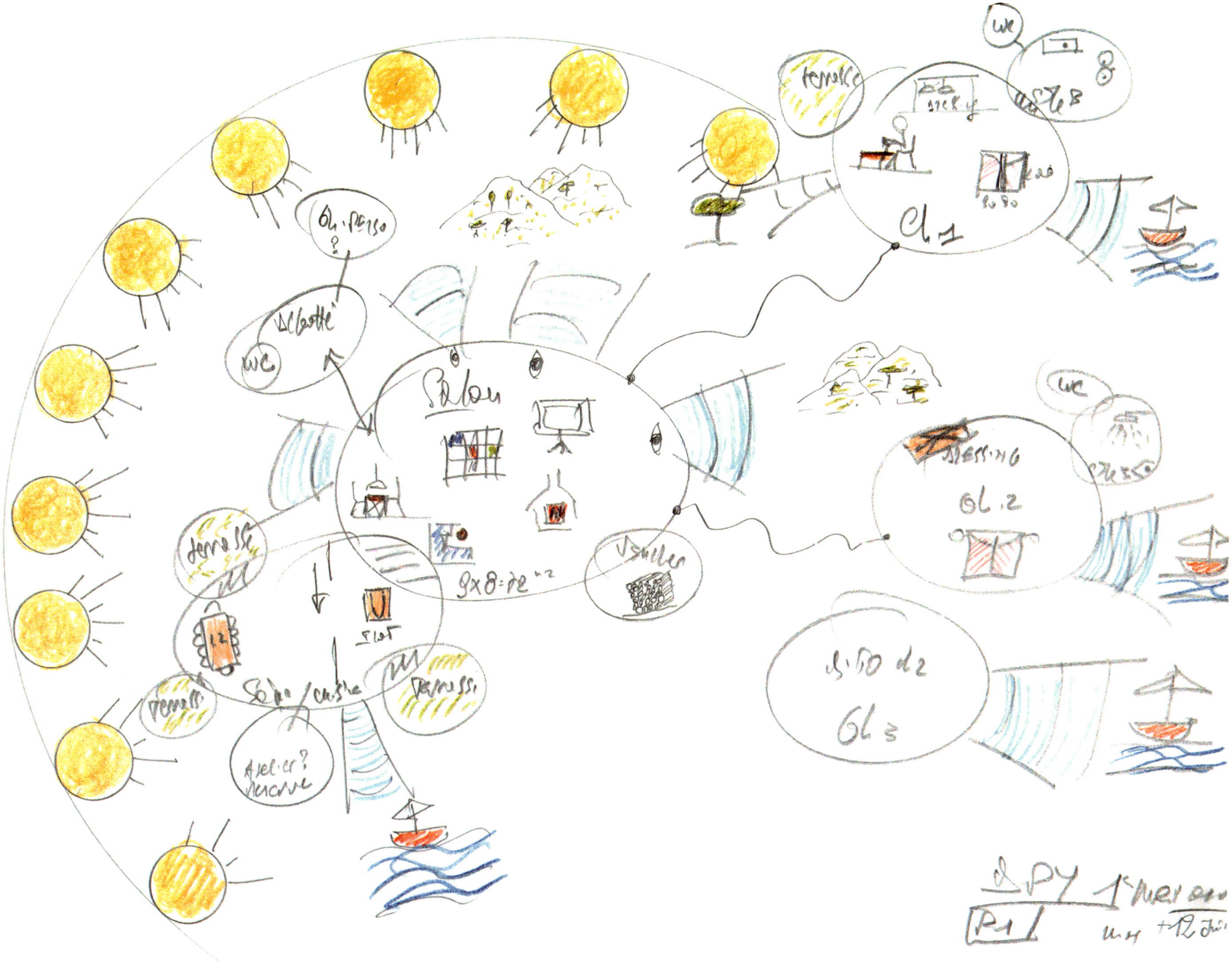
Salon
WC
WC
WC
terrasse
Dressing

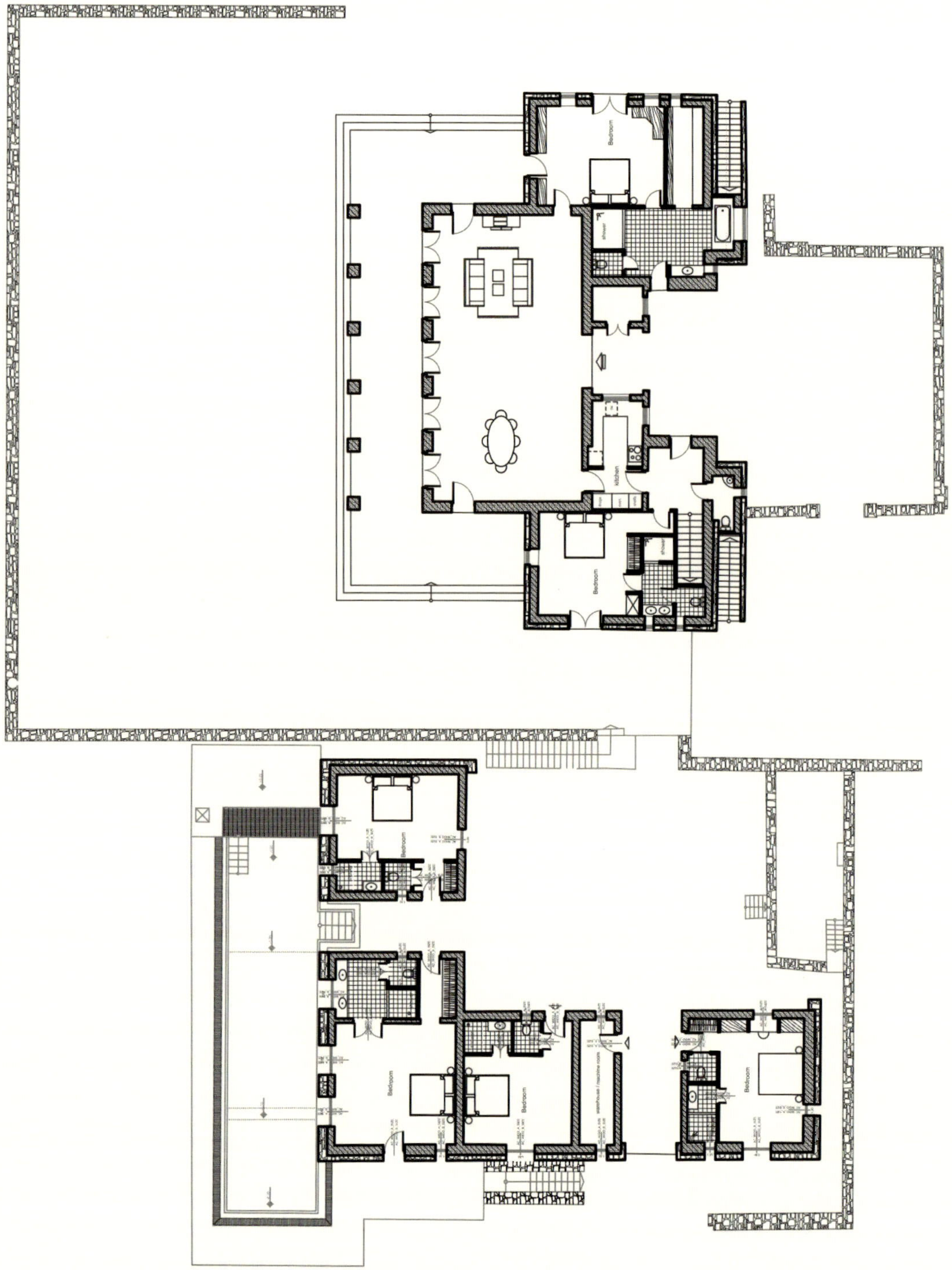

En haut, plan de la maison principale
avec la colonnade à l'est et la terrasse.
Chambre principale, séjour et cuisine.
En bas, plan de la maison d'hôtes avec
quatre chambres ouvertes sur la piscine.
Top, plan of the main house with the colonnade to the east and the terrace. Main bedroom, living room and kitchen.
Bottom, plan of the guest house with four bedrooms opening onto the swimming pool.

La dernière rencontre entre maître-d'ouvrages et maître-d'oeuvres a donné lieu à certains développements du projet. Par exemple la géométrie des toitures-charpentes et des colonnes de la véranda devrait être précisée. L'implantation des sdeB des blocks 1 et 2, de la cuisine-cellier ainsi que du "mud-room" devrait être améliorée. L'éventualité d'un bassin-miroir évoquée et représentée etc...

Ce dossier répond par l'image à ces demandes de développement et devra être l'occasion de prises de décisions.

Mais au-delà des ajustements fonctionnels devra être impérativement conservé le "Parti" initial du projet :

- se défier de toute affectation, de tout archaïsme autant que de l'esprit de mode.
- accompagner en toute humilité mais avec force la grandeur de la nature environnante !

M.H. le 2 II 2011

Commentaire de Marc Held en conclusion de la présentation de l'avant-projet.
Comments by Marc Held in conclusion to the presentation of the preliminary project.

Retour à la maison pour la famille et le pope de Glossa.
Dernier coup de collier avant l'arrivée des maîtres d'ouvrage. Sur le chantier, Kostas Polichroniou, Marc Held et son ami serrurier.
Return to the house for the family and priest from Glossa.
Last big push before the clients' arrival. On the construction site, Kostas Polichroniou, Marc Held and his friend the metal-worker.

Détail du chapiteau de la colonnade.
Vue de l'un des deux solariums.
Detail of the colonnade's capital.
View from one of the two solariums.

La grande façade vue de la mer.
The large façade seen from the sea.

À l'arrière de la maison, deux terrasses-solariums.
In the rear of the house, two terrace-solariums.

Cour d'entrée avec cuisine extérieure à l'abri du vent.
Entrance courtyard with outdoor kitchen sheltered from the wind.

Détail d'une génoise.
Vue de la maison d'hôtes « les pieds dans l'eau ».
Detail of a three-layer eave.
View of the guest house with "its feet in the water."

La cour en terre battue avec ses quatre mûriers de Chine – ou mûriers à papier. Lavande, grenadiers et agrumes.
The clay courtyard with its four Chinese – or paper – mulberry trees. Lavender, pomegranate and citrus trees.

Jeu optique inspiré des murs en brique artisanale des églises du nord de la Grèce. Croquis de l'architecte. Table en marbre noir avec son piètement en fils de métal. Chaises de Harry Bertoia

Optical design inspired by the artisanal brick walls of the churches in northern Greece. Sketch by the architect. Black marble table with wire leg assembly. Chairs by Harry Bertoia.

Grande terrasse face à la mer. Table et fauteuils *Wind Star* de 1984.
Large terrace facing the sea. Wind Star *table and armchairs designed in 1984.*

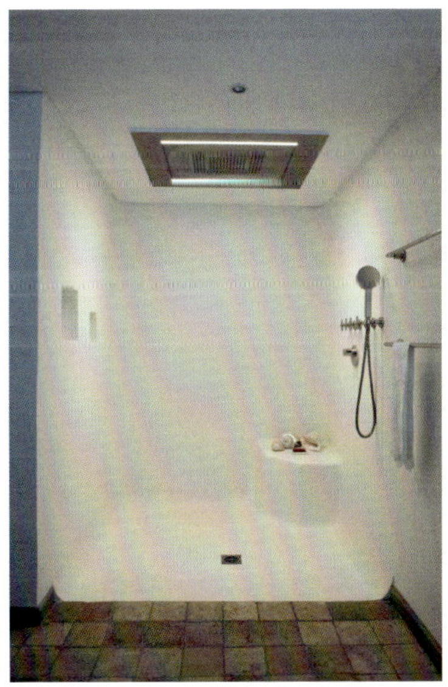

Dans le séjour, sous la charpente en châtaignier peinte en blanc, mobilier dessiné par Marc Held en 1983 pour IBM, La Lande, près de Montpellier.
In the living room, under the white-painted chestnut frame, furniture designed in 1983 by Marc Held for IBM, La Lande, near Montpellier.

Chaise sur piètement d'acier trempé dessinée pour les appartements de l'Élysée en 1983. Table portefeuille en cerisier et Formica blanc.
Chair on a tempered steel base designed for the Élysée apartments in 1983. Folding table in cherrywood and white Formica.

Une des six chambres et sa salle de bains, enduit tadelakt. Au-dessus du lit, tableau de Denis Rivière.
One of six bedrooms and its bathroom, Tadelakt coating. Above the bed, painting by Denis Rivière.

Kalivi 2010–2012

With the craftsmen

On the beautiful terrain of Capsari, in its upper region alongside the track, there were the ruins of a *kalivi*, in fact a minuscule stone farm in which the village farmers once lived during the summer months. They stayed there to work the vineyards that in times past covered the east coast of the island.

Converted to "modernism" and rejecting any trace of their pasts when they had lived in poverty, the villagers had let their beautiful stone buildings fall into ruin.

Discovering the original foundations, imagining the deteriorated or vanished walls and framework is an archeologist's job as well as an indispensable lesson in architecture: in this way you understand how our predecessors worked.

So I recreated the little farm's plan and adapted it to the functions that my friends wanted: a bedroom with a bathroom, a small common-room forming a dining room and kitchen.

To create the bathroom, I had a small addition in wood, like a hangar, built so as to remain a minor note compared to the stone building that I was going to reconstruct. I added an apse in the form of a semicircle on one of the short sides of the house. What a pleasure it was to see my craftsmen rediscover the gestures of yesteryear that we had believed were lost, and to be able to build a half-cupola covered with slate tiles, without ever having seen or done it before! I can't describe the pride of Dimitris Sideris, one of my carpenters, when he mounted a lintel and an arched door to access this small space.

The community I've formed with the craftsmen since I've practiced this profession is one of my greatest satisfactions. The exchanges of knowledge and the mutual respect and esteem are irreplaceable. These fraternal experiences have not made either me or my craftsmen rich, but they have given us infinitely more than money.

Avec les artisans…

Sur le beau terrain de Capsari, dans sa partie haute au bord de la piste, il y avait les ruines d'un *kalivi*, en fait une minuscule ferme de pierre dans laquelle résidaient autrefois pendant l'été les cultivateurs du village. Ils y étaient à pied d'œuvre pour entretenir les vignes qui couvraient autrefois la côte est de l'île.

Convertis au « modernisme » et rejetant toute trace de leur passé de pauvres, les villageois ont laissé tomber en ruine leurs belles bâtisses de pierre.

Retrouver les fondations originelles, imaginer les murs et la charpente dégradés ou disparus, c'est un travail d'archéologue et une incontournable leçon d'architecture : on comprend ainsi comment œuvraient nos prédécesseurs.

Je reconstituai donc le plan de la fermette et j'y adaptai les fonctions que m'indiquaient mes amis : une chambre avec une salle de bains, une petite pièce commune formant salle à manger et cuisine.

Pour créer la salle de bains, je fis construire une petite addition en bois à la façon d'un hangar afin de rester en mineur par rapport au bâtiment de pierre que j'allais reconstruire. J'ajoutai une abside en forme de demi-cercle sur un des petits côtés de la maison. Quel plaisir de voir mes artisans retrouver les gestes d'autrefois que l'on croyait perdus, et d'être capable de construire une demi-coupole couverte de lauzes, sans en avoir jamais vu ni exécuté ! Je ne décrirai pas la fierté de Dimitris Sideris, un de mes menuisiers, lorsqu'il monta un linteau et une porte cintrée pour accéder à ce petit local.

Ma communauté avec les artisans depuis que je pratique ce métier est une de mes plus grandes satisfactions. Les échanges de savoir dans le respect et l'estime réciproques sont irremplaçables. Ces expériences fraternelles n'ont pas enrichi mes artisans ni moi-même, elles nous ont donné infiniment plus.

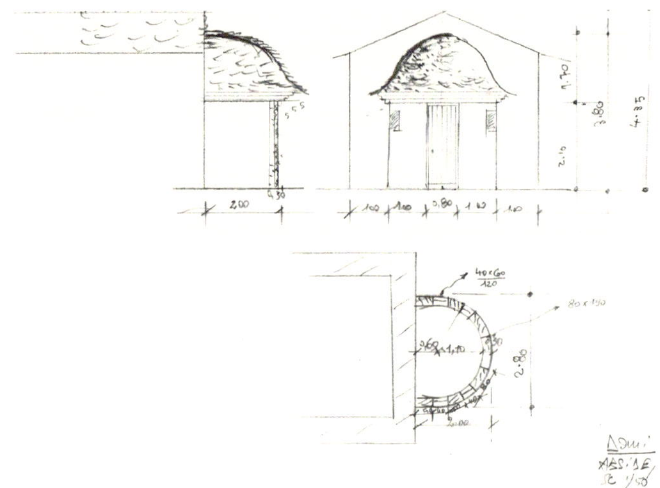

Ajoutées au plan initial du *kalivi*, sur le mur-pignon, une abside et sa demi-coupole font fonction d'abri de jardin.
Added to the initial plan of the kalivi, *on the gable wall, an apse and half-cupola act as a garden shelter.*

Côté cuisine, cheminée traditionnelle
du village de Glossa, restaurée.
Page de droite, vue sur la chambre.
*On the kitchen side, traditional fireplace
from the village of Glossa, restored.
Right-hand page, view on the bedroom.*

Détails de la salle de bains : meubles en teck fabriqués par l'ébéniste Dimitris Sideris.
Details of the bathroom: teak furniture made by the cabinet-maker Dimitris Sideris.

Projet AG 2016

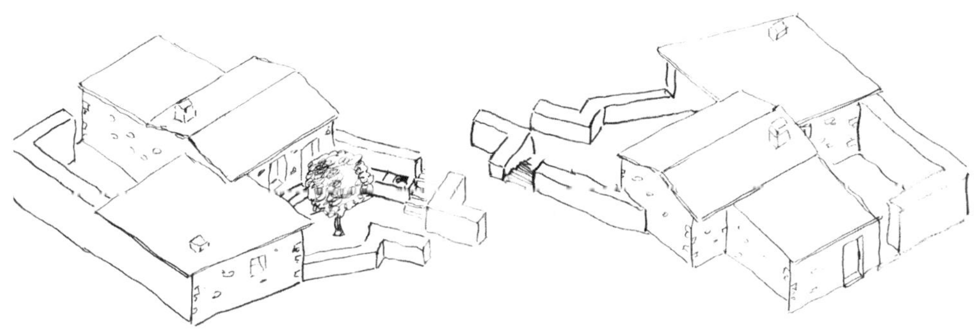

The archbishop Colloredo told Mozart...

I've already described how one of my projects fell through. DFW and I had spent too much time dreaming without either of us being concerned with the material realities.

DFW ended up selling his land to Nina, who thought about building a new house on it for her children. I partially restored a tiny and exciting group of stone constructions for her. For once, it wasn't just a simple parallelepiped volume but three small intertwined blocks, one of which formed a canopy. The result was a wonderful combination of solids and voids.

Nina decided to sell this plot and a Franco-German couple bought it. They in turn had fallen in love with the island after having stayed with us on several occasions.

During the very many summer meetings we had in the *kafenions* of the Loutraki port, we worked out the program, me penciling in the evenings to show them the progress of my research the next day. A big mistake, I think! Never show work underway to your public. Only present the finished phases, because there is a great risk of creating a climate of uncertainty in the client as well as the project manager. In the theater, it would be like inviting the public to the rehearsals, or for the cinema, having spectators on set during shooting. Nevertheless, after long discussions, we arrived at a consensus: the *kavili* would serve as a spare bedroom with its own bathroom, the room under the canopy would remain what it had always undoubtedly been, a transition space "between the outside and the inside," a sort of veranda to be used as a shelter from rain or sun. The common areas and a new bedroom would be brought together in a single building that wouldn't be constructed in stone but, here too, like the bath house of the *kalivi* of Capsari, in wooden planks like a large hangar.

Hughes d'Achon, who had had his first professional experience with me ages ago, would come to see me every year with his wife Caroline. It was with real pleasure, at the end of that summer, that we renewed our former connection: we discussed the project, did drawings together (and God knows how wonderfully Hughes draws), and gave the project its final form. It was a wooden building slightly but clearly separated from the *kavili*, extensively glazed on the side facing the setting sun and enriched with large terraces mounted on log piles.

My clients loved it, and I moved on to the phase of reality: costing each of the construction's components to make sure that we stayed within the price parameters. A few months later, my two clients returned to the island and once again expressed their enthusiasm, so we began to organize the details: producing administrative documents, drawing the details and launching bids.

My two friends went home, and for me, as we say in the trade, it was a case of "Just get on with it." Indeed, I don't mind taking care of those tasks that some people consider mundane. When the aim is exciting, every trade has its value. So I went to work, and my "clients" came to see me a few months later to tell me "important things..." Those important things were that they had been thinking and they wanted to change this and that; that despite their agreement on the numerous representations of the project, they wanted to go back to the drawing board on everything, they had had some ideas, etc., etc.

In a country, notably ours – but Greece is no better in this respect – the absence of an architectural culture is obvious. Everyone believes he can design and build his house himself, as if a music lover could take up a violin tomorrow and spontaneously play correctly.

Colloredo dit à Mozart…

J'ai déjà raconté comment un de mes projets était tombé à l'eau. DFW et moi-même avions trop rêvé sans nous soucier l'un comme l'autre des réalités matérielles. DFW finit par vendre son terrain à Nina qui envisageait d'y faire bâtir une nouvelle maison pour ses enfants. Je restaurai pour elle et partiellement un minuscule et passionnant ensemble de constructions en pierre. Pour une fois, il ne s'agissait pas seulement d'un simple volume parallélépipédique mais de trois petits blocs imbriqués dont l'un en forme d'auvent. En vérité une belle combinaison de pleins et de vides.

Nina se décida à vendre ce terrain, et c'est un couple franco-allemand qui l'acheta. Ces gens étaient à leur tour tombés amoureux de l'île après avoir résidé plusieurs fois chez moi.

Lors de très nombreuses rencontres estivales dans les *kafenions* du port de Loutraki, nous établîmes le programme, moi crayonnant le soir pour leur montrer l'avancement de mes recherches pendant la journée. Grosse erreur, je pense ! Ne jamais montrer à son public le travail en cours. Ne présenter que des étapes abouties, car le risque est grand de créer un climat d'incertitude aussi bien chez le maître d'ouvrage que chez le maître d'œuvre. Au théâtre, ce serait comme inviter le public pour les répétitions, et pour le cinéma, convier des spectateurs pendant le tournage. Néanmoins, après de longs débats, nous parvînmes à un consensus : le *kalivi* servirait de chambre d'appoint avec sa salle de bains, la pièce sous l'auvent resterait ce qu'elle avait toujours été, sans doute, un espace de transition « entre le dehors et le dedans », une sorte de varangue pour se tenir à l'abri de la pluie ou du soleil. Les parties communes et une nouvelle chambre seraient regroupées dans un seul bâtiment que l'on ne construirait pas en pierre mais, là encore, comme pour la salle de bains du *kalivi* de Capsari, en planches de bois tel qu'un grand hangar.

Hugues d'Achon, qui avait fait ses premières armes chez moi il y a des lustres, vient chaque année me voir avec sa femme Caroline. C'est avec un plaisir très particulier que nous reprîmes à la fin de cet été-là notre ancienne complicité : nous discutâmes du projet, crayonnâmes ensemble (et Dieu sait si Hugues dessine admirablement) et nous donnâmes une forme finale au projet. Une bâtisse en bois légèrement mais clairement détachée du *kalivi*, largement vitrée du côté du soleil levant et enrichie de grandes terrasses montées sur pilotis de rondins.

Mes interlocuteurs adorèrent, et je passai à la phase réaliste : chiffrer chacune des composantes de cette construction afin de nous assurer que nous nous tenions bien dans les limites du coût d'objectif. Quelques mois plus tard, mes deux maîtres d'ouvrage revenus sur l'île m'exprimèrent de nouveau leur enthousiasme et nous en étions à organiser les détails de l'opération : produire les pièces administratives, dessiner les détails et lancer les appels d'offres.

Mes deux amis rentrent chez eux et comme on le dit dans le métier : « Y'a qu'à, faut qu'on. » Il ne me déplaît pas, d'ailleurs, de me charger de ces tâches que certains considèrent comme vulgaires. Quand le but est exaltant, n'existe pas de sots métiers. Je me mis donc à l'œuvre, et mes « clients » revinrent me voir quelques mois plus tard pour me dire « des choses importantes… » Ces choses importantes, c'était qu'ils avaient réfléchi, qu'ils voulaient changer ceci ou cela, que malgré leur adhésion aux nombreuses représentations du projet, ils voulaient tout remettre en question, qu'ils avaient des idées, etc.

Dans un pays, le nôtre – mais la Grèce n'est pas mieux lotie dans ce domaine –, l'absence de toute culture architecturale est patente. Chacun croit pouvoir concevoir et construire sa maison soi-même, comme si un amateur de musique pouvait prendre demain un violon et en jouer spontanément correctement.

...that there were too many notes

It has happened to me, alas rather often, that I've had to say or write to clients that, if they wanted to hire an architect to be their compliant executor, I wasn't their man and that they should look for a professional with a spine more flexible than mine. What would one say about a fan of a certain painter who asked him to put a little more blue in the upper corner of his canvas?

The archbishop Colloredo told Mozart that there were too many notes in his score. Some people will retort that it isn't the same for architecture, that it's a "mechanical" art.

Let's talk about it! The respective roles of the architect and the client must be totally clear in order to avoid misunderstanding. Architects are responsible for their program and they must clearly express this to their client, who will nevertheless play a role in drawing up this essential document. The choice of an architect is on the one hand objective, since you select a professional who you know is serious. But it is also subjective, because beyond professionalism you look for a creator whose style, whose artistic value you respect. If the architect is a good professional, he will make every effort to be irreproachable in practical and material matters: the budget, timelines, techniques. If this is the case, he then obtains the right to a creative freedom that can't be challenged. In short, if he has scrupulously respected the imposed constraints, and if the forms he has chosen to show are accepted by his clients, he is then definitively the boss of the project. No little spot of blue in the upper corner of the canvas, don't ask me midway to move and get rid of a particular window, etc.

You'll have guessed what became of my wonderful project: I returned the documents to my two clients, and asked them "take a walk."

...qu'il y avait trop de notes

Il m'est arrivé, hélas assez souvent, d'avoir à dire ou à écrire à des clients que, s'ils engageaient un architecte pour leur servir de main, je n'étais pas leur homme, et qu'ils devraient chercher un professionnel à l'échine plus souple que la mienne. Que dire d'une situation où l'amateur d'un artiste peintre lui demanderait de mettre un peu plus de bleu dans le coin supérieur de sa toile ?

L'archevêque Colloredo dit à Mozart qu'il y avait trop de notes dans sa partition. Certains rétorqueront qu'il n'en est pas de même pour l'architecture, que c'est un art « mécanique ».

Parlons-en ! Les rôles respectifs du maître d'œuvre et du maître d'ouvrage doivent être parfaitement clairs pour éviter tout malentendu. Les maîtres d'ouvrage sont responsables de leur programme et ils doivent exprimer celui-ci avec clarté à leur maître d'œuvre qui participera d'ailleurs à l'élaboration de ce document essentiel. Le choix d'un architecte est objectif d'un côté, on sélectionne un professionnel dont on connaît le sérieux. Il est subjectif, d'un autre côté, car au-delà du professionnalisme, on cherche un créateur dont on respecte le style, la valeur artistique. Si l'architecte est un bon professionnel, il fera en sorte d'être irréprochable dans les domaines pratiques et matériels : le budget, les délais, les techniques. Si c'est le cas, il obtiendra alors le droit à la liberté créative qui ne pourra pas lui être contestée. En un mot, s'il a scrupuleusement respecté les contraintes imposées et si les formes qu'il a choisi de montrer sont acceptées par ses maîtres d'ouvrage, il est définitivement le patron du projet. Pas de petite tache de bleu dans le coin supérieur de la toile, ne me demandez pas en cours de route de déplacer et de supprimer telle fenêtre, etc. Vous devinez ce qu'il advint de mon beau projet, je remis les documents à mes deux interlocuteurs en leur demandant « d'aller voir ailleurs si j'y étais ».

CONTRAINTES

Fonctions

- Kaliv. : 1 ch.
  - 1 sdb
  - 1 wc/séjour
- Neuf : 1 salon + cuisine
  - 1 ch + sdb
  - wc/séjour
  - terrasse grande
  - 1 wc extérieur
- Piscine à implanter

Ouverture :
- ensoleillé
- grands rangements
- 9 de 41 / 4 rangements

Techniques

- Budget
  - très limité
- attention aux troupeaux
  - bordures
- conserver la "magie" du kaliv. et des lieux
- lois :
  - urbanistiques
  - hauteur max 9.50
  - pas excéd. 205 m2
  - style
- eau :
  - cuve/citerne
  - alimentation de la ville ?
  - citerne
- l'électricité :
  - solaire ?
  - de nationale
- planchers bois
- toits : tuiles anciennes
  - tôle
  - Eternit !!
- appel aux personnes locales !!

Environnement

"voir" la mer !!

- protéger et conserver un max d'arbres.
- peu de grilles ou de volets de protec
- prendre les éléments en compte
  - soleil
  - pluie
  - vents.

Sémiologie

- s'intégrer dans la nature
- être discret
- respecter l'esprit du lieu.
- être en "mineur" par rapport au kaliv.
- références :
  - la cabane
  - le hangar
  - la remise
  - le bateau
  - la grange

7

SITUATION ACTUELLE
ZONE LIBRE
ROC
COTES MAX
CAS TRANSVERSAL
LONGUEUR LIBRE
LARGEUR LIBRE
ESPACES DISPONIBLES
3 VUES
ACCÈS
ORGANISATION INTERNE

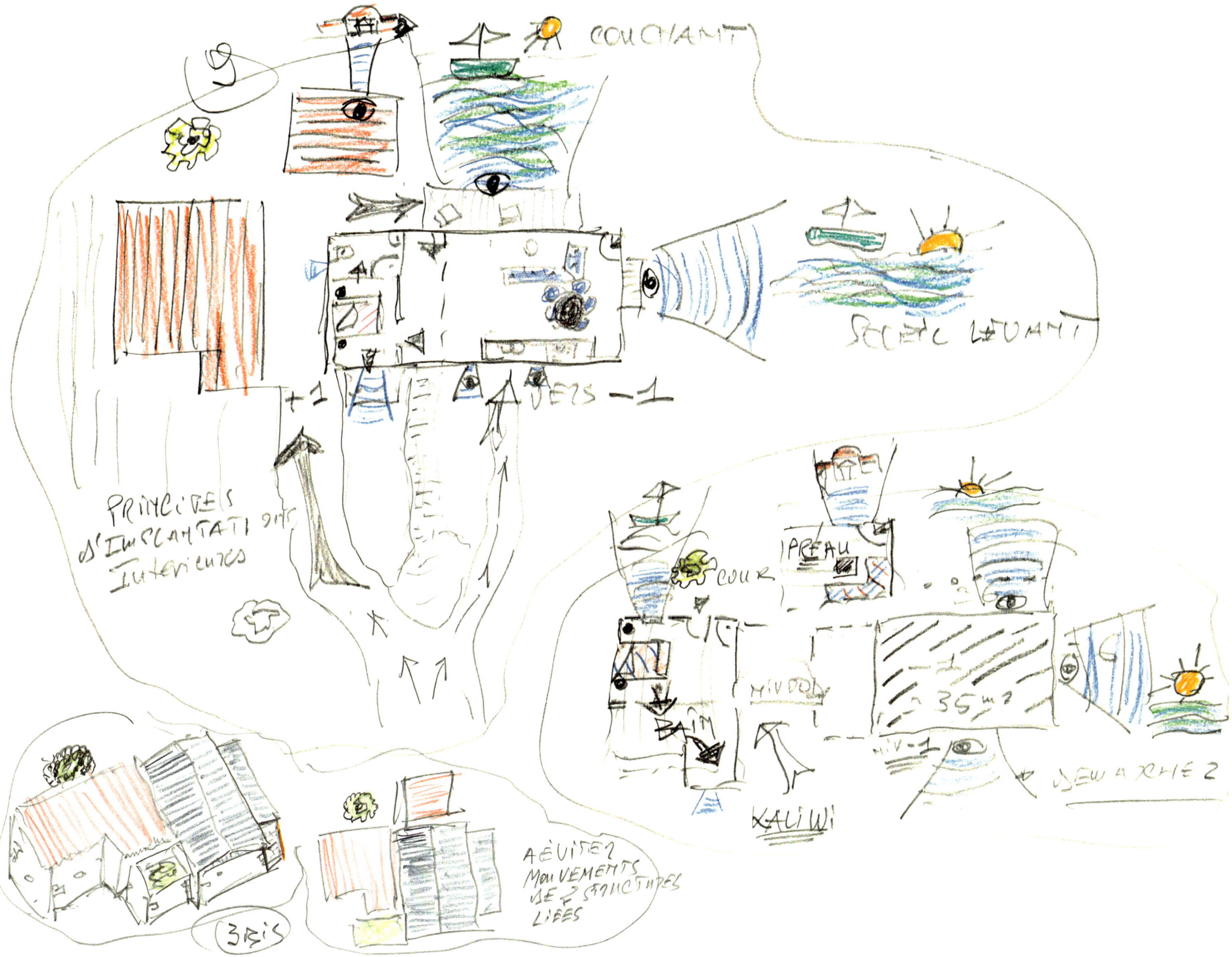
COUCHANT
SOLEIL LEVANT
+1
VERS -1
PRINCIPES D'IMPLANTATIONS INTERIEURES
PREAU
COUR
NIVEAU
BAIN
35 m2
NIV -1
DEMARCHE 2
KALIWI
A ÉVITER MOUVEMENTS DE 2 STRUCTURES LIÉES
3 BIS

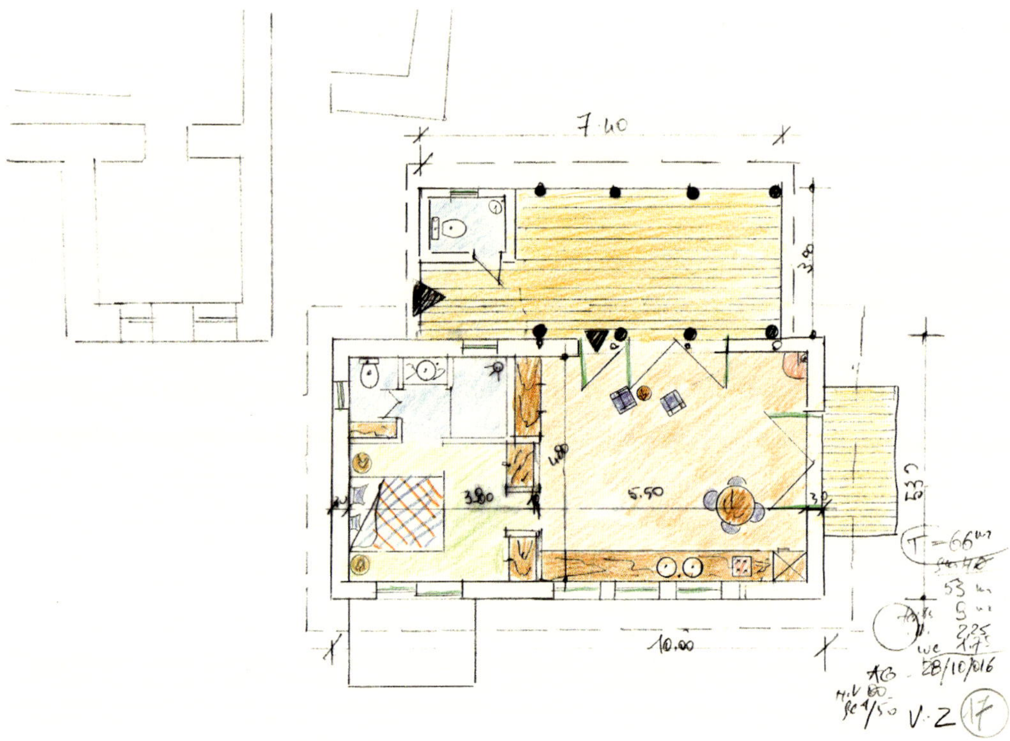

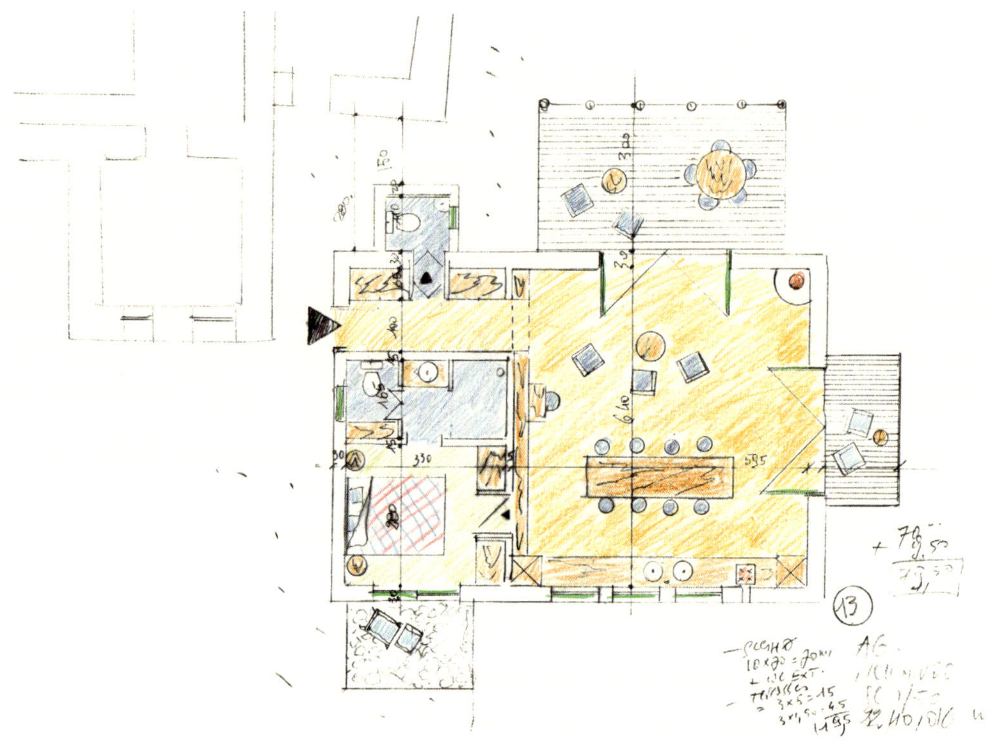

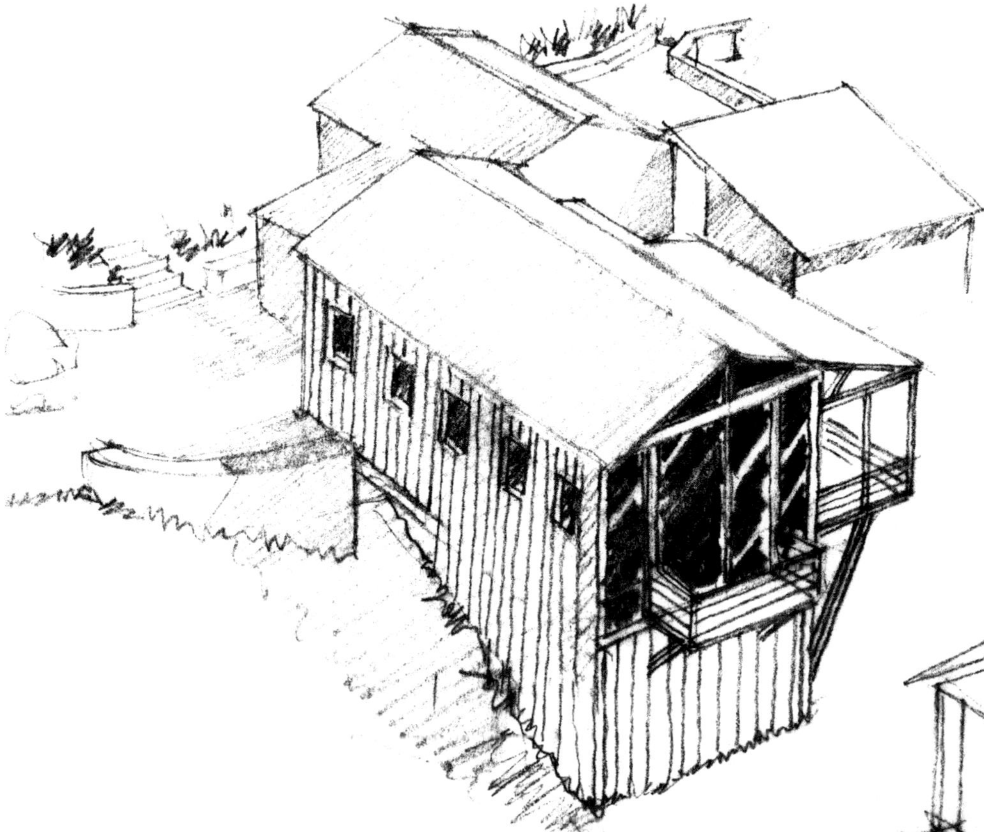

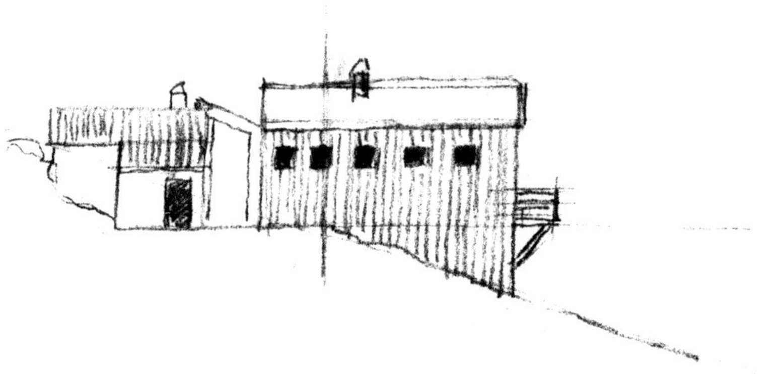

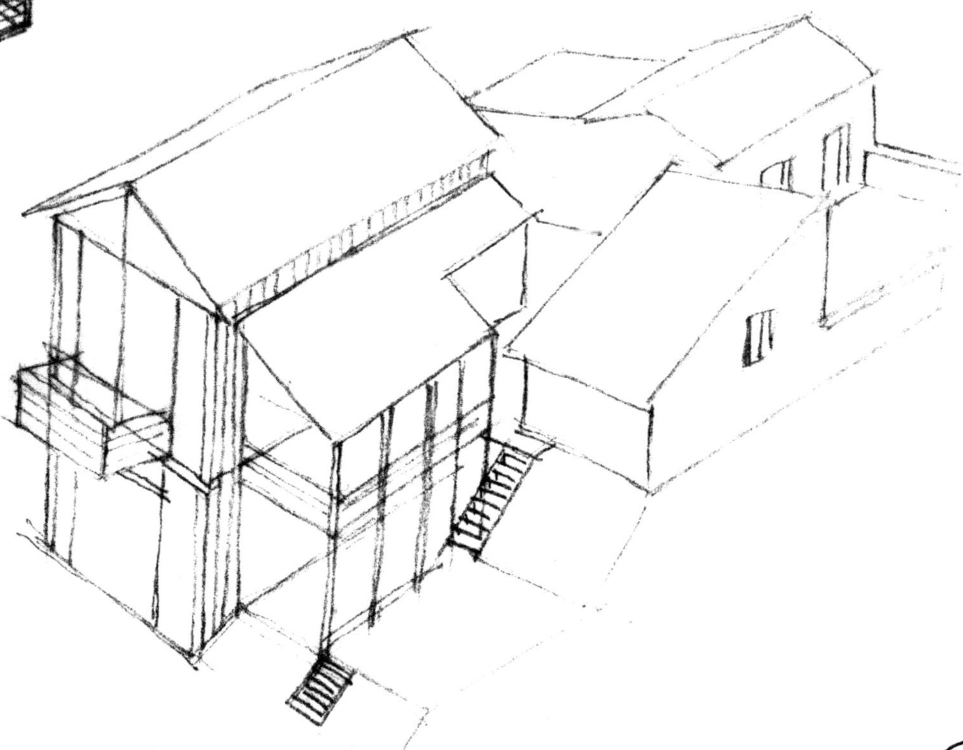

32

La Maison bleue 2017–2019

Above all, don't forget the spirit of the place

The architect's great dilemma: to demonstrate his talent and his inventiveness by producing an original work at any cost... and if possible a masterpiece.

A fellow citizen, and moreover a designer himself, had bought land close to our house and came to ask advice from the "elder," as he considered me. The bare land offered a gorgeous panorama, but could be seen from everywhere. I therefore advised him to keep a low profile: "have all the fantasies you want, if you feel the need, but don't go transforming this idyllic landscape by putting into practice that horrible saying – 'I love you so much I'll kill you'."

The creation of an architectural object can't be considered without it also being properly inserted into its environment. To build is also to intervene on and to modify a site, and the designer's responsibility is great if he doesn't consider what another of my masters, Prof. René Dubos, one of the fathers of ecology, asserted: "Above all, don't forget the spirit of the place." I will never forget my first reading of his *Courtisons la terre*, a wonderful invitation to love and protect our planet.

My neighbor did nothing of the sort; despite my advice, he built a baroque mound that moreover he never finished and that irreparably spoiled this part of the island. I can't judge the aesthetic result of his work in advance because it isn't finished, but what is certain is that it impudently and permanently lords over what was once a splendid terrain.

Designing and constructing buildings on our beloved island has made me confront this question in the form of a dilemma ever since I arrived. The long studies that I devoted to the vernacular architecture of the regions became concrete through the book that I talked about earlier. Like Béla Bartók in music, I have always been passionate about folk art and my research shows this. A large part of my work on the island consists of variations on Skopelos themes, without trying at any cost to demonstrate my dexterity. I'm often asked if a given building that I designed has been there for a long time and it's a compliment that gratifies me. The conservatives, however, have criticized me for betraying traditions, whereas modernists of all sorts, those that Blaise Cendrars called the "firefighters of the avant-garde," have accused me of being a conservative. I assume I am "sitting on the fence" in this case.

I had to build this blue house in an olive grove that was literally Virgilian, where the slope of the land would make the future construction visible from the sea. So I decided to keep a low profile, treating the building as a sort of conservatoire of vernacular architecture. The continuity of traditional know-how was another good reason for me to use this approach.

But the desire to one day have the chance to design a building in a "totally contemporary vernacular" spirit has always been with me, and my last projects here, I hope, demonstrate it.

Surtout n'oubliez pas l'esprit d'un lieu

Un grand dilemme pour un architecte : faire démonstration de son talent, de son inventivité en produisant une œuvre originale à tout prix… et si possible un chef-d'œuvre.

Un compatriote, designer au demeurant, avait acheté un terrain proche de notre maison et il était venu demander conseil au « vieux » que j'étais pour lui. Ce terrain dénudé offrait un panorama magnifique, mais il était vu de partout. Je lui conseillais donc de faire profil bas : « Toute la fantaisie que tu voudras, si tu en éprouves le besoin, mais ne viens pas transformer ce paysage idyllique en mettant en pratique cet affreux slogan : "je t'aime et je te tue". »

La création d'un objet architectural ne peut pas être considérée sans sa bonne insertion dans son environnement. Construire, c'est aussi intervenir, modifier un site, et la responsabilité du concepteur est grande s'il ne tient pas compte de ce qu'affirmait un autre de mes maîtres, le professeur René Dubos, un des pères de l'écologie : « Surtout n'oubliez pas l'esprit d'un lieu. » Je n'oublierai jamais pour ma part, ma première lecture de son *Courtisons la terre*, merveilleuse invitation à aimer et à protéger notre planète.

Mon voisin n'en fit rien ; il construisit malgré mes conseils un monticule baroque qu'il n'a jamais d'ailleurs terminé et qui a irrémédiablement gâché cette partie de l'île. Je ne peux pas préjuger du résultat esthétique de son œuvre puisqu'elle n'est pas finie, mais ce qui est certain c'est qu'elle trône avec impudence et pour longtemps sur un terrain autrefois magnifique.

Concevoir et construire des bâtiments dans notre île bien aimée me fit m'affronter à cette question en forme de dilemme dès mon arrivée ici. Les longues études que je consacrai à l'architecture vernaculaire de la région se concrétisèrent par un livre dont j'ai parlé plus haut. À l'instar d'un Béla Bartók pour la musique, j'ai toujours été passionné par l'art populaire et mes recherches l'attestent. Une grande part de mon travail insulaire consiste en variations sur des thèmes skopelites sans chercher à tout prix à faire la démonstration de ma dextérité. On me demande souvent si tel de mes bâtiments était là depuis longtemps, et c'est un compliment qui me comble. Mais les conservateurs m'ont vivement reproché de trahir les traditions, alors que les modernistes à tous crains (*sic*), ceux que Blaise Cendrars nommait les « pompiers de l'avant-garde », m'accusent d'être un conservateur. J'assume d'avoir le « c[illegible] entre deux chaises » en cette occurrence.

Cette Maison bleue, je devais l'implanter dans une oliveraie littéralement virgilienne, et l'inclinaison du terrain rendait la future construction visible de la mer. Je choisis donc de faire profil bas, traitant cette construction comme une sorte de conservatoire de l'architecture vernaculaire. La pérennité de savoir-faire anciens fut une autre bonne raison de m'en tenir à ce parti.

Mais l'envie d'avoir un jour l'occasion de concevoir un bâtiment d'un esprit « vernaculaire totalement contemporain » ne m'a toujours pas quitté, et les derniers de mes projets ici en font, je l'espère, la démonstration.

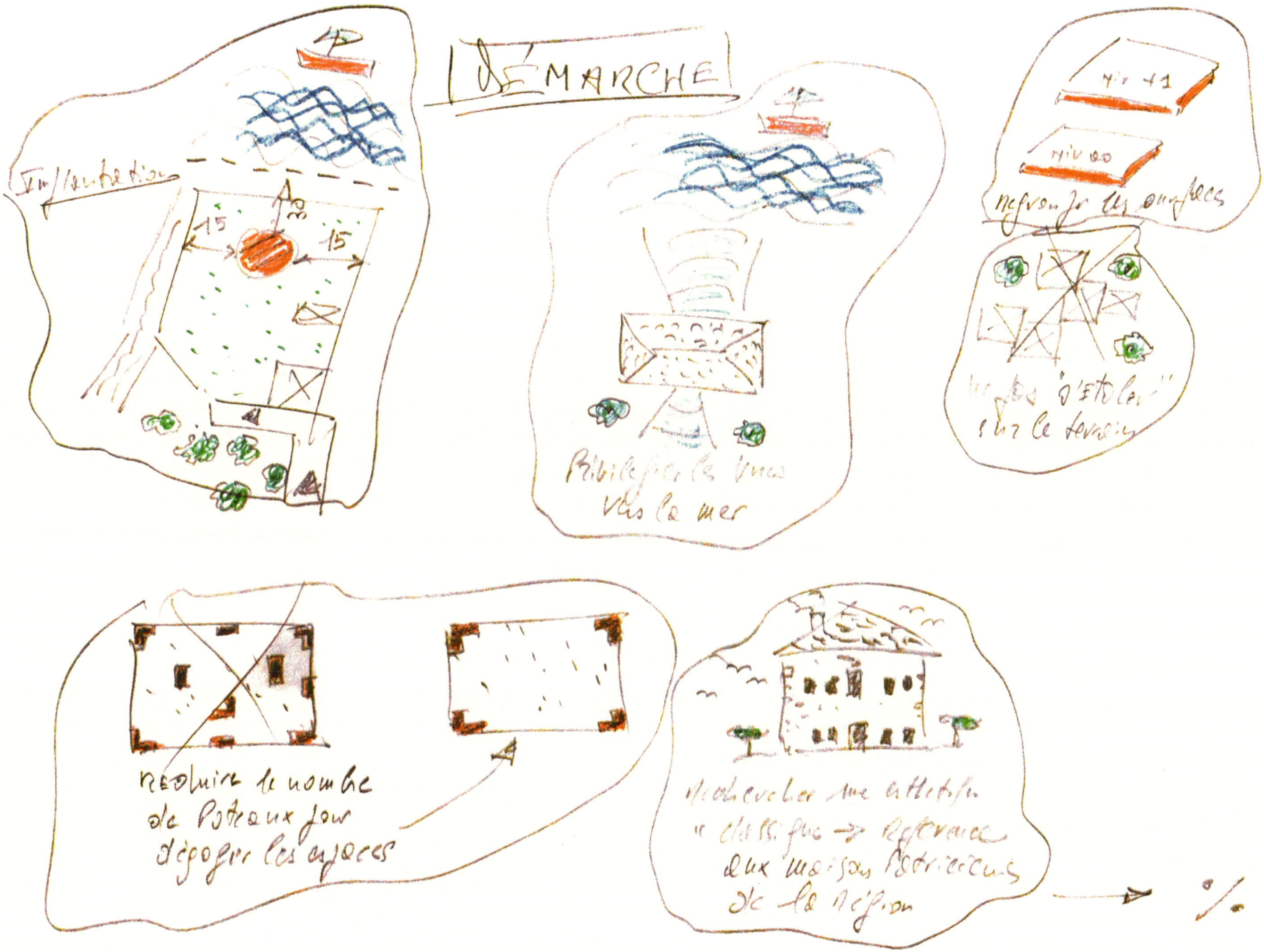
DÉMARCHE
Implantation
15
30
15
Privilégier les vues vers la mer
Réduire le nombre de poteaux pour dégager les espaces
Rechercher une architecture "classique" → Référence aux maisons patriciennes de la région

La zone constructible est particulièrement étroite et pentue.
Ces contraintes déterminent son implantation.
The buildable zone is particularly narrow and steep.
These constraints determined its siting.

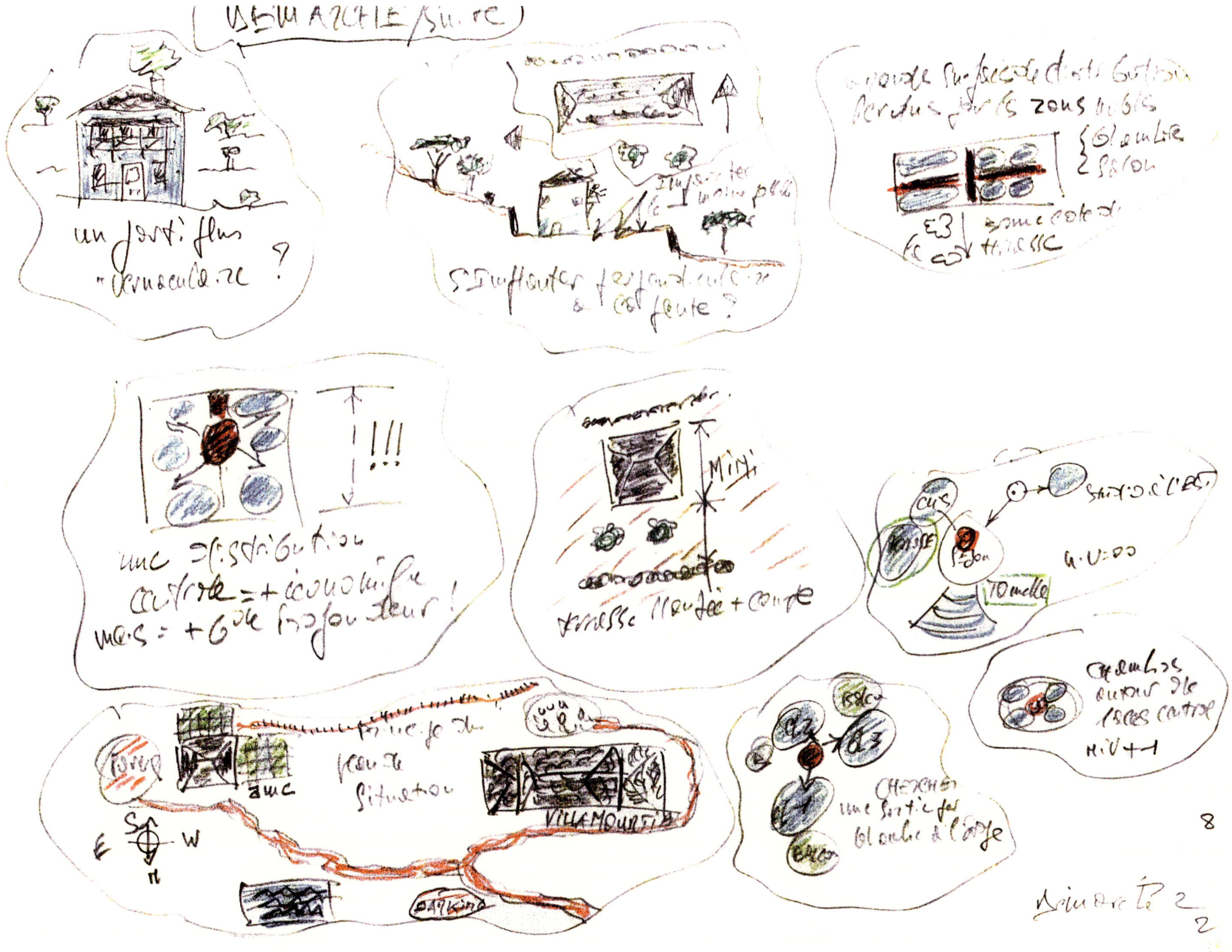

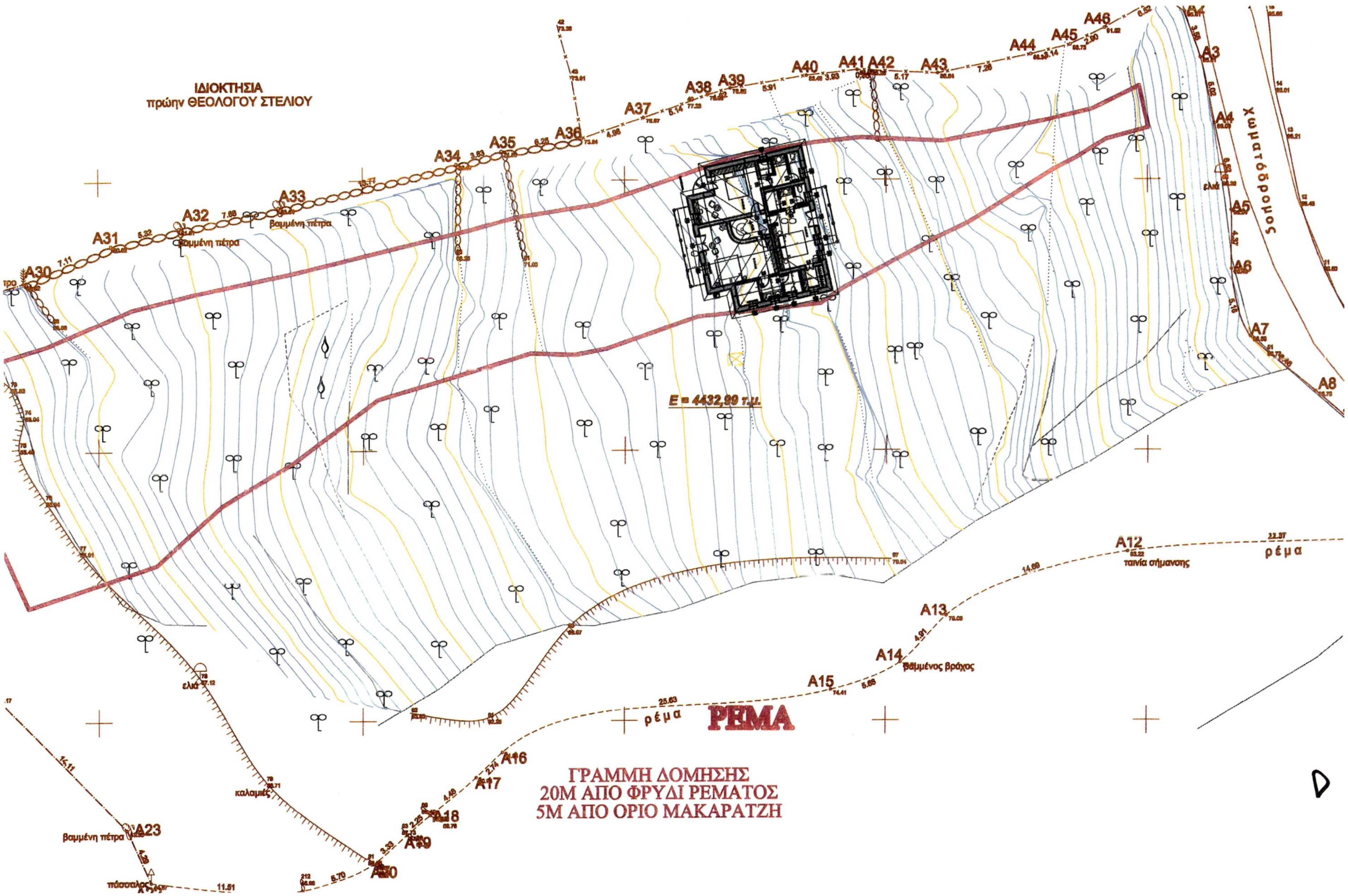

ΙΔΙΟΚΤΗΣΙΑ
πρώην ΘΕΟΛΟΓΟΥ ΣΤΕΛΙΟΥ
βαμμένη πέτρα
E = 4432,99 τ.μ.
ρέμα
ταινία σήμανσης
βαμμένος βράχος
ΡΕΜΑ
ελιά
καλαμιές
πάσσαλος
ΓΡΑΜΜΗ ΔΟΜΗΣΗΣ
20Μ ΑΠΟ ΦΡΥΔΙ ΡΕΜΑΤΟΣ
5Μ ΑΠΟ ΟΡΙΟ ΜΑΚΑΡΑΤΖΗ

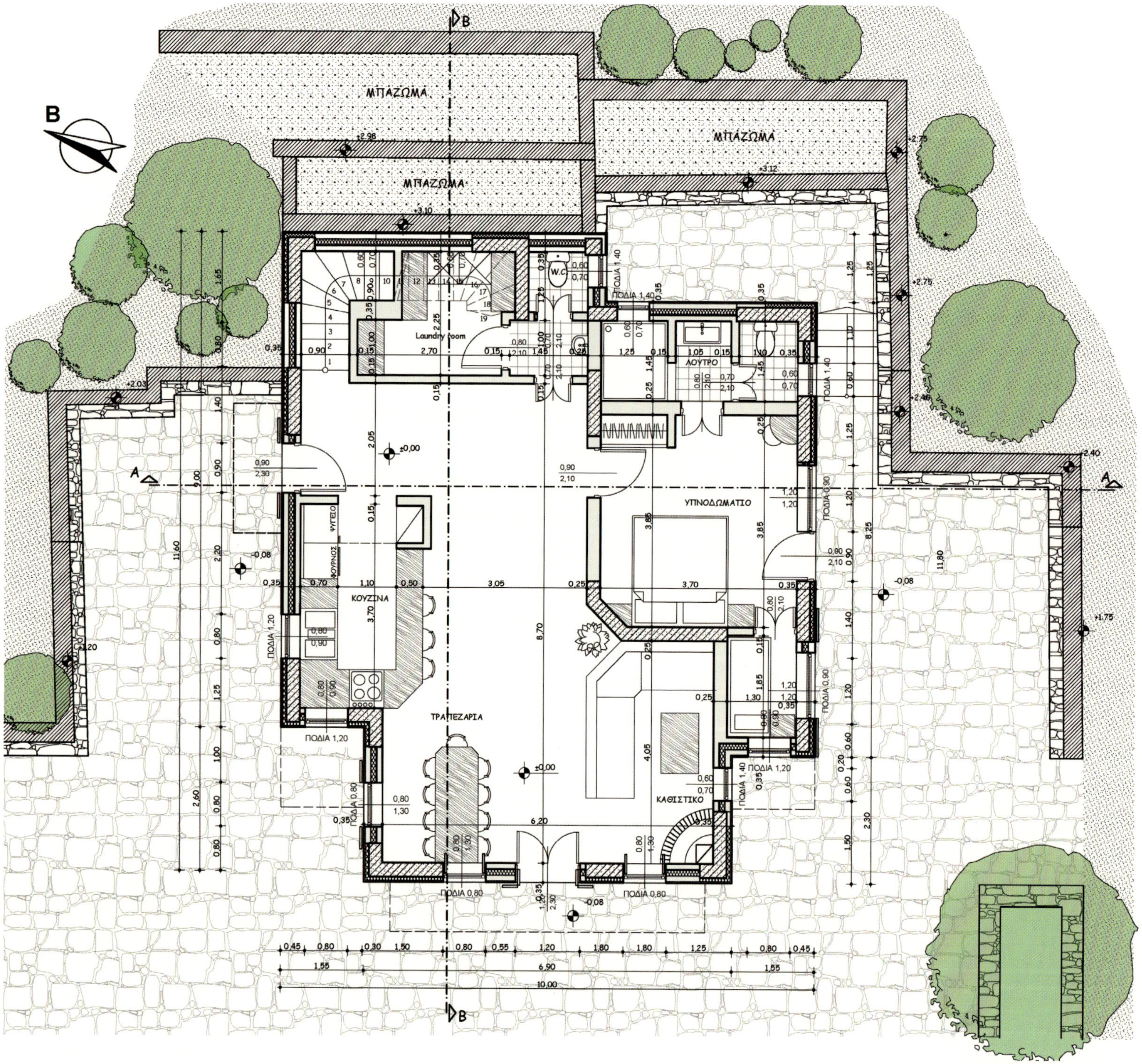

Plan du rez-de-jardin avec séjour, cuisine et une grande chambre.
Plan of the garden level with living room, kitchen and a large bedroom

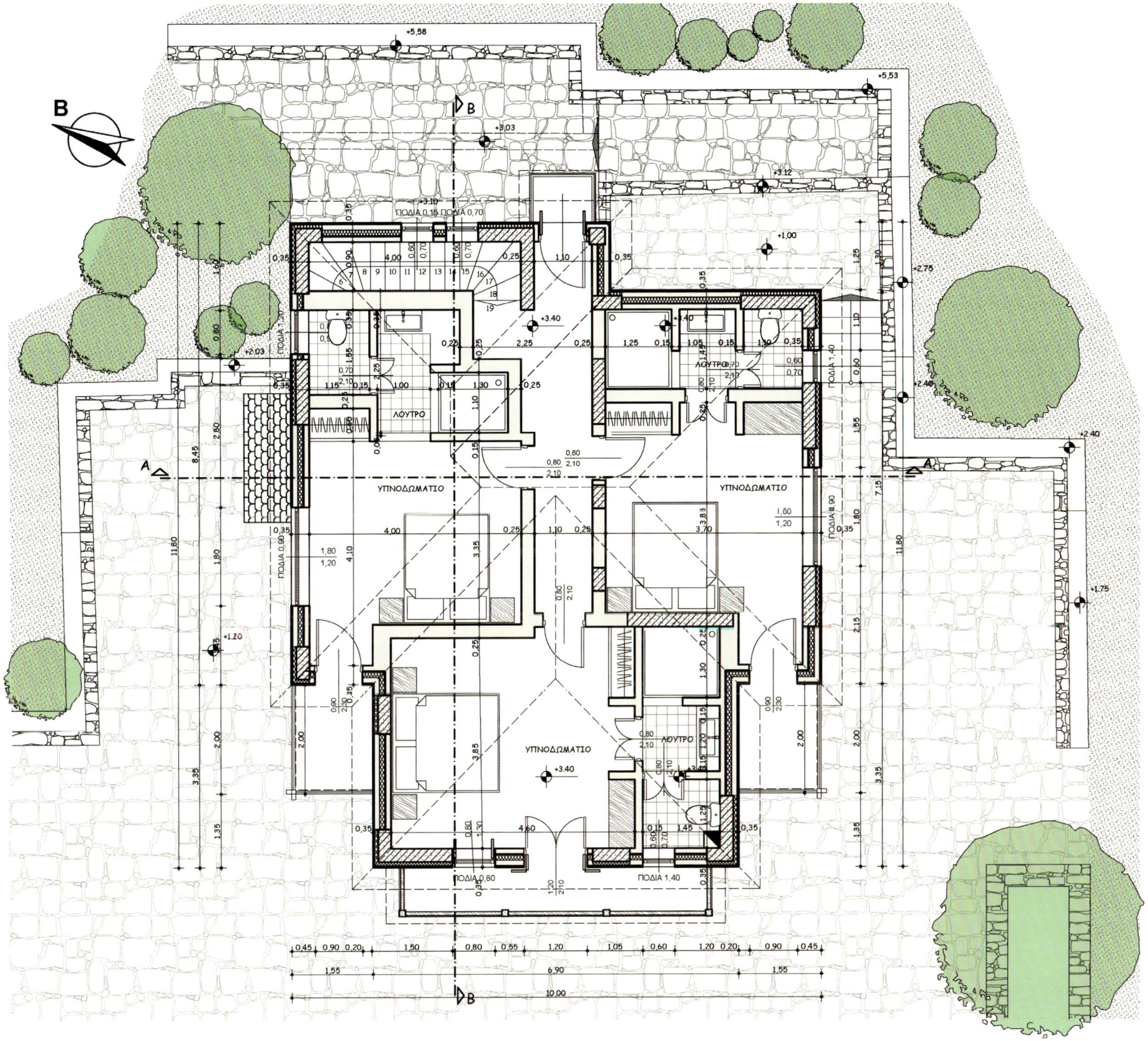

Plan du premier étage avec ses trois chambres, leurs salles de bains et le balcon privatif.

Plan of the first floor with its three bedrooms, their bathrooms and the private balcony.

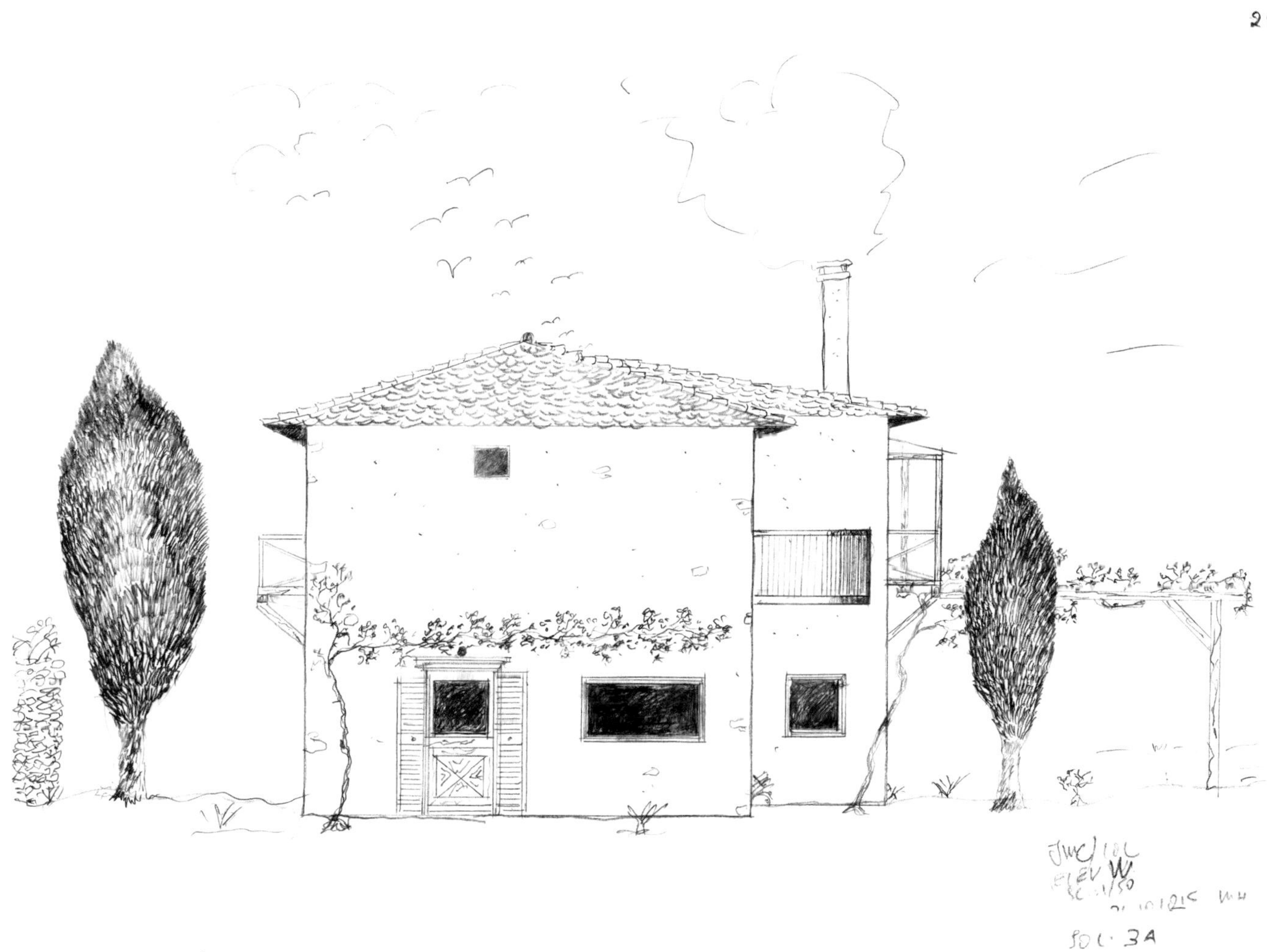

Les façades extérieures sont chaulées
avec une addition de poudre bleue,
comme cela se faisait autrefois sur l'île.
*The exterior façades are whitewashed
with an addition of blue powder,
as was done in the past on the island.*

La cuisine a été réalisée par un artisan local. Formica blanc et alèse en teck.
The kitchen was built by a local craftsman. White Formica and teak edging.

Siège indonésien en teck ; table basse en Formica blanc mat et alèses en teck.
Indonesian teak seat; matte white Formica coffee table and teak edges.

Charpente en bois de châtaignier chaulée ; bibliothèque alvéolée en maçonnerie ; sol en carreaux de ciment.
Frame in limed chestnut; honeycombed masonry bookcase; cement tile floor.

Table de salle à manger, piètement en fil d'Inox brossé conçu en 1968.
Lampe de Poul Henningsen.
Dining-room table, leg assembly in brushed stainless steel designed in 1968.
Lamp by Poul Henningsen.

Au coin de la salle à manger d'été, cheminée formant barbecue.
In the summer dining-room corner, fireplace serving as a barbecue.

Petra 2017–2019

In tribute to that region and our great predecessor

A stressed Parisian landed on the island a little while ago, seeking to buy land on which he perhaps would build. Having been recommended by my friends Jean-Marie and Catherine, I devoted a long day to him. The man was definitely cultivated, but also full of certainties about everything.

He mentioned Le Corbusier in every other sentence (to criticize, which I didn't mind in the least), and knew the great names in architecture, but his preference was for current trends: large white parallelepiped concrete blocks alternating with huge glass expanses for openings. He had just discovered, 70 years after the rest of us, Richard Neutra and his beautiful sculpture-buildings in the desert. For the period it was, well, admirable, as were Philip Johnson's buildings. It was avant-garde! But it must now be accepted that, like all Le Corbusier's collective architecture, this ideology is totally obsolete. There is no consideration whatsoever of the surrounding natural elements, the rain, the sun, the wind, etc. Everything is based on artificial and exogenous resources: air-conditioning, without which we rapidly perish, synthetic materials such as reinforced concrete whose production and aging create so much pollution, and no appeal to local know-how or the local resources in men and materials. And that isn't all! Those enormous openings so much in fashion are clearly part of a powerful trend in today's world to appropriate, to satisfy the slightest craving, to have more of everything, sugar, fat, meat, money and more views too, as if quantity replaced quality. What we have clearly forgotten is that *less is more*! Indeed, several small openings in a wall create as many different tableaus, whereas large bay windows make you consume an unchangeable landscape in one fell swoop.

I am tempted to add that for a large building I like to multiply the openings without any gigantism, while a small construction can have very large openings, and all the more so if it is discreetly inserted into nature.

Mr. F's implicit criticism needled me all the same. I had chosen to not create those large glazed openings on my island. But I wondered if I would be capable of it, yet without insulting the landscape. In short, I wanted to plunge into a new challenge, and Jean-Marie and Catherine gave me the opportunity to do so: designing a small 60-square-meter building sited in the shade of hundred-year-old olive trees almost completely blocking the famous views.

Because of its modest size and height, the building would be almost invisible. It was my dreamed-of chance to confront the

En hommage à cette région et à notre grand prédécesseur...

Un Parisien pressé déboucha sur l'île il y a peu pour y acheter un terrain sur lequel il construirait peut-être. Il m'avait été recommandé par des amis, Jean-Marie et Catherine, et je lui consacrai donc une longue journée. L'homme était certes infiniment cultivé mais aussi plein de certitudes en tous domaines.

Il citait Le Corbusier à tout va (en le critiquant d'ailleurs, ce qui ne me déplaisait pas), connaissait les grands noms de l'architecture, mais sa préférence allait à la mode du moment : de grands blocs blancs en béton parallélépipédiques alternant avec d'immenses dalles de verre pour ouvertures. Il venait de découvrir, soixante-dix ans après nous, Richard Neutra et ses belles habitations-sculptures du désert. Pour l'époque, ma foi, cela était admirable, comme le furent les bâtiments de Philip Johnson. Il s'agissait de l'avant-garde ! Il faut admettre que, tout comme l'architecture collective de Le Corbusier, cette idéologie est totalement obsolète. Nulle prise en compte des éléments naturels environnants, la pluie, le soleil, le vent, etc., tout est basé sur l'appel à des ressources artificielles et exogènes : la clim, sans laquelle on mourrait rapidement, les matériaux de synthèse comme le béton armé, si polluant lors de sa production et dans son vieillissement, aucun appel aux savoir-faire et aux ressources locales en hommes et en matériaux. Et ce n'est pas tout ! Ces immenses ouvertures tant à la mode aujourd'hui s'inscrivent bien dans une forte tendance du monde actuel : l'appropriation, la satisfaction de la moindre des fringales, plus de tout, de sucre, de graisse, de viande, de fric et plus de vues aussi, comme si la quantité remplaçait la qualité. Il est bien oublié le *less is more* ! Pourtant plusieurs petites ouvertures dans un mur font autant de tableaux différents, alors que les grandes baies vitrées vous font consommer une fois pour toutes un paysage immuable.

Je suis tenté d'ajouter que pour un grand bâtiment j'aime multiplier les ouvertures sans gigantisme alors qu'une petite construction peut mériter de très grandes ouvertures, *a fortiori* si elle est discrètement insérée dans la nature.

La critique implicite de monsieur F m'asticotait tout de même. J'avais choisi dans mon île de ne pas créer de ces grandes ouvertures vitrées. Mais je me demandais si j'en serais capable sans pour autant insulter le paysage. En un mot j'avais envie de me lancer un nouveau défi, et Jean-Marie et Catherine m'en donnèrent l'occasion. Concevoir un petit bâtiment de 60 mètres carrés implanté à l'ombre d'oliviers centenaires occultant presque totalement les fameuses vues.

... Frank Lloyd Wright

dilemma of large openings versus small. Those bay windows would compensate for the dark aspect of the very dense undergrowth. For the construction, my recent wonderful encounter with Gilles Perraudin strengthened my conviction that I had to reject reinforced concrete and rely almost exclusively on vernacular resources. Stones can be found everywhere on the island, as can wood. The terrible rules that reinforced concrete imposes are relaxed for small constructions, giving me a free hand to build thick walls with massive stones.

The approach? Three low walls partially embedded in the ground and covered with a timber frame supporting shale tiles, the front side rendered transparent by means of sliding elements.

Petra is probably my "swan song" in Skopelos, as I'm leaving for new and exciting adventures in Senegal.

My colleague Fadlo Dagher and I put together a team of idealistic young architects from several countries who were excited about earth construction. We met – thanks to Fadlo – in Lebanon on the occasion of the construction a totally ecological bandstand built by Syrian immigrant masons. Young people got involved, and it was an exhilarating stay organized with extraordinary generosity by the Arc en Ciel association, one of its members, Hoda Kassatly, and the bard of "massive stone," Gilles Perraudin.

This magical encounter convinced us to not stop there. And this was how the Centre de la Terre was born, which we hope to make a new Taliesin, Saloum, in tribute to that region and our great predecessor Frank Lloyd Wright and his Arizona school.

Our first practical and concrete work is devoted to the creation of a preschool built of earth and wood for the children of a village in the bush, Samba Dia. The first study meeting took place in Skopelos; the next will be held onsite in Senegal. For two weeks, my eight young colleagues and I lived on a cloud – a studious one – and we produced the school project, nothing more, nothing less. In this way, I will put the experience acquired in Skopelos to the service of a noble cause.

See you soon.

… Frank Lloyd Wright

Par sa taille et sa hauteur modestes, le bâtiment serait presque invisible. Moment rêvé pour m'affronter à ce dilemme : grandes ouvertures contre petites. Ces baies compenseraient le côté sombre de très denses sous-bois. Pour la construction, ma belle rencontre récente avec Gilles Perraudin m'a conforté dans ma conviction qu'il faut rejeter le béton armé et s'en tenir presque exclusivement aux ressources vernaculaires. Dans l'ile, les pierres sont présentes partout et le bois aussi. Les règles terribles qui imposent le béton armé sont assouplies pour les petites constructions et me donnent les mains libres pour bâtir des murs épais avec d'énormes pierres massives.

Le parti ? Trois murs bas en partie incrustés dans le terrain et couverts d'une charpente en bois soutenant des plaques de schiste, la face avant transparente grâce à des éléments coulissants.

Petra est probablement mon « chant du cygne » à Skopelos, mais je repars pour de nouvelles aventures passionnantes au Sénégal.

Avec mon confrère Fadlo Dagher, nous avons constitué une équipe de jeunes architectes idéalistes venant de plusieurs pays et passionnés par les constructions en terre. Nous nous sommes rencontrés – grâce à Fadlo – au Liban à l'occasion de la construction par des maçons syriens immigrés d'un kiosque à musique totalement écologique. Les jeunes mirent la main à la pâte, et ce fut un séjour exaltant organisé avec une générosité hors du commun par l'association Arc en Ciel, l'une de ses membres, Hoda Kassatly, et le chantre de la « pierre massive », Gilles Perraudin.

Cette rencontre magique nous a convaincus de ne pas nous en arrêter là. Ainsi est né le Centre de la Terre, dont nous espérons faire un nouveau «Taliesin-Saloum», en hommage à cette région et à notre grand prédécesseur Frank Lloyd Wright et à son école de Taliesin dans l'Arizona.

Nos premiers travaux pratiques et concrets sont consacrés à la création d'une école maternelle en terre et en bois pour les enfants d'un village de brousse, Samba Dia. La première charrette d'étude s'est tenue à Skopelos ; la suivante s'est tenue sur place au Sénégal. Pendant deux semaines, mes huit jeunes confrères et moi-même vécûmes sur un nuage… studieux, et nous produisîmes le projet de l'école, ni plus ni moins. Je mettrai ainsi l'expérience acquise à Skopelos au service d'une noble cause.

À bientôt.

CONTRAINTES

FONCTIONS	TECHNIQUES	ENVIRONNEMENT	SUBJECTIVES
◦ SALON ◦ CHAMBRE ◦ Gdes OUVERTURES ouvrantes ◦ = PAS DE GRILLES – Douche/toilette – Kitchinette – Sdb B/WC – AUTONOME –	Implantation sur plan PC – Tout pierres – Hr réduite/PC – Apparence du R+1/PC! – Toit en plaques – Sols = plaques { Toit = pente PC Semi-enterré –	Très peu visible – mais voir beaucoup. –	DISCRET – MODERNE réf = "FLW" – réf : kalivi "Tumulus" de pierres –

PETRA – contraintes
01 2012

PETIT VOLUME = Gde OUVERTURE
PETITE OUVERTURE → TABLEAU
STABILITÉ!
EFFORTS = ECARTS
BLOCS STABILISANTS
TOIT DÉBORDANT = TROP VISIBLE
TOIT ENCASTRÉ = PEU VISIBLE
CHENEAU
PLUIE
TOIT
CASQUETTE
PETRA ISA

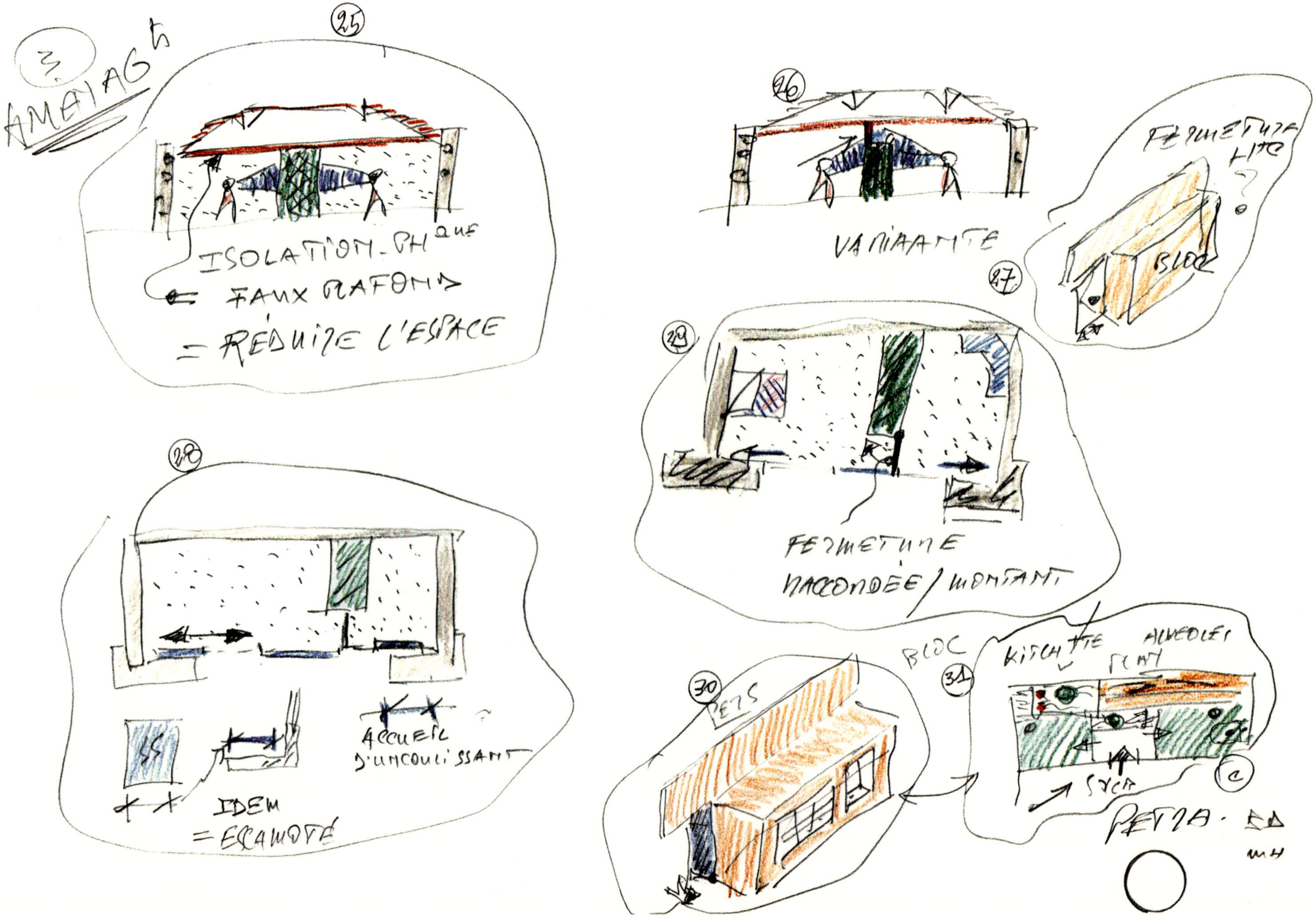
FAUX PLAFOND
= RÉDUIRE L'ESPACE
FERMETURE
RACCORDÉE / MONTANT
ACCUEIL
D'UN COULISSANT
IDEM
= ESCAMOTÉ
BLOC
BLOC
PETRA

STRUCTURE
5/6 m
PAS DE BA
POUTRE
15 X 60 cm
TROP HAUT
Ø 20
3 TRAMES
CLASSIQUE
18 x 18
OU
TRAMES
= SÉCURITÉ/GRAPHIQUE
BLOC CENTRAL
+ CLOISON
= 1 ÉLÉMENT
SEUL
BRUITS ?

PETRA

Le bâtiment, incrusté dans la colline, est intégré dans la nature environnante.
The building, set into the hill, is integrated into the surrounding nature.

Terrasse en caillebotis posée directement sur le sol en terre.
Terrace in duckboards placed directly on the ground.

L'architecte et son orchestre

The architect and his orchestra

Tel un chef d'orchestre avec ses interprètes, l'architecte noue des liens avec les hommes de l'art qui vont construire avec lui.

Ainsi, au fil des ans et des projets communs, une entente, une intimité faite de respect et d'admiration réciproques vont s'établir entre le maître d'œuvre, les artisans et les spécialistes qui l'entourent.

L'architecte (le constructeur en chef en grec) connaît les talents comme les faiblesses de chacun des membres de ses équipes. Cet artisan monte admirablement les murs de pierre alors que celui-là connaît encore la tradition de la construction en brique, parfois si élaborée.

Nikos Balas est un as pour tout ce qui touche au mobilier, un véritable ébéniste.

Dimitris Sideris est capable de construire sur place et à l'aide d'outils des plus simples une immense armoire qui devra s'intégrer dans une cloison totalement gauche et déformée.

Kostas Polichroniou sait tout faire, dans tous les domaines de la construction, de la charpente et la couverture au carrelage, en passant par le béton, etc.

Sans ces artistes-artisans skopélites si modestes et qui sont aussi paysans et pêcheurs, je n'aurais pas produit au cours des trente années passées les projets qui figurent dans ce livre. Grâce à eux, j'ai pu satisfaire ma passion pour le détail et m'évertuer à mettre en pratique cette maxime de Léonard de Vinci : « Les détails font la perfection, et la perfection n'est pas un détail. »

Honneur soit rendu à ces amis fidèles, et comme le disait le grand Hassan Fathy : « Le paysan-constructeur ne parle pas d'art, il produit l'art. »

As orchestral conductors work with their musicians, so architects create links with the professionals who will build with them.

In this way, as the years go by and as projects are shared, an understanding, an intimacy comprised of reciprocal respect and admiration will be built between the project manager, and the craftsmen and specialists who surround him.

The architect ("master builder" in Greek) knows the talents as well as the weaknesses of each member of his team. One craftsman builds admirable stone walls, while another still expounds the tradition of sometimes quite elaborate brick construction.

Nikos Balas is an ace at everything that concerns furniture, a genuine cabinet-maker.

Onsite and using the simplest tools, Dimitris Sideris is capable of building an enormous armoire that will be set into an awkward and deformed partition wall.

Kostas Polichroniou knows how to do and make anything, in all the building sectors, from framework and roofing to tiling, by way of concrete, etc.

Without these Skopelos artist-craftsmen, all so modest, and who are also peasants and fishermen, I would never have produced the projects of the past 30 years presented in this book. Thanks to them, I was able to fulfill my passion for detail and strive my utmost to put into practice that maxim of Leonardo da Vinci: "Details make perfection, and perfection is not a detail."

Honor where honor is due to these faithful friends, and as the great Hassan Fathy said: "The peasant-builder doesn't talk about art, he produces art."

Melissia
Artisans/*Craftsmen* : **Kostas Polichroniou, Gianis Polichroniou, Panagiotis Triandafilou**
Ingénieur/*Engineer* : **Antonis Akrivopoulos**

Guest Cottage
Artisan/*Craftsman* : **Kostas Polichroniou**
Ingénieur/*Engineer* : **Antonis Akrivopoulos**

Maistros
Artisans/*Craftsmen* : **Kostas Polichroniou, Dimitris Sideris**
Ingénieur/*Engineer* : **Antonis Akrivopoulos**

Nina
Artisans/*Craftsmen* : **Dimitris Sideris, Manolis Konstantinou**
Ingénieur/*Engineer* : **Antonis Akrivopoulos**

Loukas
Artisans/*Craftsmen* : **Kostas Polichroniou, Kostas Karatzas**
Ingénieur/*Engineer* : **Kostas Stavrakas**

Le Temple
Artisan/*Craftsman* : **Michalis Taladianos**
Ingénieur/*Engineer* : **Manolis Ramandanis**

Lemonia
Artisans/*Craftsmen* : **Kostas Polichroniou, Dimitris Sideris, Giorgos Karabasis, Kostas Karatzas**
Ingénieur/*Engineer* : **Gianis Asteriadis**

Mourtia
Artisans/*Craftsmen* : **Michalis Taladianos, Nikos Balas**
Ingénieur/*Engineer* : **Evangelia Zisopoulou**

Myrtia
Artisans/*Craftsmen* : **Kostas Polichroniou, Vangelis Polichroniou**
Ingénieur/*Engineer* : **Manolis Ramandanis**

Capsari
Artisan/*Craftsman* : **Michalis Taladianos**
Ingénieurs/*Engineers* : **Manolis Ramandanis/ Evangelia Zisopoulou**

Kalivi
Artisans/*Craftmen* : **Yanis Litsekaz, Dimitris Sideris**

La Maison bleue
Artisans/*Craftsmen* : **Michalis Taladianos, Lera Kin, Gianis Karatzas, Alekos Karatzas**
Ingénieur/*Engineer* : **Evangelia Zisopoulou**

Petra
Artisan/*Craftsman* : **Dimitris Tsaknis**
Ingénieur/*Engineer* : **Evangelia Zisopoulou**

L'éditeur, Marc Held et Michèle Champenois remercient toutes celles et ceux qui ont participé à cet ouvrage.
The publisher, Marc Held and Michèle Champenois would like to thank those who have supported this project.

Crédits photographiques
Picture credits
Carla de Benedetti 19
Jean Biaugeaud 40
Fadlo Dagher 22
DR 9, 10, 33bd, 37, 118, 154, 188, 189, 270
Marc Held 7, 8, 11, 12, 13, 17, 20, 23, 24, 27, 30, 31, 33, 34, 35, 40, 41, 43, 52, 54, 55, 56, 57, 58, 59, 67, 77, 78, 80g, 81d, 83hg, 84hd, 85bg et d, 97, 98, 99, 101, 122, 124g, 127, 137, 150, 156, 157, 159h et bd, 162d, 163, 164, 165, 166, 167, 170, 172, 173, 191, 204, 207, 208, 209, 211, 234, 238, 239, 240, 241, 244g, 246, 247, 248, 251, 252h, 253, 254, 255, 257, 268, 272, 273, 275, 276, 277, 278, 279, 280, 281, 282, 283, 284g, 285h, 287, 290, 291, 296, 311, 323, 324, 325, 327, 329, 330, 331, 333, 333, 344, 345, 346, 347, 349
Marc Held et Klitsogiannis Kostas (drone) 53, 74, 75, 95, 119, 121, 123, 151, 153, 155, 201, 202-203, 235, 236-237, 242, 269, 271, 274,
Josée Roscop 18
Deidi von Schaewen 60, 61, 62, 63, 64, 65, 76, 79, 80d, 81g, 82, 83, 84hc, bg et bd, 85hg, 87, 94, 96, 111, 124d, 125, 126, 159bg, 160, 161, 162g, 168, 169, 171, 205, 206, 212, 213, 214, 215, 216, 217, 219, 243, 244d, 245, 249, 250, 252, 284d, 285b, 292, 293, 294, 295, 296g, 297

Achevé d'imprimé en juillet 2019 sur les presses d'OGM, Italie.
Printed and bound in July 2019, Italy.